TRAVAILLER et vivre en Suisse

Guide pratique pour les résidents et frontaliers

2e édition

David Talerman

est né en France où il a travaillé pendant plusieurs années dans le secteur de la Finance. Il a ensuite vécu et travaillé en Suisse pendant près de 6 ans, et c'est son expérience personnelle qui lui a donné envie d'écrire en 2006 la première édition de « Travailler et vivre en Suisse ».

Aujourd'hui, il est le créateur du site *www.expatwire.ch*, le premier site pratique pour les futurs travailleurs en Suisse, et du site d'information *www.Travailler-en-Suisse.CH*, complément de cet ouvrage, référencé par de nombreuses institutions suisses et européennes.

David Talerman

TRAVAILLER et vivre en Suisse

Guide pratique pour les résidents et frontaliers

2e édition

Gualino
lextenso éditions

CITY & YORK Business

Collection Côté Finances

Une collection pratique pour les investisseurs actifs

Côté Finances est une collection essentiellement « pratique ». Elle vise le large public des investisseurs individuels. L'aspect pédagogique est privilégié ainsi que la présentation et l'explication de **solutions concrètes à mettre en œuvre pour améliorer ses performances**. Epargnant averti et actionnaire actif trouvent dans les livres de cette collection une approche applicative, synthétique, accessible et pédagogique.

Près de 20 titres publiés. **Liste sur www.lextenso-editions.fr**

Collection City & York

La collection Financière professionnelle

La collection **City & York** se place parmi les toutes premières collections de livres financiers avec de nombreux ouvrages de référence en tête des ventes de leur catégorie. Elle se compose de **4 séries** consacrées respectivement :

– ***aux marchés financiers ;***
– ***au trading ;***
– ***à la gestion de patrimoine*** (placements, immobilier, œuvres d'art) ;
– ***à la haute finance et au business*** pour l'entreprise et les milieux financiers.

Près de 30 titres publiés. **Liste sur www.lextenso-editions.fr**

ISBN 978 - 2 - 297 - 00471 - 8

Sommaire

PRÉFACE

Utile et indispensable.

Le 1er juin 2002, la Suisse a conclu avec l'Union européenne des accords bilatéraux. Parmi ces sept accords, il en est un qui a profondément modifié les relations transfrontalières : la libre circulation des personnes et des travailleurs.

Aujourd'hui, tout citoyen européen qui souhaite vivre ou travailler en Suisse peut le faire, pratiquement sans contrainte. Mais la liberté suppose la connaissance. Partir à l'étranger ne se fait pas à la légère. La mobilité, credo de l'Union européenne, implique une information précise et objective. En tant que Président d'une association de travailleurs frontaliers, je connais les conséquences d'un déplacement mal préparé.

L'ouvrage de David Talerman me semble l'outil indispensable pour réussir ce parcours. Détaillé, clair et particulièrement bien documenté, il vous permet de disposer de toutes les informations nécessaires pour venir travailler ou s'installer en Suisse en toute connaissance de cause.

La Suisse est un pays merveilleux qui ne manquera pas de vous surprendre. En tant que travailleur frontalier ou résident, je vous souhaite de réussir pleinement votre intégration. Avec le guide *Travailler et vivre en Suisse*, vous avez entre les mains l'ouvrage qui saura vous aider.

Michel Charrat
Président du Groupement transfrontalier européen

Chapitre 1

Pourquoi venir travailler en Suisse ?

Que ce soit en tant que résident permanent, frontalier ou travailleur détaché, les raisons objectives de venir travailler en Suisse sont nombreuses. En voici un aperçu…

1. Un marché du travail favorable et à dimension internationale

La Suisse est un des pays de l'OCDE qui possède le taux de chômage le plus bas. Il était de 3,5 % en décembre 2007[1], contre 7,8 % pour l'Allemagne, 6,1 % pour l'Italie, 7,6 % pour le Portugal, 7,9 % pour la France et 7,2 % en moyenne pour les pays de la zone euro[2].

1. Le taux de chômage annoncé par la Suisse à la même période est de 2,8 % (source SECO, « La situation sur le marché du travail en décembre 2007 »). La différence entre les chiffres de l'OCDE et des organismes suisses s'explique notamment par le fait que, pour rendre les taux comparables entre les pays, l'OCDE a dû procéder à quelques ajustements.
2. Source : Eurostat – statistiques de l'OCDE – taux de chômage standardisé décembre 2007.

Son modèle économique, beaucoup plus libéral que celui de la plupart des pays de l'Union européenne, favorise le développement des entreprises. Alors que le secteur des services génère plus de 70 % du PIB national, la politique monétaire du pays permet de contenir l'inflation qui reste stable et relativement basse. Rajoutez à ceci un tissu de PME particulièrement important[3], et vous comprendrez pourquoi le pays possède un palmarès des plus reluisants :

– PIB / habitant : 6e rang des pays de l'OCDE[4] ;

– pouvoir d'achat par habitant : 5e rang mondial ;

– solde des échanges extérieurs de biens et services : excédentaire de plus de 30 milliards de francs suisses, ce qui, rapporté par habitant, place le pays parmi les tous premiers de l'OCDE[5].

Plusieurs grandes entreprises internationales sont présentes en Suisse[6], et certaines y ont installé leur siège mondial ou européen. C'est le cas par exemple de Philip Morris, Nestlé, Logitech, L'Oréal, Procter & Gamble, Tetra Pak, UBS, Crédit Suisse…

En 10 ans, près de 60 % des entreprises européennes présentes au niveau mondial qui ont délocalisé leurs activités l'ont fait en Suisse[7].

De même, bon nombre d'organisations humanitaires ou sportives sont également présentes : l'ONU, le CICR, le Comité International Olympique…

Cette présence multinationale multiplie les opportunités d'emplois et permet l'accès à des postes de haut niveau ou de spécialistes, accessibles habituellement dans les agglomérations des grandes villes européennes.

---

3. Plus de 99 % des entreprises ont moins de 250 employés. Sans compter le secteur public, cela représente environ 50 % des employés.
4. Source : FMI, données 2005.
5. Source : OCDE – données 2005.
6. Le pays compte plus de 1 000 entreprises de plus de 250 salariés qui embauchent en tout plus d'un million de personnes.
7. Source : Arthur D. Little – « *Switzerland : your shared services center in Europe* ».

2. Un permis de travail plus ou moins facile à obtenir selon votre nationalité

Union européenne et Suisse : des accords nécessaires

La Suisse occupe une position centrale et unique en Europe : elle est entourée de pays de l'Union européenne, alors qu'elle-même n'en fait pas partie. Avec ces pays limitrophes, elle a historiquement d'importants échanges commerciaux[8].

Le peuple ayant refusé en décembre 1992 par référendum l'adhésion à l'Union européenne, un certain nombre de mesures ont dû être négociées par la suite pour faciliter les échanges entre les pays membres et la Suisse.

Ces mesures, appelées « accords bilatéraux », concernent des domaines de la libre circulation des personnes, des transports, de la recherche, des obstacles techniques au commerce, des produits agricoles et des marchés publics.

Dans le cadre de la libre circulation des personnes, les accords prévoient une ouverture progressive du marché du travail aux ressortissants de l'Union européenne : l'objectif prioritaire de ces accords bilatéraux étant de faciliter les échanges, ceux-ci prévoient la suppression progressive des contraintes légales (protectionnisme du travail...), avec un planning étalé de juin 2002 à juin 2014.

Avant ces accords, le travail en Suisse était extrêmement réglementé pour les étrangers, et y compris pour les ressortissants de l'Union européenne, et l'obtention du permis de travail, nécessaire à tout étranger qui souhaitait travailler en Suisse, tenait du parcours du combattant :

– la priorité était donnée aux travailleurs locaux (suisses ou étrangers travaillant déjà sur place) ;

– le nombre d'étrangers susceptibles de travailler et résider en Suisse était limité par des quotas (appelés aussi contingents) ;

– les cantons procédaient au contrôle des conditions de salaire et de travail avant d'accorder un permis (contrôle préalable).

8. En 2006, près de deux tiers des exportations avaient pour destination l'Union européenne, d'où provenaient également plus de 80 % des importations en Suisse.

Les premiers accords bilatéraux signé étant antérieurs à l'adhésion des nouveaux États membres (principalement des pays d'Europe de l'Est). La Roumanie et la Bulgarie, derniers pays membres de l'Union européenne, ont pour leur part eu un traitement particulier, avec un calendrier également adapté. La Suisse et les pays de l'Union européenne ont dû signer un protocole d'accord qui permet l'extension de la libre circulation des personnes à ces nouveaux citoyens européens.
Pour ceux-ci, un calendrier adapté (et donc différent) à été prévu.
Ainsi, les conditions d'entrée pour les ressortissants étrangers ne sont pas les mêmes pour ressortissants des 15 pays historique de l'Union européenne, pour les 8 membres récents des pays de l'Est et pour la Roumanie et la Bulgarie.
À l'inverse, les ressortissants des autres pays (les États tiers) voient leur accès au marché du travail en Suisse rendu plus difficile.

Un accès libre au marché du travail suisse pour les ressortissants issus des 15 pays « historiques » de l'Union européenne

Entre juin 2004, et juin 2007, toutes les contraintes légales majeures (protectionnisme du travail, quotas de permis de résidents et contrôle des conditions d'entrée) ont été supprimées, et les ressortissants des 15 pays historiques de l'Union européenne[9] peuvent à présent accéder librement au marché du travail en Suisse, avec les mêmes droits que les travailleurs locaux.
Ainsi, grâce aux accords bilatéraux, un ressortissant de l'Union européenne qui possède un contrat de travail suisse se verra accorder obligatoirement un permis de travail (résident longue ou courte durée, ou frontalier). Les démarches pour la demande et l'attribution du permis sont en revanche encore obligatoires.

9. Cette mesure concerne également les ressortissants des pays de l'AELE, Chypre et Malte.

L'accord sur la libre circulation des personnes pour les ressortissants des 15 pays « historiques » de l'Union européenne

A• Pays concernés

– Pays ayant adhéré à l'Union européenne avant 2004 : Allemagne, Autriche, Belgique, Danemark, Espagne, Finlande, France, Grèce, Irlande, Italie, Luxembourg, Pays-Bas, Portugal, Royaume-Uni, Suède.

– Chypre et Malte.

– Pays de l'AELE : Norvège, Islande et la Principauté du Liechtenstein.

B• Les étapes

– ***Juin 2002 :*** entrée en vigueur de l'accord :

• maintien des contingents (quotas pour les permis de résidents) ;

• priorité aux travailleurs locaux ;

• contrôle des conditions de salaire.

– ***Juin 2004 :***

• maintien des contingents ;

• fin de la priorité aux travailleurs locaux ;

• fin du contrôle des conditions de salaire.

– ***25 septembre 2005 :*** le peuple suisse se prononce favorablement pour le maintien des accords bilatéraux et pour une extension des accords aux 10 pays ayant rejoint l'Union européenne en mai 2004.

– ***Juin 2007 :***

• fin des contingents ;

• clause de sauvegarde unilatérale pour la Suisse en cas d'immigration massive : si le nombre d'immigrés devait dépasser de 10 % celui des trois dernières années, la Suisse se réserve le droit de réintroduire les quotas (mesure non adoptée).

– ***Juin 2009 :*** décision par l'Assemblée fédérale de la reconduction ou non des accords. Cette décision est soumise à référendum consultatif éventuel.

– *Juin 2014 :* libre circulation des personnes entre la Suisse et les pays de l'Union Européenne.

Les pays de l'Est membres de l'Union européenne : un planning différent

Huit des dix pays de l'Est ayant adhéré à l'Union européenne en 2004 sont traités temporairement de manière différente pour leur accès au marché du travail en Suisse. C'est une extension à l'accord sur la libre circulation des personnes qui a été décidée entre la Suisse et l'Union européenne. La finalité de cette extension, la libre circulation des personnes en juin 2014, est la même que pour les pays historiques. Seul le calendrier qui permettra d'y parvenir, et les différentes étapes, sera différent et décalé dans le temps.

A• Pays concernés

Estonie, Hongrie, Lettonie, Lituanie, Pologne, République tchèque, Slovénie et Slovaquie.

B• Les étapes

– *25 septembre 2005 :* le peuple suisse se prononce favorablement pour le maintien des accords bilatéraux et pour une extension des accords aux 10 pays ayant rejoint l'Union européenne en mai 2004.

– *1er avril 2006 :* entrée en vigueur de l'extension des nouvelles dispositions concernant les ressortissants de ces 8 pays :

– maintient des contingents de permis (quotas) ;

– priorité maintenue pour les travailleurs locaux ;

– contrôle des conditions de salaires.

– *Été 2008 :* décision de l'Assemblée fédérale suisse du maintient des accords sur la libre circulation des personnes aux nouveaux états membres de l'Union européenne. Décision soumise au referendum (décision du peuple suisse).

– *Juin 2009 :* décision par l'Assemblée fédérale de la reconduction ou non des accords. Cette décision est soumise à référendum consultatif éventuel.

En cas d'immigration massive, les accords prévoient une éventuelle réintroduction des contingents jusqu'en 2014 (clause de sauvegarde).

– ***30 avril 2011 :*** Fin des contingents (quotas) pour les permis de résidents, des contrôles des conditions de travail et de la préférence nationale pour l'emploi.

– ***Juin 2014 :*** libre circulation des personnes entre la Suisse et les pays de l'Union Européenne.

Cas particulier de la Roumanie et la Bulgarie

La Roumanie et la Bulgarie, membres de l'Union européenne depuis janvier 2007, ont été intégrées au processus de réflexion sur la libre circulation des personnes plus tardivement. L'extension de l'accord sur la libre circulation pour les ressortissants de ces deux pays (comme pour les 8 pays de l'Europe de l'Est), a été approuvée par la Suisse et avalisée par l'Union européenne.

L'Union européenne et la Suisse sont d'accord pour une ouverture « contrôlée et graduelle » du marché du travail suisse.

Ainsi, jusqu'en 2016, les ressortissants de ces deux pays seront donc soumis aux contingents, à la préférence nationale en terme d'emploi, à une limitation de l'immigration aux personnes qualifiées, et au contrôle des conditions de salaires (voir le chapitre suivant « Les autres pays : des conditions d'entrée réglementées et réduites). Entre 2016 et 2019, les accords prévoient une éventuelle réintroduction des contingents (clause de sauvegarde). Ce protocole lui aussi soumis au référendum facultatif, devra être ratifié par le peuple suisse si tel était le cas.

Les autres pays : des conditions d'entrée réglementées et restrictives

Les ressortissants de tous les autres pays ne faisant pas partie de l'Union européenne ou de l'AELE, les États dits tiers, voient leurs conditions d'entrée durcies depuis la mise en place des accords bilatéraux.

Les preuves et justifications qu'une entreprise suisse doit apporter pour recruter un ressortissant d'un État tiers sont telles qu'elles sont de nature à les décourager. Pour plus d'informations sur ce sujet, consultez la page 147 « Les autres pays (États tiers) ».

Les accords bilatéraux en bref

Pays	Type d'accord	Commentaires
Ressortissants de l'UE et de l'AELE, Chypre et Malte	Accords bilatéraux I et II (ALCP : accord sur la libre circulation des personnes)	Les ressortissants de ces pays ne sont pas soumis au protectionnisme du travail, au contrôle des conditions de travail et de salaire, ni aux quotas pour les permis de résidents. Libre circulation définitive en 2014 (selon le planning prévu et sous réserve qu'un éventuel référendum facultatif soit approuvé par le peuple suisse).
Ressortissant des pays de l'Est membres de l'UE depuis 2004	Accords bilatéraux I et II (extension de l'ALCP)	Les ressortissants de ces pays restent soumis au protectionnisme du travail, au contrôle des conditions de travail et de salaire, et aux quotas pour les permis de résidents jusqu'en 2011. Libre circulation définitive en 2014 (sous réserve qu'en cas de referendum facultatif, ce dernier soit approuvé par le peuple suisse).
Bulgarie, Roumanie	Accords bilatéraux I et II (extension de l'ALCP)	Les ressortissants de ces pays restent soumis au protectionnisme du travail, au contrôle des conditions de travail et de salaires, et aux quotas pour les permis de résidents jusqu'en 2016. Entre 2016 et 2019, clause de sauvegarde (réintroduction des quotas de permis) en cas d'immigration jugée massive.

→

(suite)

Pays	Type d'accord	Commentaires
États tiers	Aucun. Pas de discussions en cours. Il existe cependant des accords avec certains pays, pour certains métiers spécifiques.	Les ressortissants de ces pays restent soumis au protectionnisme du travail, au contrôle des conditions de travail et de salaire, et aux quotas pour les permis de résidents. Pas de libre circulation prévue.

Où trouver des informations complémentaires

Pour bien comprendre le mécanisme des accords bilatéraux, vous pouvez consulter le site du bureau de l'intégration DFAE/DAE « www.europa.admin.ch » où vous trouverez tous les textes officiels et des explications complémentaires concernant la politique de la Suisse envers l'Union européenne.

Pour ceux d'entre-vous qui veulent en savoir plus, nous vous conseillons de consulter la fiche d'information « Accords bilatéraux Suisse – Union européenne de ce site.

Le site de l'Office fédéral des migrations « www.bfm.admin.ch » propose pour sa part, des bases de connaissances concernant les échanges entre la Suisse et les pays de l'Union européenne : les procédures d'inscription, conditions d'admission en Suisse, procédure de naturalisation, informations sur le droit du travail... C'est une excellente base légale pour toutes les questions relatives à la loi sur les étrangers.

Vous y trouverez également toutes les informations relatives au conditions d'entrée des ressortissants d'États tiers.

3. Un pays stable au cœur de l'Europe et qui possède une nature généreuse

La Suisse occupe une position centrale en Europe et possède des frontières communes avec la France, l'Allemagne, l'Autriche, l'Italie et le Lichtenstein.

Le pays est composé de 26 États souverains, et de 23 cantons et 3 demi-cantons. Chacun des cantons et demi-cantons possède son propre gouvernement et parlement[10].

De fait, la vie politique citoyenne est très décentralisée, dans les cantons ou communes.

D'un point de vue politique, le pays est très stable.

Berceau de fleuves majeurs d'Europe occidentale (le Rhône et le Rhin y prennent leur souce dans le massif du Gothard), le pays est traversé par les Alpes et le Jura. Environ 20 % du massif des Alpes se trouve en Suisse, mais ce qui confère à la Suisse cette atmosphère et cette qualité de vie si particulières, c'est sa diversité de paysages naturels, rassemblés sur une si petite superficie.

Le climat, froid en hiver, permet de pratiquer de nombreuses activités sportives liées aux sports de neige et de glace. En été, la montagne et les nombreux lacs offrent de multiples possibilités de pratiquer différents sports d'eau, la randonnée, etc.

Pays à taille humaine, la Suisse compte 7,5 millions d'habitants[11], soit moins que certaines grandes villes européennes… Les plus grandes agglomérations suisses ont un nombre d'habitants très raisonnable :

Chef-lieu / canton	Nombre d'habitants
Zurich / Zurich	342 500
Genève / Genève	177 500
Bâle / Bâle-Ville	165 100
Berne / Berne	122 700
Lausanne / Vaud	116 300

Où trouver des informations complémentaires

Pour en savoir plus sur la géographie, l'histoire, la population et la structure politique du pays, consultez le site des autorités fédérales de la Confédération helvétique « www.admin.ch/ch/f/schweiz/index.html » et le portail d'information sur la Suisse « *www.swissworld.org* ». Vous pouvez également consulter l'excellent guide « La Suisse et sa pluralité », édité par swissworld.org.

10. Vous pouvez consulter en annexe la carte du pays et la fiche signalétique de chaque canton.
11. Source : OFS (Office fédéral de la statistique) estimation 2006.

Le site de la mission économique de l'Ambassade de France en Suisse « www.missioneco.org/suisse/ » vous donnera quant à lui accès à des informations générales et économiques sur le pays.
Enfin, vous pouvez consulter le site de l'Office fédéral de l'environnement (OFEV) sur lequel vous trouverez des informations sur la politique de la Suisse en matière d'environnement « www.bafu.admin.ch ».

4. La deuxième meilleure qualité de vie au monde est en Suisse

La proximité de la nature et des montagnes, la sécurité, la faible pollution, le dynamisme économique sont tout autant de facteurs qui rendent le cadre de vie en Suisse particulièrement agréable, plaçant le pays au deuxième rang de la qualité de vie dans le monde derrière l'Irlande, selon le magazine *The Economist.* Dans le même classement, la France est 25e, l'Allemagne 26e, l'Autriche 20e et l'Italie 8e[12].
Dans l'étude annuelle du cabinet Mercer, qui classe les 50 villes du monde proposant la meilleure qualité de vie, on trouve aux deux premières places Zurich et Genève, et Berne en 9e position.

Où trouver des informations complémentaires ?

Consultez l'étude « The Economist Intelligence Unit's quality-of-life index 2005 » sur le site « www.economist.com » qui détaille les différents critères étudiés et commente les résultats, ainsi que l'étude de Mercer Human Ressource Consulting « Worlwide Quality of living Survey 2007 » sur le site : « www.mercerhr.com/qol ».

12. Caractéristiques prises en compte dans l'étude : aspect matériel, espérance de vie, sécurité et stabilité politique, taux de divorce, vie communautaire, climat et géographie, taux de chômage, liberté politique, égalité des sexes.

5. Quatre langues officielles et une part très importante d'étrangers dans la population

Le pays compte quatre langues officielles :

– l'allemand (parlé principalement par environ 70 % de la population) ;

– le français (20 %) ;

– l'italien (7 %) ;

– le romanche (3 %).

En Suisse alémanique, les habitants utilisent le plus souvent un dialecte oral, le Schwyzer Dütsch ou Schwyzertütsch), appelé également suisse allemand, mais c'est l'allemand « traditionnel » ou « bon allemand » qui reste la langue de référence pour l'écrit[13].

La Suisse se caractérise également par sa pluralité culturelle : en effet, c'est un des pays d'Europe qui possède la part la plus importante d'étrangers (par rapport à sa population totale). Plus d'un résident sur cinq était étranger en 2006[14]. Cette pluralité se ressent dans de nombreuses villes où vous ne devrez pas vous étonner d'entendre parler espagnol ou anglais dans les rues lors de vos promenades.

Grands voyageurs, les suisses sont aussi particulièrement ouverts sur les cultures étrangères qu'ils côtoient hors du pays.

Pratique : À propos du suisse allemand

Il n'y a en réalité pas un mais plusieurs dialectes suisse allemands, parfois tellement différents qu'il arrive que les personnes ne se comprennent pas ou se comprennent mal.

Pour l'anecdote, sachez que beaucoup de Suisses alémaniques n'aiment pas parler le « bon allemand » (même si leur niveau de maîtrise de la langue est assez élevé), et par ailleurs beaucoup d'Allemands n'aiment pas la façon dont les Suisses parlent leur langue...

13. Consultez en annexe le tableau des cantons avec les langues officielles qui y sont parlées.

14. Source : « La population étrangère en Suisse », édition 2006, Office fédéral de la Statistique.

6. Une forte présence européenne

Des travailleurs frontaliers majoritairement français

On dénombre plus de 192 800 travailleurs frontaliers en Suisse, c'est-à-dire une personne qui travaille en Suisse et possède sa résidence principale dans un pays de l'Union européenne (le plus souvent la France, l'Allemagne, l'Autriche ou l'Italie).

Plus de 54 % de ces travailleurs frontaliers sont français (104 700 personnes), 20 % sont allemands (39 700 personnes), près de 22 % italiens (41 600 personnes) et 3,5 % autrichiens (6 700 personnes).

Les frontaliers français sont principalement actifs dans le canton de Genève (près de 44 % des frontaliers français y travaillent, soit plus de 45 000 personnes). Leur présence est également significative dans les cantons de Bâle-ville (plus de 18 %), Bâle-campagne (plus de 11 %), et le canton de Vaud (plus de 12 %).

Les frontaliers allemands sont pour leur part très présents dans le canton de Bâle-ville (près de 36 %), en Argovie (près de 20 %), et dans le canton de Bâle-campagne (plus de 14 %).

Les travailleurs frontaliers italiens sont majoritairement présents dans le canton du Tessin (pour plus de 90 % d'entre eux), tout comme les travailleurs autrichiens qui sont pour leur part majoritairement présents dans le canton de Saint-Gall (plus de 87 % d'entre eux)[15].

Des résidents étrangers majoritairement européens

Près de 60 % des résidents étrangers en Suisse sont issus d'un pays membre de l'Union européenne[16] :

15. Source : Office fédéral de la Statistique – « Frontaliers étrangers selon les pays de résidence » – données au premier trimestre 2007.

16. Sources : Étude de l'OFS (Office fédéral de la statistique, La population étrangère en Suisse, édition 2006), et Consulat de France pour les chiffres français.

Pays	Nombre	% de la population résidente étrangère
Total tous pays	1 655·264	100 %
Pays de l'UE 25	951 072	57 %
Pays de l'UE 15	928 780	56 %
Allemagne	181 196	11 %
Autriche	35 410	2 %
Belgique	9 822	1 %
Espagne	73 136	4 %
France	163 000[17]	env. 10 %
Italie	303 345	18 %
Portugal	180 763	11 %
Royaume-Uni	28 584	2 %
Serbie et Montenegro	207 478	12 %

Concernant les ressortissants français, environ 140 000 vivent dans la partie romande, et 23 000 dans la partie alémanique de la Suisse.

Les points essentiels à retenir

- La Suisse est un des pays d'Europe qui possède le taux de chômage le plus bas : moins de 4 % de la population active est sans emploi.
- De nombreuses multinationales et organisations humanitaires côtoient un tissu de PME très dense, ce qui multiplie les opportunités d'emploi et l'accès à des postes de haut niveau.
- Les ressortissants étrangers doivent obligatoirement posséder un contrat de travail, et un permis délivré par l'administration cantonale pour pouvoir travailler.
- Depuis juin 2007, les ressortissants des 15 pays hitoriques de l'Union européenne, de Chypre, Malte et de l'AELE bénéficient de la libre circulation

17. Dont environ 80 000 binationaux franco-suisses.

des personnes : la préférence nationale qui donnait priorité aux travailleurs locaux plutôt qu'aux nouveaux étrangers arrivants ne s'applique plus, et les quotas de permis pour les résidents ont disparu.

- Grâce aux accords bilatéraux signés entre la Suisse et les pays de l'Union européenne, un européen qui possède un contrat de travail suisse ou une promesse d'embauche se voit donc dès aujourd'hui accorder de façon certaine un permis de résident (B ou L), ou un permis de frontalier (permis G).
- Pour les ressortissants des autres pays de l'Union européenne, l'accès au marché du travail s'ouvrira progressivement, avec des étapes majeures en 2011 (fin des quotas et du protectionnisme) et 2014 (libre circulation), (2016 et 2019 pour la Roumanie et la Bulgarie).
- La Suisse est un pays stable sur le plan politique. Le pays est composé de 26 cantons ayant chacun leur fonctionnement propre (gouvernement et parlement).
- L'allemand, le français, l'italien et le romanche sont les quatre langues officielles du pays. En Suisse alémanique, les habitants utilisent le plus souvent un dialecte oral, le Schwyzer Dütsch, appelé également suisse allemand.
- La Suisse accueille une part très importante d'étrangers (plus de 20 % de la population résidente est étrangère), qui jouent un rôle déterminant dans le développement économique du pays.
- Près de 60 % de la population étrangère est issue de l'Union européenne.
- Le pays propose une qualité de vie parmi les meilleures au monde.
- Plus de la moitié des travailleurs frontaliers sont français, et sont principalement actifs dans les cantons de Genève et Bâle. Environ 163 000 ressortissants français résident en Suisse, principalement dans la partie romande.

Chapitre

2

Résider en Suisse ou être frontalier : les critères de choix

Pour travailler en Suisse, vous pouvez choisir de résider dans le pays ou dans un pays de l'Union européenne ou de l'AELE[1].

Il n'y a pas vraiment de solution idéale ou préférable, mais plutôt une solution qui correspond à vos aspirations et à votre situation personnelle. Pour vous aider dans votre choix, nous vous proposons un petit tour d'horizon des différents critères qui pourraient compter dans votre prise de décision.

Critère	Résident	Frontalier	Commentaires
Sécurité intérieure	+		La Suisse est un pays sûr. La population s'autocontrôle (on dit ici que derrière chaque Suisse se cache un policier), ce qui a pour effet de limiter certains débordements. Dans beaucoup de communes suisses, le sentiment de sécurité prévaut. Exemple étonnant de ce sentiment, les « pédibus », véritables convois d'enfants à pied encadrés par des adultes qui emmènent les enfants du quartier à l'école. Inimaginable dans la plupart des grandes villes européennes...

→

1. Avec des restrictions selon votre nationalité.

(suite)

Critère	Résident	Frontalier	Commentaires
Pouvoir d'achat		+	– Compte tenu de la différence de niveau de vie, les travailleurs frontaliers possèdent à salaire égal un pouvoir d'achat qui reste plus important que leurs homologues résidents. Cependant, les prix et coûts des biens tendent à s'homogénéiser dans les zones frontalières notamment côté français, et en particulier dans l'immobilier. Dans le bassin genevois et le pays de Gex, le prix du locatif est, depuis début 2007, plus élevé en France qu'en Suisse. Consultez le chapitre 8 « les loyers en France en zone frontalière : quelques informations » p. 188 pour plus de détails. – Depuis début 2006, le franc suisse s'est fortement déprécié par rapport à l'euro, ce qui se traduit par une baisse de pouvoir d'achat des ménages frontaliers. Consultez le chapitre 3 « L'influence du coût de la vie sur votre décision » p. 91 pour plus d'informations.
Environnement, infrastructures	+		Les villes suisses proposent en général un environnement de très bonne qualité. Les villes sont propres et souvent bien, voire très bien entretenues, les infrastructures de transport proposent une des meilleures couvertures du territoire au monde (aussi bien les routes, autoroutes ou voix ferrées). Par ailleurs, les villes sont peu engorgées d'un point de vue du trafic routier en comparaison de certaines grandes villes européennes. Consultez le chapitre 14 « Transports » p. 340 pour plus d'informations.

→

(suite)

Critère	Résident	Frontalier	Commentaires
Transports quotidiens professionnels	+		Principal inconvénient pour les frontaliers quotidiens : le trajet professionnel. Les zones frontalières, du fait du passage en douane, sont en général très encombrées aux heures de pointe. Ce transport quotidien représente par ailleurs un coût non négligeable sur l'année.
Connaissance de la culture locale	+		Pour s'immerger dans une culture et commencer à en comprendre les subtilités, on dit qu'il faut résider au moins quatre ans dans le pays. Une telle immersion a un intérêt, tant sur le plan personnel et professionnel, et fait partie d'un projet de vie à part entière. Dans quelques années, si vous quittez le pays, c'est une des grandes richesses qui vous restera.
Santé (qualité des infrastructures et des soins en Suisse)		+	Environ 11 % du produit intérieur brut suisse est consacré aux dépenses de santé. Le système de santé en Suisse est connu pour la qualité de ses soins et de ses prestations. Sur ce sujet, le pays est très légèrement mieux noté que l'Autriche ou la Belgique, et un peu mieux que la France et l'Allemagne[2]. Le pays possède également des infrastructures de qualité, et en nombre suffisant. Consultez le chapitre 10 « L'assurance maladie pour les résidents », p. 208 pour plus d'informations.

→

2. Source IMD – The World competitivness yearbook 2005.

(suite)

Critère	Résident	Frontalier	Commentaires
Santé (régime d'assurance maladie)			En tant que résident, vous n'aurez pas le choix et devrez vous affilier au système d'assurance maladie suisse. En tant que frontalier, vous avez le choix entre le système d'assurance maladie suisse (LAMal) ou le système d'assurance maladie français (CMU ou assurance maladie privée). Plus de 90 % des travailleurs frontaliers choisissent une assurance maladie privée. Chacun de ces système est plus ou moins avantageux selon votre âge, votre famille, votre état de santé. Les régimes d'assurance maladie de la Suisse et de ses voisins européens sont difficiles à comparer car ils ne fonctionnent pas du tout sur le même principe, ne proposent pas les mêmes couvertures et n'ont pas les mêmes coûts. Consultez le chapitre 10 « Choisir son assurance maladie » p. 207 pour plus d'informations.
Vie sociale, amitiés locales		+	Les frontaliers sont souvent mal perçus par les locaux qui les considèrent parfois comme des « profiteurs » du système, malgré leur contribution effective et réelle à la croissance économique du pays. Bien que le nouveau statut de frontalier permette de revenir dans votre résidence principale en France une fois par semaine, il ne vous sera pour autant pas facile de créer des amitiés suisses. Du moins, cela sera beaucoup plus long que pour des résidents. Beaucoup de frontaliers se retrouvent dans des résidences ou des quartiers et créent de véritables communautés internationales ayant les mêmes besoins et intérêts. Pour les résidents, votre installation en Suisse aura naturellement pour conséquence une diminution de votre cercle d'amis dans votre pays d'origine, par effet d'éloignement.

→

(suite)

Critère	Résident	Frontalier	Commentaires
Éducation, scolarité		+ (pour les français qui scolarisent leurs enfants en France)	Il y a aujourd'hui 26 systèmes d'éducation en Suisse pour chacun des 26 cantons. Heureusement, ces systèmes sont en phase d'harmonisation, mais la mise en place effective devrait prendre plusieurs années. Dans les grandes agglomérations ou à proximité, la plupart des établissements ont l'habitude d'accueillir des élèves étrangers. Si vous ne souhaitez pas scolariser votre enfant dans le système d'éducation Suisse, vous pouvez vous tourner vers les écoles internationales (de votre pays ou non) et les écoles privées (dont la qualité d'enseignement est très inégale) : ces établissements ont des frais de scolarité souvent élevés. Pour les frontaliers : si vous êtes Français et avez des enfants en âge d'être scolarisés, l'adaptation sera évidemment plus simple pour eux s'ils sont déjà scolarisés en France. Consultez le chapitre 17 « Scolarité et études en Suisse » p. 409 pour plus d'informations.
Vie de famille, vie de couple		+ (pour les conjoints français qui vivent en France)	Pour le couple, l'expatriation peut être une véritable épreuve. Si votre conjoint(e) ne travaille pas et garde par exemple les enfants, il ne lui sera pas facile de nouer des amitiés avec les locaux qui possèdent déjà leur réseau. Cette réalité ne facilite pas la vie quotidienne des conjoint(s) et contribuera à fragiliser la relation. Une des causes de l'échec de l'expatriation trouve très souvent des explications dans une mauvaise gestion du couple : la clé d'une expatriation réussie, en Suisse ou ailleurs, est la façon dont votre conjoint(e) s'adaptera à sa vie de tous les jours.

→

(suite)

Critère	Résident	Frontalier	Commentaires
Installation durable en Suisse, acquisition de la nationalité	+		Si votre objectif est de vous installer durablement en Suisse et pourquoi pas d'en acquérir la nationalité, la résidence est le seul moyen d'y parvenir. La procédure d'acquisition de nationalité est très longue (12 ans environ pour les adultes).
Incertitude pour l'obtention du permis de travail			Elle dépend avant tout de votre nationalité. Pour les ressortissants des 15 pays historiques de l'Union européenne (Allemagne, France, Italie...), de l'AELE, Chypre et Malte, le libre accès au marché du travail suisse est effectif depuis juin 2007, grâce à l'accord sur la libre circulation des personnes (ALCP) : le protectionnisme a disparu, tout comme les quotas de permis de résident et la vérification des conditions d'emploi et de travail : pour obtenir le permis, il suffit donc d'avoir un contrat de travail ou une promesse d'embauche. Cette libre circulation sera définitive en 2014, après décision de l'Assemblée fédérale, et si le planning n'est pas remis en cause par voix référendaire. Pour les ressortissants des pays de l'Est ayant adhéré à l'Union européenne en 2004, le protectionnisme et contrôle des conditions de salaire seront effectifs jusqu'en 2011. Pour la Bulgarie et la Roumanie, ces contrôles et limitations de quotas seront effectifs jusqu'en 2016. La libre circulation des personnes sera définitive en 2014 avec des étapes et un calendrier différents. Pour les autres états (les États « tiers »), l'obtention d'un permis est soumise à des conditions au moins aussi drastiques qu'auparavant. Consultez le chapitre 5 « Les différents permis de travail : analyses » p. 127 pour plus d'informations.

→

(suite)

Critère	Résident	Frontalier	Commentaires
Intérêt culturel	+		Bien que n'ayant pas la profusion culturelle de grandes villes comme Paris ou Londres, les principales villes suisses proposent des ressources culturelles très intéressantes. Vous trouverez en effet bon nombre de musées et expositions, et le pays reste une étape régulière pour beaucoup d'artistes musicaux internationaux. Enfin, de très nombreux festivals musicaux prennent vie au printemps et animent les scènes locales pendant les belles saisons.
Mobilité à l'intérieur de la Suisse	+		Pour les ressortissants de l'Union européenne, la zone frontalière a disparu : il donc possible d'habiter où vous le souhaitez et de changer d'employeur sans avoir à refaire les démarches, que vous ayez un permis de frontalier (permis G) ou de résident (L, B ou C). Les ressortissants de 15 pays historiques de l'Union européenne, de l'AELE, de Chypre et Malte titulaires d'un permis de frontalier (permis G) peuvent, s'ils le souhaitent, revenir à présent une seule fois par semaine dans leur pays européen de résidence[3]. Pour les autres ressortissants, cette obligation de retour est quotidienne pour les titulaires d'un permis de frontalier G, et il existe une limitation de la mobilité géographique et professionnelle. Consultez le chapitre 5 « Les différents permis de travail : analyses » p. 127 pour plus d'informations.

→

3. Avant juin 2002, l'obligation de retour était quotidienne.

(suite)

Critère	Résident	Frontalier	Commentaires
Travail du conjoint	+		En tant que ressortissant de l'Union européenne résidant en suisse, le rapprochement familial permet à votre conjoint(e) d'avoir automatiquement un permis pour non actif, (qui permet de rester sur place sans contrainte de temps et de chercher un travail), alors que si vous avez le statut de frontalier, il (elle) devra trouver un emploi pour bénéficier du permis. Pour les autres nationalités, des conditions plus ou moins importantes sont à prendre en considération pour le rapprochement familial. Consultez les pages 138 et 146 pour plus d'informations.

La plupart des thèmes abordés de façon synthétique dans ce tableau sont repris dans l'ensemble de l'ouvrage si vous souhaitez davantage de détails.

Pratique

Avant tout entretien d'embauche, il est préférable de savoir à l'avance le statut que vous désirez avoir (frontalier ou résident), car le sujet sera très probablement abordé.

En pratique, vous avez aujourd'hui le choix quant au type de permis de travail. Lors de vos entretiens d'embauche, certaines entreprises vous feront comprendre qu'il serait mieux que vous preniez un permis de frontalier, plus sûr à obtenir selon eux car non soumis aux quotas, et qui diminue l'incertitude pour l'entreprise : c'est une pratique courante, héritée de l'histoire, qui tend à disparaître de plus en plus avec le temps, et qui n'a aujourd'hui plus vraiment de sens pour les ressortissants de l'Union européenne depuis la signature des accords bilatéraux. En effet, l'obtention du permis (résidents ou frontalier) est, nous le verrons plus loin, quasi automatique pour les ressortissants des quinze pays historiques de l'Union européenne (France, Allemagne...) qui ont une promesse d'embauche.

Pour les autres ressortissants, cette incertitude reste une réalité.

Enfin, pour certaines activités sensibles ou nécessitant une certaine confidentialité (par exemple certains métiers du secteur de la banque et de la finance en relation avec la clientèle ou les secteurs de technologies de pointe), les recruteurs vous demanderont parfois de résider en Suisse.

Chapitre 3

Trouver un emploi et évaluer sa valeur sur le marché suisse

L'ironie veut que pour beaucoup d'offres d'emploi, un permis de travail valide est demandé par les recruteurs. Or, vous avez précisément besoin d'un contrat pour obtenir ce permis… En tant qu'Européen, même si les accords bilatéraux vous assurent aujourd'hui des chances quasi certaines d'en obtenir un, il reste à la discrétion des entreprises d'accepter ou non de vous recevoir malgré tout.

Il semble en effet assez naturel que certaines entreprises suisses préfèrent employer du personnel ayant déjà travaillé ou habité en Suisse pour minimiser (notamment) le risque d'inadaptation culturelle.

Heureusement, il existe de nombreuses pistes à explorer pour les nouveaux arrivants étrangers sur le marché du travail suisse, et de nombreux moyens pour y décrocher un emploi.

1. Les sources d'offres d'emploi à consulter

Les sites portail d'offres d'emplois

Des sites portail rassemblent de nombreuses offres d'emploi sur le marché suisse, qu'elles proviennent directement d'entreprises ou de cabinets de recrutements.

Certains de ces sites portails sont généralistes, d'autres spécialisés par thème, groupe d'individus (jeunes diplômés…), secteurs d'activité ou zones géographiques. La plupart d'entre-eux sont gratuits.

Vous trouverez ci-dessous une sélection de quelques sites que nous jugeons utiles pour la recherche d'emploi :

efinancialcareers.ch
job.speed.ch
www.diplom.ch
www.direct-jobs.ch
www.job-box.ch
www.jobclick.ch
www.jobengine.ch
www.jobs.ch
www.jobscout24.ch
www.jobsuchmaschine.ch
www.jobtic.ch
www.jobup.ch
www.jobwatch.ch
www.jobwinner.ch
www.monster.ch
www.optioncarriere.ch
www.step2biz.ch
www.telejob.ch
www.tuttoclick.ch

La plupart de ces sites vous offrent la possibilité de mettre en place des alertes pour rester informé régulièrement des offres qui concernent votre profil.

Les sites web des grandes entreprises

Les grandes entreprises nationales et multinationales sont très bien implantées en Suisse. Parmi les plus grosses en terme de chiffre d'affaires, on trouve :

- ABB (industrie mécanique)
- Adecco (travail temporaire)
- Cargill International SA (import / export)
- Panalpina Welttransport (logistique)
- la Poste suisse (services)
- Roche (chimie pharmacie)

- Coop (commerce de détail)
- Crédit Suisse (secteur bancaire)
- Glencore (négoce de matières premières)
- Holcim (matériaux de construction)
- Kühne & Nagel (logistique)
- Migros (commerce de détail)
- Nestlé (agroalimentaire)
- Novartis (chimie pharmacie)
- Schindler (machines industrielles)
- Swisscom (télécommunication)
- Syngenta-clariant (chimie pharmacie)
- Tetra-Laval (emballage)
- UBS (secteur bancaire)
- Westhold (fabrique commerce de chaussures)
- Zurich Assurances (assurances)

Où trouver des informations complémentaires ?

Retrouvez la liste des 400 plus grandes entreprises en Suisse sur le site portail de cet ouvrage « www.travailler-en-suisse.ch », rubrique « Travailler », puis « Annuaire des grandes entreprises ».

Les sites web des entreprises françaises présentes en Suisse

On estime à un peu plus de 400 le nombre de sociétés suisses ayant une participation d'une entreprise française supérieure à 10 % dans leur capital. Parmi ces entreprises, seules quelques dizaines emploient plus de 500 personnes, toutes les autres sont des PME.

Voici quelques entreprises françaises de renom présentes en Suisse :

- Alcatel
- Alstom
- Altran
- Atos-Origin
- AXA Assurances
- Bouygues-Losinger
- Cap-Gemini
- Carrefour
- Cartier
- la Coface
- la FNAC
- Hachette-Naville
- L'Oréal
- Orange
- Rhodia
- Schlumberger
- Thales
- Crédit Agricole
- BNP Paribas
- Société Générale

Les cantons de Genève et de Vaud accueillent près de 50 % des implantations françaises. Les cantons de Zurich, Bâle et Berne accueillent la quasi-totalité des 50 % restants.

Les cabinets de recrutement (aussi appelés « agences de placement »)

Si vous exercez une profession technique, passer par un cabinet de recrutement spécialisé peut s'avérer intéressant, ceux-ci étant particulièrement au fait de l'offre et de la demande dans leur secteur.
En décembre 2006, on recensait plus de 4 130 entreprises de placement et de location de personnel enregistrées en Suisse[1]. Parmi elles, figurent des cabinets spécialisés par branche ou secteur d'activité.
Le site www.avg-seco.admin.ch permet de rechercher les entreprises de placement, par canton, niveau de qualification, secteur d'activité. Les critères de recherches ne sont pas toujours très précis (notamment pour la recherche par secteur d'activité) mais il a le mérite d'exister et d'être complet. Il fournit en outre des informations utiles telles que les coordonnées, le site web s'il existe, les secteurs d'activité traités, et un nom de contact. Hormis quelques adresse erronées, c'est une source très fiable et une véritable mine d'informations à consulter.
Le site de Swissstafing (anciennement union suisse des services de l'emploi) www.vpds.ch propose pour sa part un moteur de recherche similaire. Il inclut quant à lui un nombre plus restreint d'entreprises (environ 200 en 2007).

Les portails d'emploi des sites institutionnels et associations

A• Le service emploi du secrétariat d'État à l'Économie (SECO)

Le SECO, secrétariat d'État à l'Économie, propose sur son portail de l'emploi www.espace-emploi.ch des offres d'emplois classées par canton

1. Source : « www.avg-seco.admin.ch » du SECO (Secrétariat d'État à l'Économie).

issues des ORP[2] de l'ensemble du territoire. La plupart de ces annonces sont en principe réservées aux demandeurs d'emploi locaux, mais rien ne vous empêche d'y jeter un œil.

B• Le moteur de recherche d'emploi du site de l'EURES

Les offres d'emploi en Suisse diffusées par l'EURES peuvent être consultées sur le portail européen sur la mobilité de l'emploi, qui dépend de la Commision européenne.
Ces offres sont issues des différentes ORP (voir le chapitre « Des résidents qui bénéficient des mêmes droits au chômage que les locaux » p. 363 pour plus de détails). Le nombre d'annonces pour la Suisse reste limité sur ce site, mais pour certaines d'entre-elles, les recruteurs recherchent spécifiquement un profil étranger. Lorsque c'est le cas, un drapeau de l'Union européenne sera symbolisé.
Sur ce site, vous pourrez également déposer votre CV et mettre en place des alertes e-mail lorsque des offres correspondant à votre profil sont publiées.

C• L'APEC

Réservé aux cadres français, les services de l'APEC ont pour objectif de conseiller et d'aider les chercheurs d'emploi.
Sur le site de l'APEC, vous trouverez une sélection d'emplois en Suisse, principalement dans les métiers de l'informatique.

D• Le service emploi du Groupement transfrontalier européen

L'association a mis en ligne en 2007 un service emploi qui permet aux adhérents de l'association de consulter les offres sur le marché suisse et d'y déposer leur candidature. Pour plus d'informations sur l'association, consultez l'annexe « Associations et institutions utiles ».

2. ORP : Office régional de placement, voir annexe en fin de chapitre pour plus d'explications.

E• Le portail suisse de l'emploi public

Contrairement aux idées reçues, les administrations en Suisse recrutent aussi des étrangers. Ce nouveau portail de l'emploi public a pour vocation de rassembler l'ensemble des offres fédérales, cantonales et communales. Pour l'instant, vous trouverez principalement des offres des administrations fédérales (en principe à Berne). Les cantons suisses alémaniques (Zurich, Argovie, Obwald...) et certaines grandes villes proposent pour leur part quelques postes.

Où trouver des informations complémentaires :

Service emploi du SECO : « www.espace-emploi.ch »
Site de l'EURES : « europa.eu.int/eures/ » puis cliquez sur l'onglet « Demandeurs d'emploi ».
Site de l'APEC : « www.apec.fr », rubrique « International ». Ce service est réservé aux français ayant le statut de cadre.
Service emploi du Groupement transfrontalier européen : « www.frontalier.com », rubrique « L'emploi », puis « service emploi ». Ce service est réservé aux adhérents.
Portail suisse de l'emploi public : « www.publicjobs.ch.ch »

Les petites annonces de la presse quotidienne

La Suisse est un des pays au monde qui possède le taux de lectorat de la presse quotidienne par habitant le plus important. L'offre de presse quotidienne est donc développé. Vous trouverez, pour chaque canton, des quotidiens qui contiennent des petites annonces pour l'emploi.

Par ailleurs, de nombreux journaux et magazines spécialisés proposent une rubrique ou un cahier « emploi ».

Vous trouverez ci-dessous une liste de quelques quotidiens :

Quotidien	Site Web	Couverture géographique	Cahier spécial emploi
Le Temps	www.letemps.ch	Suisse romande	le vendredi
24 Heures	www.24heures.ch	Suisse romande	le jeudi
Tribune de Genève	www.tdg.ch	Genève	le mercredi
Le Matin	www.lematin.ch	Suisse romande	–
Aarguer Zeitung	www.aargauerzeitung.ch	Argovie	–
Basellandschafliche Zeitung	www.bz-online.ch	Bâle	–
Blick	www.blick.ch	Suisse allemande	–
Tages-Anzeiger	tages-anzeiger.ch	Suisse allemande / Zurich	le mardi
Neue Zürcher Zeitung	www.nzz.ch	Suisse allemande	–
Berner Zeitung	www.espace.ch	Suisse allemande / Berne	–
Corriere del Ticino	www.cdt.ch	Suisse italienne	–

Où trouver des informations complémentaires ?

Une liste complète des quotidiens et des magazines spécialisés est consultable sur le portail d'information « www.swissinfo.ch » rubrique « services » puis « swisslinks ».

Le « réseautage » et la cooptation

Que ce soit en Suisse ou ailleurs, l'activation de son réseau de connaissance est probablement le meilleur moyen de décrocher un job. Une très grande majorité de postes sont d'ailleurs pourvus par ce biais.

Bon nombre d'européens trouvent ici une place en ayant été contacté par des anciennes connaissances, ou par des anciens élèves de promo. Le corporatisme est une réalité, et il existe des associations d'anciens de grandes écoles dont l'objectif principal est de s'aider mutuellement sur le terrain de l'emploi. Il ne faut donc pas négliger cette piste.

Les Français peuvent consulter le site de l'ambassade de France en Suisse (« www.ambafrance-ch.org ») où ils trouveront une liste importante d'associations françaises (rubrique « Présence française » puis « Associations »).

Une fois sur place, vous constaterez que la culture du réseau est particulièrement développée. Le groupe rézonance.ch s'emploie par exemple à organiser régulièrement des colloques et manifestations sur des thèmes économiques ou d'entreprises d'actualité, avec des spécialistes du secteur. Ces colloques ont notamment vocation à développer votre réseau. Vous trouverez la liste des prochaines manifestations sur le site « www.rezonance.ch. »

Nous vous conseillons également d'exploiter les sites de mise en relation professionnelle tels que Viadeo.com (français / anglais), Xing.com (français, anglais) ou LinkedIn.com (anglais uniquement) pour dénicher des anciens collègues ou amis d'école qui seraient en poste dans une entreprise suisse et qui pourraient vous ouvrir quelques portes, vous aider dans vos démarches etc.

Pratique : faut-il envoyer des candidatures spontanées ?

L'envoi de candidatures spontanées n'est pas le moyen le plus efficace de décrocher un emploi.

Cette recherche d'emploi n'est certes pas à négliger, car si par exemple vous êtes un spécialiste de l'industrie micro-électronique, il peut être intéressant de postuler dans les quelques entreprises suisses de ce secteur. Pour améliorer vos chances de décrocher un emploi en Suisse, nous vous conseillons donc d'alterner les canaux de recherches : candidatures spontanées, réponses aux annonces, networking...

2. Une recherche d'emploi en Suisse, ça se prépare

Avant toute chose, informez-vous... sur l'économie du pays, le secteur d'activité et l'entreprise !

Avec les possibilités qu'offre aujourd'hui le Web, vous n'avez plus d'excuse : vous devez absolument vous renseigner sur un certain nombre d'éléments avant d'envoyer votre candidature :

Si la plupart des candidats pensent à consulter le site de l'entreprise à qui ils vont envoyer leur dossier de candidature, peu pensent à étudier le secteur d'activité, qui peut être très différent en Suisse.

Il nous semble également important que vous vous renseigniez sur l'économie du pays, de sorte à vous construire une culture générale économique minimale qui vous sera utile pour vos démarches.

En récoltant toutes ces informations, vous rédigerez avec plus de facilité votre lettre de motivation en donnant par exemple des éléments qui indiqueront que vous vous serez renseigné.

Où trouver des informations complémentaires ?

Vous trouverez des informations sectorielles sur les sites des corporations professionnelles suisses. Vous pouvez également consulter les rubriques économiques des sites des cantons, ainsi que les différentes études du SECO (Secrétariat d'État à l'Économie) sur le site : « www.seco.admin.ch », rubrique « Thèmes ».

Le site « www.swissfirms.ch » recense environ 10 000 entreprises inscrites au Registre du Commerce et de l'industrie. Vous y trouverez des informations « basiques » comme l'adresse, l'équipe dirigeante, le secteur d'activité, le site Web etc.

Puis recherchez des informations d'ordre général sur le pays et le canton

Dans votre démarche générale de recherche d'emploi, nous vous conseillons de vous imprégner du contexte politique (au sens large) du canton où vous allez travailler. Pour cela, consultez l'actualité, relevez les faits marquants et prenez la température générale. Ce qui est naturellement connu dans son propre pays, ne l'est pas forcément à l'étranger.

Où trouver des informations complémentaires ?

La presse locale reste un bon moyen de s'informer sur la « température » du pays et du canton (voir précédemment pour la liste de sites d'information).
Pour des informations économiques plus précises sur le pays et les cantons, vous pouvez consulter le site du SECO, « www.seco.admin.ch », rubrique « Thèmes » puis conjoncture.
Vous pouvez également consulter le blog de l'auteur travailler-en-suisse.blogspot.com, qui traite de sujets d'actualité sur le pays.

Établissez un bilan de compétences pour savoir où vous voulez aller et comment

Cela paraît évident, mais encore beaucoup de personnes avouent vouloir rechercher un emploi en Suisse… pour travailler en Suisse, quel que soit l'emploi occupé. Si vous êtes en contact avec des recruteurs, avec un tel état d'esprit, l'échec est garanti. Il est donc important, pour vous-même que vous établissiez un bilan de ce que vous avez fait, des secteurs où vous souhaitez travailler, et des postes que vous voulez occuper.
Demandez-vous également pour quelles raisons réelles vous voulez travailler en Suisse. Si vous n'apportez pas de réponse à ces questions, les recruteurs s'en chargeront, et il n'est jamais bon qu'un recruteur vous pose une question à laquelle vous ne vous étiez pas préparé…
Sans rentrer dans le détail de cette démarche, votre objectif est de savoir ce que vous savez faire, de choisir où vous voulez aller, et de regarder ce

dont vous avez besoin (en terme de formation, d'expérience…) pour atteindre votre objectif.

Pratique : le meilleur moyen pour travailler en Suisse n'est pas forcément le plus court

Le marché suisse est un marché globalement « mature » pour les étrangers. Cela signifie que dans beaucoup de cas, les recruteurs suisses chercheront à recruter des candidats possédant de l'expérience, a minima dans leur propre pays à défaut d'avoir une expérience en Suisse. Si votre objectif est de travailler à tout prix en Suisse, alors vous aurez peut-être intérêt à acquérir une expérience supplémentaire de quelques années dans votre pays d'origine, ce qui augmentera d'autant vos chances d'aboutir à vos fins. La « maturité » de votre profil est donc à valider avant l'envoi massif de candidatures qui peut représenter un fort investissement en terme de temps.

3. Un dossier de candidature qui a ses spécificités

Le contenu de votre dossier de candidature dépendra avant tout de la manière dont vous l'enverrez : par Internet ou par courrier traditionnel (la plupart des recruteurs l'exigent encore dans le cas d'une annonce).

Postuler par courrier

Un dossier de candidature « papier » envoyé par courrier physique contient traditionnellement (en plus du CV et la lettre de motivation) :

– vos diplômes et certificats de formation pertinents (n'indiquez que ceux qui sont significatifs, en terme de durée et / ou de sujet) ;

– vos certificats de travail précédents ;

– tout justificatif ou document officiel que vous jugerez utile ou mentionné dans votre CV (articles de presse…).

Nous vous conseillons de préparer un dossier de qualité, bien présenté, relié et facile à lire. C'est l'usage en Suisse, et surtout, ce dossier sera, pour le recruteur, à l'image de celui qui l'a envoyé.
N'envoyez jamais d'originaux, vous pourrez toujours les présenter lors de l'entretien en cas de besoin.

Postuler par Internet : un dossier plus « léger »

Dans ce cas, l'envoi d'un CV et d'une lettre de motivation suffisent, sauf si l'annonce spécifie que des pièces particulières doivent être apportées. Nous vous conseillons de ne pas inclure votre lettre de motivation dans le corps du courriel ou du formulaire Web. Pour ce dernier, faites un message simple indiquant à votre interlocuteur que vous écrivez pour tel poste et qu'il trouvera en attaché votre lettre de motivation et votre CV. Si vous le pouvez, nous vous conseillons d'envoyer des fichiers au format pdf (plutôt que Word), car leur mise en page reste uniforme (un fichier Word peut à l'inverse avoir une bonne mise en page chez vous et être une véritable catastrophe sur l'ordinateur d'une autre personne).
Donnez des noms de fichier explicite pour ces deux document, comme par exemple : « CV votrenom.pdf » et « lettre votrenom.pdf ».
Concluez par une formule de politesse.
Si vous décrochez un entretien, n'oubliez pas d'apporter les documents mentionnés ci-dessus (ceux requis lors de l'envoi par courrier).

4. Les particularités du CV et de la lettre de motivation suisses

La lettre de motivation

Son contenu et sa forme possèdent des spécificités locales à bien maîtriser. Comme beacuoup de pays, l'objectif est de donner envie au recruteur d'aller plus loin et de vous rencontrer. Elle ne doit être ni trop courte, ni trop longue, avec un style « positif », et elle doit se suffire à elle-même (au cas où le recruteur ne lise pas votre CV, ce qui arrive parfois).

Tout en répondant à des normes bien définies, la lettre de motivation est une occasion pour vous d'ajouter une touche personnelle et humaine à votre candidature (le CV reste en général très formel).

Une des principales erreurs à ne pas commettre, c'est de paraphraser son CV, ou plus précisément de reformuler dans la lettre ce que le recruteur trouvera dans le CV.

Une autre erreur à ne pas commettre et qui agace tout particulièrement les recruteurs, c'est de répéter les termes de l'annonce.

Sachant que les suisses possèdent un sens pratique développé, en particulier en affaires, nous vous conseillons, dans votre lettre, d'utiliser des termes plus orientés sur l'action que sur la réflexion. Nous vous encourageons également à utiliser des exemples concrets (montrez davantage ce que vous avez réalisé que ce que vous avez pensé ou imaginé pour le faire) en évitant scrupuleusement les termes vagues, pompeux, et les approximations.

Sur le fond, n'utilisez pas un style trop aggressif ou commercial (sauf si c'est précisément un poste de commercial que vous visez), restez tout de même assez neutre et positif.

Enfin, la lettre ne doit être ni trop courte, ni trop longue. La plupart des candidats ont tendance à écrire des lettres plutôt longues. Pour éviter ceci, relisez votre lettre par exemple le lendemain en vous demandant si chacun des mots que vous avez écrit est utile. Vous devriez ainsi pouvoir réduire de 30 % votre première ébauche.

Il existe plusieurs possibilités pour structurer une lettre de motivation, mais nous vous conseillons d'utiliser le modèle « standard » suivant :

1 – Dans le paragraphe d'introduction, expliquez ce que vous pourrez apporter à l'entreprise. N'hésitez pas à justifier par des exemples concrets toutes les qualités que vous pourrez mentionner vous concernant. Par exemple, si vous affirmez être dynamique, dites par exemple que vous avez géré dans une expérience précédente quatre projets simultanément, tous ces projets ayant abouti etc.

2 – Indiquez dans le paragraphe suivant pourquoi cette entreprise vous intéresse : utilisez ici les informations récoltées sur le secteur et l'entreprise pour indiquer les raisons qui vous poussent à écrire à cette entre-

prise. N'oubliez pas de rester très concret dans les illustrations et raisons que vous donnerez.
3 – Le dernier paragraphe contient la formule de politesse traditionnelle. Pour les postes de commerciaux, vous pouvez rajouter une invitation à vous rencontrer. Pour celà, n'hésitez pas à indiquer que vous recontacterez la personne sous 10 jours (et surtout, faites le !).
Elle est en général rédigée sur une seule feuille A4, et non manuscrite sauf si l'entreprise le demande.

Pratique : écrivez pour les autres, pas pour vous !

Lorsque vous écrirez votre lettre, mettez-vous à la place de la personne qui va la lire, assurez-vous que tout les termes utilisés sont compréhensibles, et que vous êtes clair dans votre développement. Si par exemple vous êtes un expert dans votre domaine, le responsable des ressources humaines qui lira votre lettre n'est pas supposé maîtriser tous les termes que vous pourrez mentionner. Ce conseil est valable pour la rédaction du CV également.

De plus, ayez à l'esprit les besoins de l'entreprise (et pour cela vous devrez préalablement vous être renseigné), ce qui vous permettra de bien positionner les atouts de votre candidature par rapport à ces problématiques.

Pour vous assurer que vous avez bien fait cet effort, faites relire votre lettre à une personne, demandez-lui de se mettre à la place du recruteur, et demandez-lui, objectivement, si cette lettre lui donne envie de vous rencontrer, et ce qu'elle retient de vous en première lecture.

Le CV

Pour bien vous imprégner des remarques qui vont suivre, il est important de comprendre que le CV est un outil de marketing qui sert à faire la promotion du produit « humain » que vous êtes auprès des entreprises. Et comme vous le savez, le temps qu'un recruteur passe à la lecture d'un CV varie d'une dizaine de secondes à une ou deux minutes. Il est donc important, tant dans le fond que la forme, d'être efficace : votre CV, tout comme votre lettre de motivation et votre dossier en général, sont des outils de communication qui doivent être cohérents entre-eux, homogènes et efficaces.

Idéalement, il ne doit pas être sur plus de deux pages (sauf si vous êtes un candidat expérimenté), et peut être éventuellement daté à la fin.

Tout comme la lettre de motivation, le CV doit se suffire à lui-même : si le recruteur ne lit pas la lettre qui l'accompagne, il doit comprendre qui vous êtes et ce que vous recherchez. Les différentes rubriques du CV sont développées ci-dessous.

A• Les données personnelles

– Prénom et nom, adresse et numéro de téléphone (pensez à indiquer l'indicatif de votre pays) sont les données de base.

– État civil : indiquez votre situation : célibataire, marié, divorcé…

– Votre nationalité doit obligatoirement y apparaître, en particulier dans un pays ou plus de 20 % de la population résidante est étrangère.

– Si vous possédez déjà un permis de travail en Suisse, indiquez lequel.

B• Le cartouche de présentation de votre profil ou de votre objectif professionnel

Le cartouche n'est pas obligatoire mais nous vous le conseillons. C'est un peu le titre de votre CV, et si le recruteur ne devait lire qu'une seule information sur votre CV, il faudrait que ce soit celle-ci. Vous comprendrez donc l'intérêt de la rédiger avec soin. Il se positionne en général dans la partie supérieure du CV, centré horizontalement, juste en dessous des données personnelles.

Il peut accueillir deux type d'information (au choix) :

– votre objectif professionnel (« Mettre mes connaissances en marketing opérationnel au service de votre entreprise »), ou

– votre profil professionnel (« Professionnel du marketing opérationnel, 10 ans d'expérience dans le secteur de l'agro-alimentaire »).

Cette information doit être concise pour que le lecteur puisse en assimiler le sens facilement et rapidement. Les termes trop techniques sont donc à proscrire.

C• Formation

N'hésitez pas à donner une équivalence pour les diplômes européens. Par exemple, si la plupart des recruteurs suisses savent ce qu'est un baccalauréat français, ils ne connaîtront pas forcément tous les diplômes et noms de spécialités. Facilitez donc leur la tâche, et plutôt que d'indiquer par exemple que vous êtes titulaire d'un DESS, inscrivez Master, les accords de Bologne étant reconnus en Suisse.

Comme pour l'expérience professionnelle, n'oubliez pas de mentionner où vous avez obtenu vos diplômes (quelle université et quelle ville).

Le titre d'ingénieur est également connu en Suisse, ce qui l'est moins c'est peut-être la spécialité, qui peut être plus ou moins explicite. N'hésitez pas à développer un peu si c'est le cas.

Pour les titulaires de diplômes d'écoles de commerce, indiquez par exemple qu'il s'agit d'un diplôme de 5e année (en vous référant au baccalauréat ou son équivalent).

D• Expérience professionnelle

Indiquez les postes occupés, en vous assurant que les termes sont compréhensibles par des étrangers ou des néophytes (ce qui n'est pas toujours le cas des titres de fonctions).

Indiquez les nom des sociétés pour lesquelles vous avez travaillé (sans et avec ses abréviations). N'oubliez pas d'indiquer dans chaque cas le pays où vous avez occupé vos différents postes. Ajoutez-y également des informations permettant de rapidement qualifier l'entreprise (telles que le secteur d'activité, la taille de l'entreprise en nombre d'employés, etc.), cela permettra à votre interlocuteur de se faire une meilleure idée du poste occupé.

E• Service militaire

Il n'est pas obligatoire d'indiquer les informations relatives à votre service militaire.

F• Les langues

Le niveau linguistique est globalement plus élevé en Suisse qu'en France ou en Italie. Il n'est pas rare en effet de trouver des employés parlant correctement 2 langues de plus que leur langue maternelle.

Par ailleurs, la pratique d'une langue étrangère est souvent demandée, voire indispensable.

L'Allemand courant est assez souvent nécessaire en Suisse alémanique, plus souvent dans les entreprises d'origine suisse que dans les multinationale où l'Anglais est en général la langue de travail[3].

Le Français est évidemment parlé en Suisse romande, mais certaines entreprises multionationales à culture anglo-saxonne ne parlent pratiquement pas le Français.

En Suisse alémanique, le Français est tout même utilisé au moins une fois par semaine par 40 % des entreprises (l'anglais est au même niveau d'utilisation dans ces entreprises).

L'anglais est, selon diverses sources, la langue dont l'utilisation progresse le plus ces dernières années. C'est la langue des affaires en Suisse, et dans pratiquement toutes les entreprises elle sera exigée. Pour des postes de cadres ou des postes qualifiés (ingénieurs...) elle est quasiment obligatoire[4].

L'italien est pratiquement indispensable si vous voulez travailler au Tessin, mais reste de loin la langue la moins utilisée dans le monde de l'entreprise en Suisse.

Il est toujours difficile d'évaluer de façon correcte son niveau de langue. Il n'existe pas de solution miracle, et l'utilisation de terme comme « courant » ou « bilingue » n'ont pas forcément le même standard dans tous les pays. Aussi, nous vous conseillons de vous évaluer le plus justement possible, et en tous les cas de ne pas sur-évaluer votre niveau de langue.

G• Connaissances informatiques ou techniques

Pour les métiers techniques, il faut explicitement indiquer votre niveau de maîtrise du langage ou du logiciel en question, en précisant par exemple « maîtrise » ou « bonnes connaissances » ou « connaissances de base ».

---

3. Selon une étude réalisée en 2005 par la Haute école spécialisée de Soleure et Suisse du Nord-Ouest, « Fremdschprachen in Schweitzer Betrieben », Fachhochschule Nordwestschweitz, 2005, l'allemand reste la langue la plus utilisée dans les entreprises en Suisse, et en Suisse romande, elle est utilisée au moins chaque semaine par la moitié des entreprises.
4. Selon l'étude sur les salaires des ingénieurs 2006 de l'association Swiss Engineering UTC, « *seul 1/6 des ingénieurs expérimentés travaillant dans des entreprises de plus de 250 collaborateurs disent que les langues n'ont pas eu d'importance lors de leur engagement* ».

H• Références

En Suisse, il est courant d'indiquer une liste de personnes qui pourraient vous recommander professionnellement. En principe, sur le CV, vous ne devez faire apparaître que les noms des personnes, celui de leur entreprise, et le poste qu'elles occupent. Leurs coordonnées (numéro de téléphone en principe) étant remises lors de l'entretien.
Nous vous conseillons bien évidemment de demander aux personnes que vous mettez dans cette liste leur accord pour y apparaître.

I• Centres d'intérêts

Nous vous conseillons de n'insérer cette partie dans votre CV que si quelque chose de particulier vous caractérise. S'il s'agit d'avoir « Lecture » ou « Voyages », mieux vaut ne rien mettre. Vous pouvez également, si vous le souhaitez, indiquer ici les 3 ou 4 valeurs qui vous caractérisent. Choisissez dans ce cas des qualités... que vous avez vraiment.

Où trouver des informations complémentaires

– Si vous voulez aller plus loin sur le sujet du recrutement et de l'emploi en Suisse, et découvrir toutes les spécificités locales, consultez le guide de référence sur le recrutement en Suisse, écrit par Laurent Schütz et David Talerman « Décrocher un emploi en Suisse : projet professionnel, CV et entretiens d'embauche ». Vous trouverez également dans ce guide des informations indispensables pour optimiser vos chances de décrocher un emploi.
– Concernant les équivalences de diplômes, vous trouverez des informations complémentaires auprès de Swiss ENIC. C'est la Conférence des recteurs des universités suisses (CRUS) qui est compétente pour la question des équivalences. Consultez le site : « www.crus.ch » pour plus d'informations.

Pratique : les langues étrangères

Sur votre CV, ne trichez pas sur votre niveau de langue, car la probabilité qu'une partie de l'entretien se fasse dans une langue étrangère est très forte.

Par exemple, si votre niveau d'allemand est faible, n'hésitez pas à indiquer par exemple dans votre CV « connaissances de base, niveau rapidement perfectible ».

Enfin, n'hésitez pas à indiquer vos séjours linguistiques de longue durée à l'étranger sur votre CV, ils seront appréciés.

Des employés maîtrisant les langues sont, encore plus que dans d'autres pays, fortement appréciés ici. Pour beaucoup de postes de cadres ou d'employés spécialisés, la pratique de l'anglais est un minimum pour postuler en Suisse romande. Un recruteur du bassin genevois spécialisé dans les profils techniques nous confiait récemment qu'il rencontrait malheureusement trop souvent de candidats étrangers avec d'excellents profils mais avec un niveau d'anglais tel qu'il ne lui était pas possible de donner suite à leur candidature.

Si vous voulez travailler en Suisse, développez vos compétences linguistiques, et n'hésitez pas à faire quelques séjours préalables à l'étranger de longue durée si nécessaire.

5. Un faible taux de chômage dans le pays, mais nuancé selon les cantons

Avec un taux de chômage pour l'ensemble du pays inférieur à 3 %, on peut facilement affirmer que bon nombre de suisses ou de travailleurs locaux n'ont que peu de craintes à avoir s'ils se retrouvent sur le marché du travail[5].

On observe cependant quelques nuances selon les cantons :

– le canton de Genève occupe la triste première place en terme de taux de chômage, avec près de 6 % de la population active à la recherche d'un emploi. Ce taux reste malgré tout relativement faible en comparaison des chiffres qu'on peut observer dans des pays comme l'Allemagne, la France ou l'Italie ;

– les cantons du Tessin, de Vaud, de Neuchâtel, du Valais et du Jura ont pour leur part un taux qui se situe entre 3 et 4,1 %, au-dessus de la moyenne nationale (2,6 %). La plupart des cantons de suisse romande donnent donc le mauvais exemple sur le sujet ;

– le canton de Fribourg affiche pour sa part un taux de chômage de 2,5 % ;

5. Tous les chiffres sont issus du SECO – document « La situation sur le marché du travail en mars 2008 ».

– hormis pour Zurich (2,5 %) et Bâle-ville (3 %), la plupart des cantons suisses alémaniques possèdent des taux de chômage particulièrement bas (entre 0,9 % et 2,4 %).

2. Des secteurs économiques très inégaux face au chômage

Davantage qu'une revue exhaustive de tous les secteurs, nous vous proposons ici des informations sur certains secteurs remarquables ou significatifs du marché suisse. Nous attirons votre attention sur le fait que ces informations ont une durée de validité dans le temps, le marché pouvant évoluer très rapidement.

Les métiers de la finance

Le pays comptant des places financières d'importance dans le monde, il n'est pas étonnant que les métiers bancaires et de la finance soient très prisés, tant à Genève qu'à Zurich, bien que le secteur ait connu en 2002-2003 une cure de dégraissage.
Le secteur a traditionnellement recruté des étrangers, notamment pour ses activités de « back office » : informatique et salles de marché par exemple. Ce qui est nouveau ces dernières années, c'est que des postes de vente, y compris dans la banque à réseau, sont proposés à des étrangers. Enfin, les postes de gestionnaires de fortunes sont également occupés par de plus en plus d'étrangers.
Avec un faible taux de chômage d'environ 1,6 %, le secteur reste encore très attractif, malgré un ralentissement très net du recrutement début 2008 dû à la crise des subprimes et aux déboires du géant UBS.

L'industrie horlogère

Quelques entreprises de l'industrie horlogère proposent pour leur part des emplois intéressants et souvent très spécialisés ou techniques.

Secteur moribond au début des années 80 avec l'arrivée de la montre électronique qui a pratiquement supprimé la moitié des emplois du secteur, l'horlogerie retrouve depuis quelques années une deuxième jeunesse, avec le coup de maître de ses as du marketing (dont le fer de lance est Nick Hayek, PDG de Swatch Group), qui ont su remettre sur le devant de la scène les montres mécaniques, spécialité du pays.
En terme d'emploi, le secteur recherche et recrute du personnel qualifié, et le pays n'en ayant pas suffisamment, les perspectives sont réelles pour les travailleurs étrangers.
Le secteur possède un taux de chômage moyennement élevé pour le pays (environ 4,7 %).

Le domaine de la santé

Environ 30 % d'étrangers travaillent dans le domaine de la santé. Ce secteur, très prisé des ressortissants de l'Union européenne, connaît, selon les années, des pénuries de personnel spécialisé, en particulier dans les soins intensifs, les salles d'opérations et pour les traitements de longue durée.
Dans certains établissements de santé suisse, il arrive que le personnel infirmier étranger représente jusqu'à plus de 40 % de l'effectif de la profession.
La majorité est répartie dans les hôpitaux, cliniques et établissements de soins (plus de 90 %), les autres travaillant dans des foyers et maisons de retraites (EMS).
Cette carence de personnel a plusieurs explications : le taux d'encadrement est relativement élevé dans les établissement de santé en Suisse en comparaison d'autres pays, les infirmières suisses ayant pour leur part une durée de vie dans la profession relativement courte (moins de 6 ans en moyenne), et la filière suisse de formation ne produit naturellement pas suffisament de candidats pour répondre aux besoins du secteur.
La profession bénéficie cependant de conditions particulières pour l'octroi des permis de travail : les infirmières spécialisées en salles d'opération et en soins intensifs sont considérées comme du personnel qualifié et profitent en conséquence de directives spéciales qui permettent aux ressortissantes d'États tiers d'obtenir plus facilement le permis de travail.

Les conditions d'entrée des ressortissantes canadiennes qui veulent exercer le métier d'infirmière sont particulières : un protocole signé en 2003 entre la Suisse et le Canada facilite l'accès au marché du travail de ces ressortissantes.

Selon les périodes, les ressortissants de l'Union européenne ne couvrent pas l'ensemble des besoins du pays, aussi les établissements hospitaliers se tournent-ils vers d'autres nationalités hors de l'Union qu'ils forment afin de les amener aux exigences locales de la profession.

L'hôtellerie

Dans ce secteur, qui regroupe l'activité des hôtels et restaurants, ce sont principalement les employés qualifiés qui sont recherchés. Les besoins du secteur pour ce type de personnel est assez important, alors que dans le même temps c'est le secteur qui est le plus touché par le chômage dans le pays (6,2 %). À l'inverse, le secteur n'a que de faibles besoins en personnel non qualifié, réduisant d'autant les chances de décrocher un emploi pour les étrangers.

L'agriculture

Les besoins dans ce secteur sont traditionnellement saisonniers (principalement au Printemps et à l'Automne) et attirent de nombreux travailleurs étrangers. Environ 10 % travaillent dans ce secteur.

Dans les cantons de Vaud et du Valais, les vendanges à l'Automne qui durent environ 8 jours proposent des emplois aux étrangers pour cette période, souvent dans une ambiance cosmopolite conviviale, même si le travail est vraiment très physique.

Pour les jeunes étrangers, la Confédération propose des programmes de formation et de perfectionnement de quatre mois.

Le taux de chômage enregistré pour le secteur de l'agriculture/sylviculture est faible : 0,6 %.

Où trouver des informations complémentaires ?

Le site du SECO (Secrétariat d'État à l'Économie) www.seco.admin.ch propose une véritable mine d'informations concernant les études effectuées sur le marché du travail (générales ou sectorielles).

Pratique : Les organisations internationales

Le pays est notamment connu pour les nombreuses organisations internationales qui y ont leur siège ou une représentation. L'ONU, l'OMS, l'OMC, le CICR, le CERN, l'ISSI, l'UEFA, le WWF sont autant d'organisations de renom qui attirent et suscitent de nombreuses vocations... La liste de ces organisations est longue, mais il n'en demeure pas moins qu'il reste difficile d'y travailler :

– la plupart des missions proposées sont des missions de courte durée (entre 1 à 4 ans),

– beaucoup de centres décisionnels, notamment au niveau du recrutement, se font hors de Suisse (Royaume-Uni, États-Unis...),

– le niveau d'anglais requis pour travailler dans de telles organisations est élevé, ce que sont loin de posséder tous les candidats étrangers.

Ces organisations passent très peu par l'intermédiaire des cabinets de recrutement locaux, il vous faudra donc leur écrire directement, mais n'attendez tout de même pas de miracle, les places sont chères et les candidats qualifiés très nombreux.

7. La répartition des étrangers dans le monde du travail

Des étrangers sur-représentés dans le secteur de l'industrie

Sur l'ensemble du pays, les étrangers actifs sont sur-représentés dans les secteurs de l'industrie, de l'artisanat et de la construction : environ 27 % d'entre-eux y travaillent, contre 16 % de Suisses.

Dans le seul secteur de la construction, la main d'œuvre étrangère représente 34 % des emplois.
Ce sont les secteurs de l'hôtellerie, restauration et services à la personne qui employent le plus grand nombre d'étrangers et représente 39 % du personnel.
Enfin, 33 % des étrangers originaires de l'Europe de l'Ouest et du Nord travaillent dans les secteur de la santé, de l'enseignement et des professions scientifiques[6].

Des étrangers résidents et des travailleurs locaux égaux devant les postes de cadres dirigeants

Sur l'ensemble du pays, la part d'étrangers résidents (les frontaliers ne sont pas comptés) occupant des postes de cadres dirigeants est presque la même que celle des suisses occupant le même type de poste (respectivement 29 et 30 %)[7].

8. Les professions de santé, architectes et professions protégées : les démarches pour exercer

Les démarches générales

Les professions de santé (infirmier(ère) en soins généraux, sage-femme, médecin, dentiste, vétérinaire, pharmacien) et d'architecte[8] issus des pays de l'Union européenne ne peuvent exercer librement. Ils doivent suivre une procédure particulière pour l'obtention du permis de travail :

6. Source : « La population étrangère en Suisse », édition 2006, Office Fédéral de la Statistique.
7. Source : « La population étrangère en Suisse », édition 2006, Office Fédéral de la Statistique.
8. La liste comprend d'autres professions que nous ne détaillerons pas ici.

– l'Office fédéral de la formation professionnelle et de la technologie est l'organe centralisateur de toutes les demandes de ce type. Il vous dirigera vers les instances responsables, qui varient selon votre profession, et qui peuvent être soit une association professionnelle, soit une administration cantonale ou fédérale ;

– certains documents vous seront demandés, en particulier vos diplômes et éventuellement votre droit d'exercer votre profession dans votre pays ;

– vous devrez remplir un formulaire de candidature et justifier votre nationalité (copie carte d'identité, passeport, etc.) ;

– vous devrez prouver, pour certaines professions, votre expérience professionnelle (attestations…) ;

– selon votre profession, vous devrez présenter les documents nécessaires pour exercer : certificat de bonnes mœurs, certificat médical…

En cas de refus d'équivalence, il vous sera proposé la plupart du temps d'effectuer une épreuve d'aptitude (test) ou un stage de formation.

Où trouver des informations complémentaires

- Le site de l'Office fédéral de la formation et de la technologie (OFFT) propose une liste des professions réglementées : « www.bbt.admin.ch » rubrique « Thèmes », puis « Reconnaissance internationale des diplômes ».
- Pour certains métiers, il peut vous être demandé un extrait de casier judiciaire suisse. Pour cela, vous pouvez soit le commander sur Internet (www.casier.admin.ch) soit en faire la demande auprès d'un bureau de Poste en Suisse. Dans tous les cas, il vous en coûtera 20 francs suisses.

Les démarches pour les infirmiers / infirmières

Compte tenu du nombre important d'infirmières et infirmiers étrangers qui trouvent du travail chaque année en Suisse, il nous a semblé intéressant de préciser les formalités pour ce corps de métier.

Dans la suite, nous utiliserons systématiquement le terme « infirmière » pour plus de facilité, mais les infirmiers sont bien sûr également concernés.

En plus des demandes de permis « traditionnelles » (voir le chapitre 5 « Les différents permis de travail : analyses » p. 127 pour plus d'informations), vous devrez suivre une procédure particulière que nous vous décrivons ci-dessous.

A• Une reconnaissance des diplômes pas forcément obligatoire

Comme beaucoup de métier de la santé, les infirmières ont la responsabilité de patients, ce qui en fait un métier particulièrement réglementé. Cette réglementation se caractérise par une procédure ayant pour but la reconnaissance de votre diplôme, et dont l'objectif est de permettre à votre employeur et/ou aux autorités cantonales de s'assurer que votre maîtrise du métier est suffisante et ne mettra pas en danger la vie d'autrui. Certains cantons exigeront par ailleurs une autorisation de pratique, délivrée soit par les autorités cantonales (en général le médecin cantonal), soit par les hôpitaux cantonaux, pour avoir le droit d'exercer votre métier : dans ce cas, vous devrez donc obligatoirement passer par l'étape de reconnaissance de votre diplôme.

Dans les autres cantons où cette exigence n'est pas requise, la reconnaissance de votre diplôme peut ne pas être exigée, (sauf en cas de formation post-diplôme en Suisse, infirmière en soins intensifs, urgence, anesthésie, infirmière clinicienne...) notamment si ce denier est connu de votre employeur ou des autorités cantonales, ce qui est le cas pour certaines nationalités. Par exemple, dans les cantons romands, les diplômes français, belges et espagnols sont réputés connus.

B• La procédure de reconnaissance internationale de votre diplôme auprès de la Croix-Rouge suisse

Si vous devez effectuer une procédure de reconnaissance de diplôme, alors celle-ci peut être de deux natures : simplifiée ou normale. Le choix de l'une ou l'autre dépend de deux critères : votre nationalité (principalement ressortissant ou non de l'Union européenne) et la nature de la formation que vous avez suivie (harmonisée ou non).

Certains employeurs se chargent de faire les démarches, d'autres pas.

Le principal objectif de cette procédure est de permettre à la formation que vous avez suivie à l'étranger d'être considérée comme équivalente à la formation d'infirmière en Suisse.

Elle est assurée par la Croix-Rouge suisse.

Le tableau ci-dessous résume les deux cas :

	Procédure simplifiée	Procédure normale
Conditions d'application	– Détention d'un diplôme délivré par l'un des 15 pays « historiques » de l'Union européenne ou de l'AELE – Formation harmonisée	– Formation non harmonisée
Possibilité de faire la démarche depuis son pays d'origine	Oui	Non, sauf pour les ressortissants des 10 derniers pays de l'Est ayant adhéré à l'Union européenne
Connaissances linguistiques requises	Dans les cantons romands, bonne maîtrise du Français exigée Dans les autres cantons, une maîtrise de la langue officielle la plus parlée dans le canton est nécessaires (allemand ou italien).	
Existence de mesures compensatoires (pour palier des éventuelles carences de formation par rapport à la formation suisse)	Non	Possible, selon la formation d'origine.
Coût	environ 200 francs suisses	environ 550 francs suisses

Pratique : comment savoir si votre formation est harmonisée ou non

Une formation est harmonisée s'il n'existe qu'une seule filière de formation pour devenir infirmière. Votre futur employeur, ou les autorités cantonales savent donc avec exactitude quel cursus vous avez suivi et quelles formations vous avez reçues : c'est par exemple le cas des infirmières françaises, espagnoles ou irlandaises.

À l'inverse, une formation n'est pas pas considérée comme harmonisée s'il est possible d'être infirmière avec plusieurs filières. C'est par exemple le cas des ressortissantes belges ou canadiennes.

Le témoignage d'un couple d'infirmiers français installés en Suisse

Steve, 31 ans et Barbara, 29 ans forment un jeune couple d'infirmiers français qui a décidé en 2007 d'exercer leur profession en Suisse, dans le canton du Valais. Ils y résident aujourd'hui, et nous proposent de nous faire profiter de leur expérience au travers de cette interview.

Pouvez-vous nous dire dans quelles conditions vous êtes arrivés à Sion ?

Il est vrai que lorsque nous étions en France et pensions travailler en Suisse, nous imaginions plutôt aller à Genève ou Lausanne.

Comme c'est souvent le cas dans notre métier, c'est le bouche à oreille qui nous à fait nous déplacer en Valais : un de nos collègues, alors que nous étions encore en France l'année dernière s'est fait recruter dans l'hôpital où nous travaillons aujourd'hui. Il nous a recontacté pour nous dire qu'il y avait des opportunités, et son expérience nous a montré que travailler en Suisse était possible, nous avons tenté notre chance et voilà !

La période de recrutement a-t-elle été longue ?

Entre le moment où nous avons postulé (directement auprès du service des Ressources humaines de l'hôpital) et le moment où nous avons été contacté pour un entretien, il s'est écoulé 3 semaines. Le recrutement en lui-même[9] a été également très rapide.

Les conditions de travail, et en particulier la façon de voir le métier d'infirmier, sont-elles différentes entre la Suisse et la France ?

Avant d'arriver en Suisse, nous avons entendu beaucoup de « on dit » sur la profession, qui dressaient une image plus dévalorisante que celle exercée en France. Avec le temps, ces rumeurs se sont avérées fausses.

Le nombre de patients dont nous avons la responsabilité est moins important en Suisse qu'en France. En Suisse, la prise en charge des patients par les infirmiers et infirmières est plus globales. Je me rappelle encore, au début, avoir demandé à mon cadre infirmier une pédicure pour un patient qui en avait besoin. Sa réponse fut assez simple « Mais la pédicure, c'est toi ! ». De fait, au-delà de cet exemple un peu simpliste, le sentiment de responsabilité vis-à-vis de nos patients est beaucoup plus important qu'en France, notamment parce que nous gérons le patient de la toilette aux repas en passant par le brancardage vers les radios etc.

Heureusement, nous avons des aides qui nous apportent du soutien pour le réapprovisionnement, la logistique, le nettoyage et le matériel, mais contrairement aux aides-soignantes en France, ces personnes manipulent rarement les patients. En somme, notre activité en Suisse inclut ce que fait une infirmière en France, et une bonne partie de ce que fait l'aide soignant (soins de bouche, soins de confort, mobilisation, toilettes etc.). Les relations hiérarchiques sont aussi très différentes : les infirmières cadres gardent, dans notre service, une part de leur activité pour des soins aux patients, et elles sont beaucoup plus à l'écoute et plus proches de nous. On se sent vraiment épaulé avec elles.

Les relations avec les médecins sont également très différentes : ici, j'ai le sentiment d'être une personne à part entière dans le dispositif de soin, je me sens respecté pour ce que je suis et pour le travail que j'accomplie : c'est beaucoup plus épanouissant et valorisant.

Il semblerait, cependant, que les conditions de travail sont assez différentes d'un établissement hospitalier à l'autre.

Quelles ont été vos relations avec vos collègues à votre arrivée ?

Tout d'abord, nous avons reçu un accueil exceptionnel de la part de l'hôpital, avec 3 jours de formation et d'intégration (visite guidée des locaux, présentation de la pharmacie et du laboratoire, cours d'hygiène et d'organisation des repas, entretien de bienvenue avec le direc-

9. Deux entretiens pour l'un et un seul pour l'autre.

teur de l'hôpital en personne).
Concernant les collègues, nous avons vraiment ressenti une période d'observation de leur part. Après un certain laps de temps, certains se sont rapprochés, permettant ainsi de pouvoir échanger nos vécus. À présent, nous n'avons pas encore vraiment « coupé » les liens avec la France, et la proximité fait que nous sommes encore assez souvent dans notre famille. Pour nous intégrer, nous souhaitons rester un peu plus sur place… et découvrir ce fabuleux pays.

9. Les différentes raisons qui incitent les sociétés suisses à employer des étrangers

Le marché du travail suisse a longtemps été victime d'un paradoxe : il était extrêmement protectionniste, mais le pays a eu de tout temps besoin de « main-d'œuvre » étrangère pour développer son économie.
Les stigmates de ce paradoxe sont encore parfois présents, et chaque employeur est amené à considérer de façon plus ou moins naturelle et automatique les candidatures d'étrangers. Les recruteurs sont cependant habitués depuis longtemps à se pencher vers les candidatures étrangères, et vous devrez, pour vous-même, être clair sur le « plus » qu'apporte votre candidature par rapport à celle d'un travailleur local.

L'existence d'une pénurie locale dans la profession

C'est le cas le plus favorable et le plus facile. On recherche des étrangers simplement parce qu'il n'y pas ou peu de profil équivalent sur le marché du travail local. Dans ce cas, la marge de négociation, notamment pour le salaire, est assez forte, du moins « équilibrée ». Certains métiers de l'informatique sont dans ce cas de figure, ainsi que les métiers du secteur des biotechnologies, de l'industrie de pointe ou encore certains métiers de spécialistes dans le secteur de l'horlogerie. Très souvent (et selon le secteur), les employés étrangers recrutés ont déjà quelques années d'expérience dans leur propre pays (au moins 3 ou 4 ans).

La maîtrise d'un savoir-faire ou d'une expérience particulière

C'est le cas des employés ayant plus de cinq à dix ans d'expérience dans une activité, qu'elle soit technique ou non.
Là aussi, ce cas est plutôt favorable pour votre marge de négociation.

Un coût moins important pour l'employeur : le dumping salarial

Certains employeurs en Suisse sont tentés de payer les travailleurs étrangers moins bien que les travailleurs locaux. C'est une des craintes liées à la signature des accords bilatéraux entre les pays de l'Union européenne et la Suisse. Compte tenu de la différence de niveau de vie et parfois de salaire pour un même métier entre les pays de l'Union européenne et la Suisse (voir *infra*, « Des salaires, à poste égal, qui ne sont pas comparables avec ceux des pays de l'Union européenne », p. 79), il est tentant pour certaines entreprises de pratiquer un dumping salarial en proposant un salaire moins élevé à un étranger qu'à un travailleur local.

Certains secteurs sont cependant plus ou moins sensibles que d'autres à ces différences, ainsi que certains métiers. Les métiers de la Finance, la branche des services en général ainsi que certains métiers de l'industrie très spécialisés ou techniques ne sont pas vraiment concernés.

Les métiers de la construction, du second œuvre, du génie civil, les métiers saisonniers, le secteur de l'hôtellerie ainsi que les missions de courte durée (travailleurs détachés par des entreprises étrangères en Suisse) sont pour leur part les plus touchés par cette différence de salaire.

Un récent contrôle[10] reporte que les cas de dumping salarial sont plus fréquents dans les entreprises bénéficiant d'une convention collective de travail de branche (CCT, voir le chapitre 6 « Les spécificités du droit du travail suisse » p. 153) : près d'un quart des entreprises contrôlées étaient en infraction (dont un tiers d'entreprises étrangères qui détachent leurs employés, et 18 % d'employeurs suisses), alors que les autres entreprises ne sont que 8 % à être en infraction.

---

10. Contrôle sur toute la Suisse, portant sur plus de 31 200 cas, de janvier 2006 à juin 2007 – source communiqué de presse du SECO du 27 septembre 2007.

10. L'évaluation de votre futur salaire

Une fois l'entretien décroché, vous finirez inévitablement par aborder la question du salaire. Evidemment, pas facile d'estimer ce que l'on vaut sur le marché du travail quand on « débarque » dans un pays, et ce d'autant moins qu'il n'existe pas de salaire minimum dans beaucoup de branches.

Votre rémunération dépendra bien sûr de votre expérience, de votre âge, de votre sexe, mais également des « normes » de salaire en vigueur dans le pays.

Si vous voulez que votre recrutement se passe bien, vous devrez connaître préalablement le niveau de salaire qui correspond à votre profil et au métier.

Dans tous les cas, nous vous conseillons de le savoir au moment de la négociation du salaire.

Pour être acceptable, la proposition qu'on vous fera devra être dans les normes usuelles de la branche et/ou de la profession.

Nous vous proposons de vous donner quelques éléments de référence et d'information qui vous seront utiles pour réaliser cette estimation.

Des salaires, à poste égal, qui ne sont pas comparables avec ceux des pays de l'Union européenne

Une récente étude porte le salaire moyen annuel brut en Suisse à environ 68 800 francs suisses, soit 27 % de plus que les salaires moyens français dans le secondaire et le tertiaire, près de 10 % de plus qu'en Belgique, et 15 % de plus que les salaires moyen des 15 pays historiques de l'Union européenne. Seuls les salariés allemands possèdent en moyenne des salaires bruts sensiblement équivalents.

Vous devrez cependant tenir compte du coût de la vie, très élevé dans le pays, pour avoir une bonne vision globale de votre véritable pouvoir d'achat en Suisse (voir *infra*, « L'influence du coût de la vie sur votre décision, p. 91).

Un ratio « salaire net / salaire brut » très intéressant en Suisse

Attention, les charges sociales qui pèsent sur les employeurs suisses sont, la plupart du temps, moins importantes que dans la plupart des pays d'Europe.

Par exemple, l'assurance maladie est à la charge intégrale de l'employé et relève d'une démarche volontaire et n'apparaît donc pas sur la fiche de paye (contrairement aux charges salariales et patronales liées à la sécurité sociale en France par exemple).

C'est la cotisation au 2e pilier (voir chapitre « La prévoyance professionnelle (2e pilier) : pour compléter la couverture de l'AVS », p. 382) qui représente la charge la plus importante. Elle peut varier selon deux paramètres : votre âge (le taux de cotisation augmente par paliers d'âge dans beaucoup de caisses de prévoyance), et la « générosité » de votre caisse de pension pour une éventuelle partie surobligatoire (voir page 382 « La prévoyance professionnelle (2e pillier) : pour compléter la couverture de l'AVS » pour plus de détails.

Ainsi, le différentiel « salaire net/salaire brut » est souvent plus avantageux pour les salariés qui travaillent en Suisse que dans la plupart des pays d'Europe.

Toutes charges retenues (systèmes de prévoyance, chômage, assurances), les charges sociales pour un employé d'une trentaine d'année représentent entre 13 et 15 % du salaire brut. Pour comparaison, il est d'environ 23 % en France.

Pratique : Décrypter sa fiche de paye

Pour vous aider à mieux comprendre votre fiche de paye, nous vous proposons un exemple de fiche de paye commenté.

Les différents postes de votre fiches de paye sont les suivants :

Cotisations AVS / AI / APG

Remarque : chez certains employeurs, il arrive que sur la fiche de paye ces trois cotisations soient libellées sous le même terme « AVS ». Pour plus de clarté, nous les détaillerons ci-dessous.

AVS : Assurance Viellesse et Survivants

Ce sont les cotisations qui permettent de financer le système de prévoyance (appelé 1er pilier). L'objectif de ce 1er pilier est de compenser une partie de la baisse ou de la perte de revenu suite à une cessation d'activité (retraite ou décès).

Le taux (4,20 % au 1er décembre 2007) est fixé par la Confédération et est le même pour toutes les branches d'activité et toutes les entreprises. Il s'applique à l'intégralité du salaire, quel que soit le montant de celui-ci. Pour plus d'informations sur l'AVS, voir notre chapitre « L'AVS (1er pilier) : pour compenser en partie la perte de revenu suite à une cessation d'activité » p. 378).

AI : Assurance Invalidité

Cette assurance a pour objectif de financer toutes les mesures (réadaptation, rentes, indemnités journalières) qui vont permettre aux travailleurs dont la capacité de gain est réduite (suite à une infirmité congénitale, à une maladie ou à un accident) de revenir dans la vie professionnelle.

Le taux de cotisation de 0,70 % est fixé par la Confédération et s'applique à tous les salariés de la même manière.

Voir p. 378 pour plus d'informations sur l'AI.

APG : Allocations militaires pour Perte de Gain

C'est cette assurance qui rentre en compte lorsque des personnes sont accidentées ou tombent malades pendant les périodes où elles effectuent leur temps militaire.

Les étrangers ne sont en général pas concernés (car ils n'effectuent par leurs obligations militaires en Suisse) mais y contribuent : cette cotisation leur est donc bien retirée du salaire.

Le taux de cotisation de 0,15 % est fixé par la Confédération et s'applique à tous les salariés de la même manière.

Cotisations AC (assurance chômage)

Ce sont les cotisations qui permettent de financer le système de chômage du pays.

Le taux est aussi fixé par la Confédération, et concerne tous les employés salariés. Le taux s'applique à un salaire de référence, appelé le gain assuré. Ce salaire de référence ne peut jamais être supérieur à 8 900 francs suisses mensuels. Si votre salaire est supérieur à ce montant, le taux ne s'appliquera qu'à cette valeur de 8 900. En décembre 2007, le Conseil fédéral a ouvert une procédure de consultation sur la révision partielle de l'actuelle loi sur l'assurance chômage. Le projet prévoit notamment la possibilité d'augmenter le taux actuel de 2 % (1 % à la charge des employés, 1 % à la charge des employeurs).

Caisse de pension (prévoyance professionnelle, LPP)

Ce sont les cotisations qui permettent de financer la seconde partie du système de prévoyance (2e pilier), en complément de l'AVS (1er pilier).

Le taux de cotisation dépend de la caisse de pension à laquelle adhère votre entreprise. Dans la plupart des caisses de pension, le taux dépendra de votre âge et de votre sexe. Ce sera le cas si par exemple la caisse de pension de votre entreprise ne vous propose que le minimum légal (le minimum LPP). On compte dans ce cas 4 tranches d'âge : 25-34 ans, 35-44, 45-54, et 55-65 ans (pour les femmes, 55-64 ans).

Certains taux de cotisation sont constants pour toute la durée d'affiliation (cela concerne environ 30 % des assurés).

Cette cotisation est obligatoire pour les salariés qui touchent plus d'un certain niveau de salaire annuel.

Pour plus d'informations concernant le 2e pilier, consultez le chapitre « La prévoyance professionnelle (2e pilier) : pour compléter la couverture de l'AVS) p. 382.

Le montant de la base de calcul auquel s'applique le taux se calcule ainsi :

(Salaire brut annuel – 23 205) / 12 (23 205 est le montant de coordination fixé par la Confédération).

Assurance accidents non professionnels

Cette assurance obligatoire, est à la charge de tout employé qui travaille plus de 8 heures par semaine chez un employeur. Son objectif est de couvrir les frais (hospitalisation, médicaments...) en cas d'accident non professionnel.

Votre employeur souscrit pour sa part une assurance accidents professionnels (à sa charge intégrale qui n'apparaîtra en principe pas sur votre fiche de salaire), qui couvrira des frais de même type dans le cadre d'un accident pendant votre activité professionnelle. Cette assurance couvre également les maladies que vous auriez pu avoir dans le cadre de l'application de votre activité professionnelle.

Le taux de l'assurance accident non professionnel est fixé par la compagnie d'assurance de votre entreprise, et dépend très souvent de la branche d'activité. La base de calcul sur laquelle est appliqué le taux est identique à celle utilisée pour l'assurance-chômage (elle est donc fixée sur la base du gain assuré).

Assurance perte de gain

Cette assurance n'est pas obligatoire et a pour objectif de maintenir le versement de votre salaire en cas de maladie. Nous vous conseillons de demander à votre employeur si une telle assurance est prévue pour les employés. S'il ne l'a pas fait, demandez-lui de vous indiquer la durée pendant laquelle vous toucherez votre salaire si vous vous retrouvez dans ce cas : la loi prévoit en effet le versement du salaire pendant une durée déterminée, qui dépend de votre ancienneté. Si la durée vous paraît insuffisante, nous vous recommandons de souscrire une assurance perte de gain auprès d'unc compagnie d'assurance, et qui restera à votre charge.

Allocations familiales

Suivant votre situation familiale, vous pouvez bénéficier d'allocations familiales.

Ces allocations sont de deux types : l'allocation de naissance (délivrée à la naissance de l'enfant), et l'allocation pour enfant (délivrée jusqu'à un certain âge).

Pour les conditions de versement des allocations familiales, merci de consulter le chapitre « Des allocations familiales en cours d'harmonisation entre les cantons », p. 375.

Assurance maternité

Vous ne serez assujetti à ce prélèvement que dans quelques rares cantons, dont Genève, mais bénéficiez de l'assurance maternité dans tous les cantons (si vous y avez droit). Voir le chapitre « Un congé maternité suisse payé, et uniformisé pour tous les cantons », p. 372 pour plus d'informations sur l'assurance maternité et les conditions d'octroi.

Impôts à la source

Pour certains étrangers (tous les titulaires d'un permis B, L et G uniquement si vous travaillez dans le canton de Genève ou êtes frontalier « semainier ») les impôts sont prélevés directement à la source sur le salaire, l'employeur se chargeant de reverser les sommes dues à l'administration fiscale cantonale

Pour plus d'informations sur l'impôt à la source, nous vous invitons à consulter le chapitre 11 « Comprendre les impôts et les optimiser », p. 251.

Net à payer

Il correspond à ce que vous recevez sur votre compte bancaire, et représente le salaire brut, moins les charges sociales, plus les éventuelles allocations familiales, moins l'impôt à la source (si vous y êtes assujetti).

Rubriques	Base de calcul	Taux	Montant
Salaire mensuel brut	–	–	10 000
Cotisations AVS	10 000	4,20 %	420
Cotisations AI	10 000	0,70 %	70
Cotisations APG	10 000	0,15 %	15
Cotisations AC (assurance chômage)	8 900	1 %	89
Caisse de pension (prévoyance professionnelle)	8 066,25	9,50 %	766,29
Assurance accidents non professionnels	8 900	1,44 %	128,16
Total charges sociales	–	–	**1 488,45**
Salaire net (salaire brut - total des charges)	–	–	8 511,55
Impôts à la source	–	–	2 244,83
Net à payer (salaire net – impôts à la source)	–	–	**6 266,72**

Exemple simplifié de fiche de paye :

L'exemple ci-dessous reprend un exemple pour une personne célibataire travaillant dans le canton de Vaud :

Commentaires :

Il n'y a pas d'assurance perte de gain en cas de maladie dans notre exemple, l'employeur n'en proposant pas.

Comme le salarié se trouve dans le canton de Vaud, l'assurance maternité n'est pas prélevée.

Caisse de pension : Dans notre exemple, nous prenons un taux de 9,50 %, mais il peut varier d'une entreprise à l'autre.

Pour la base de calcul : 8 066,25 = (salaire annuel – déduction de coordination)/12 = (120 000 – 23 205)/12.

Assurance accidents non professionnels : Dans notre exemple, nous avons pris un taux de 1,44 %, mais il peut varier d'une entreprise à l'autre.

L'impôt à la source est calculé sur la base d'un travailleur résidant dans le canton de Vaud et soumis au barème d'impôt ordinaire (barème 2006).

Sur la feuille de salaire d'un travailleur frontalier rentrant tous les jours en France, cette ligne n'apparaît pas, car dans ce cas, l'impôt est payé en France (voir « Résidents et frontaliers : dans quel pays payer ses impôts ? » p. 251 pour plus d'informations) dans la plupart des cantons (mais pas Genève).

Où trouver des informations complémentaires

– Pour plus d'informations concernant les particularités du système de prévoyance suisse ainsi que l'assurance-chômage, consultez le Chapitre 15 « Les avantage sociaux expliqués », *infra*, p. 363.

– Consultez le Chapitre 16, « Les différentes assurances à contracter », *infra*, p. 395 pour plus de détails concernant l'assurance accidents non professionnels.

– Le Chapitre 11, « Comprendre les impôts et les optimiser », *infra*, p. 251 vous donnera toutes les informations nécessaires concernant l'impôt sur le revenu.

– Le site de l'Office fédéral des assurances sociales (OFAS) recence l'ensemble des taux en vigueur, pour l'ensemble des cotisations : « www.bsv.admin.ch », puis « Documentation », puis « Faits et chiffres ».

– Sur le site « www.expatwire.ch », vous pourrez simuler gratuitement de manière complètement personnalisée, votre future feuille de salaire.

Des écarts de salaire très importants selon le secteur d'activité et les régions

Les principales études menées sur le sujet s'accordent toutes sur un salaire brut moyen mensuel en Suisse, cadres et non cadres confondus, compris entre 5 600 et 5 700 francs suisses.

L'Office fédéral de la statistique (OFS) a récemment publié une enquête sur la structure des salaires. Cette étude se base sur la ***valeur médiane*** des salaires[11] (pour une moitié des employés, le salaire se situe en dessus de cette valeur médiane, et en dessous pour l'autre moitié), ce qui vous permettra de vous faire une idée des salaires en vigueur. Le but de cette étude est de fournir une information concernant le salaire d'un poste à plein temps, et près de 90 % des entreprises suisses y participent.

Pour les cadres, sur la moyenne du pays et pour tous les secteurs confondus, le salaire médian mensuel brut varie de 5 800 à 8 800 francs suisses selon le niveau de responsabilité. Pour les non-cadres il est d'environ 5 000 francs suisses.

Le tableau ci-dessous résume pour quelques secteurs d'activité, les salaires médians de différentes catégories de cadres et non-cadres :

Salaires médians bruts par secteur d'activité	Total toutes activités	Activités avec des tâches difficiles et à valeur ajoutée	Activités simples et répétitives
Secteur bancaire et financier	8 572	11 220	6 248
Industrie du tabac	7 999	13 533	5 723
Recherche et développement	7 823	9 055	5 289
Industrie chimique, cokéifaction	7 495	10 021	5 592
Assurances	7 283	9 455	5 787
Enseignement	6 874	7 685	4 538
Services informatiques, services fournis aux entreprises	6 667	8 275	4 161
Poste et télécommunications	6 026	9 791	5 272

→

11. La notion de salaire inclut les parties fixes et variables des salaires, mais pas les avantages en « nature » tels que véhicule de fonction, téléphone mobile…

(suite)

Salaires médians bruts par secteur d'activité	Total toutes activités	Activités avec des tâches difficiles et à valeur ajoutée	Activités simples et répétitives
Horlogerie, fabrication d'instruments de précision	5 873	7 762	4 570
Santé et activités sociales	5 677	6 632	4 459
Tous secteurs	5 674	7 386	4 400
Hôtellerie et restauration	3 902	4 701	3 560

Source : Office fédéral de la statistique, « enquête suisse sur la structure des salaires 2006 ».

Les activités avec des tâches difficiles et à valeur ajoutée caractérisent des métiers qui nécessitent une expertise particulière ou avec des responsabilités.

Le tableau qui suit fait état pour sa part des différences régionales qui existent, pour l'ensemble des employés d'un secteur (cadres et non-cadres). Il prend comme référence le salaire médian brut pour l'ensemble de la Suisse (base 100) :

	Total Suisse	Région lémanique	Mittel land	Nord-Ouest	Zürich	Suisse orientale	Suisse centrale	Tessin
Total toutes activités	100	100,4	97,8	104	108,5	93,5	97,6	86,4
Activités avec des tâches difficiles et à valeur ajoutée	100	101,9	94	102,4	113,8	84,6	93,5	80,8
Activités simples et répétitives	100	103,3	99,8	101,4	101,6	98,5	97,8	89,2

Source : Office fédéral de la statistique, « enquête suisse sur la structure des salaires 2006 ».
Légende (pour la définition des cantons, voir l'annexe) :
Région lémanique : VD, VS, GE
Mittelland : BE, FR, SO, NE, JU
Nord-Ouest : BS, BL, AG
Suisse centrale : LU, UR, SZ, OW, NW, ZG
Suisse orientale : GL, SH, AR, AI, SG, GR, TG

Exemple d'interprétation : en moyenne, les salaires de la région lémanique sont 0,4 % (100,4 - 100) plus élevés que dans toute la Suisse pour l'ensemble des activités, alors que les salaires au Tessin sont 13,6 % moins élevés (100 - 86,4).

Une lecture rapide de ce tableau permet de constater des différences significatives entre les régions (telles que définies par l'Office fédéral de la statistique), en particulier entre le Tessin et Zurich. Il faut cependant rapprocher ceci à la structure industrielle de la région ou du canton (les métiers de l'agriculture sont par exemple plus présents dans le Tessin qu'à Zurich ou Genève).

Des résidents étrangers mieux payés dans les activités de haut niveau

Contrairement à certaines idées reçues, l'étude de l'OFS prouve que les étrangers touchent des salaires légèrement supérieurs à leurs homologues suisses dans les activités de haut niveau (travail qualifié et exigeant) : en moyenne, les étrangers de cette catégorie touchent 10 968 francs suisses par mois, contre 10 335 pour les Suisses. Les étrangers au bénéfice d'un permis B (résident longue durée) sont ceux qui s'en sortent le mieux, et touchent en moyenne environ 15 % de plus que les Suisses.

Les métiers nécessitant de faibles qualifications sont ceux où les étrangers sont les plus mal payés en comparaison des suisses (selon le type de permis, entre - 4 et - 24 %). Dans ces catégories de travailleurs, ce sont les personnes titulaires d'un permis de courte durée (permis L) les plus mal loties.

Les sources d'informations pour estimer son salaire

Il existe aujourd'hui de nombreuses sources d'informations pour estimer ce que vous valez sur le marché suisse :

– **les conventions collectives de travail** (CCT, voir le chapitre 6 « Les spécificités du droit du travail suisse », p. 153 pour plus d'information) : si l'entreprise ou le secteur que vous visez est soumis à une CCT (ce qui est le cas de la plupart des entreprises du secteur secondaire), alors vous y trouverez les salaires minima pour certaines professions. Leur consultation est gratuite et aisée (voir plus loin) ;

– l'**étude annuelle sur la structure des salaires en Suisse** de l'OFS, mentionnée dans ce chapitre vous donnera une première approche intéressante, par secteur et degré de professionnalisation, du salaire que vous pourrez réclamer. L'étude est gratuite ;
– nous vous invitons également à consulter les sites web d'**estimateurs de salaires** qui sont d'excellents outils (proposés notamment par l'Union Syndicale Suisse) qui se basent sur les données de l'Office fédéral de la statistique.
Vous pourrez faire des estimations gratuites de salaires en fonction :
– de votre secteur d'activité ;
– de votre âge et de votre ancienneté ;
– de votre formation ;
– de votre position hiérarchique (cadre ou non cadre) ;
– des exigences du poste (activité simple ou complexe) ;
– de votre domaine d'activité (achat, vente, recherche…).
Seul inconvénent : si votre métier est un peu trop technique, ou si vos diplômes sont trop spécifiques (ou qu'il n'y a pas d'équivalent), votre activité peut ne pas être référencée dans le calculateur ;
– les études des **associations professionnelles**
Vous pouvez également vous rapprocher des associations professionnelles en Suisse. Certaines éditent des études annuelles sur les salaires de la branche. Ces études sont en général payante (gratuites ou à tarif réduit pour les membres de l'association). Nous en citerons deux :
– L'**étude sur les salaires des ingénieurs et architectes de l'association Swiss Engineering UTS**
L'association édite chaque année une excellente étude sur les salaires des ingénieurs et architectes en Suisse. Vous trouverez ci-dessous quelques exemples de salaires d'ingénieurs pour l'année 2006. Ces informations sont des salaires moyens, qui tiennent compte de l'ensemble des ingénieurs d'une branche, quel que soit leur âge, leur fonction et la taille de l'entreprise. Nous vous proposons ci-dessous, pour exemple, les 2 secteurs les mieux et les moins bien rémunérés :

Secteur d'activité	Salaire brut annuel médian (en francs suisses)
Télécommunication	130 000
Informatique	127 000
Industrie du bâtiment	102 000
Chauffage / ventilation / climatisation	102 000

Dans le tableau suivant, vous trouverez quelques salaires d'ingénieurs selon leur fonction, indépendamment du secteur d'activité. Là aussi, les informations fournies sont moyennes, et ne tiennent comptent ni de l'âge de la taille de l'entreprise :

Fonction	Salaire brut annuel médian (en francs suisses)
Ingénieurs en télécommunication	123 000
Ingénieurs de gestion	123 000
Ingénieur en génie civil	111 000
Ingénieurs chimiste	109 000

– L'**étude SwissICT sur les salaires des informaticiens**

Difficile d'établir, par spécialité informatique, un salaire moyen, car il dépend d'une part de votre expérience, et surtout du secteur d'activité où les différences peuvent être significatives pour un poste identique. Voici quelques exemples de salaires annuels bruts, pour certaines fonctions, dans différents secteurs d'activité :

	Services financiers	Services informatiques	Chimie / Pharmacie
Administrateur réseau	87 256	94 840	86 900
Employé Helpdesk	88 492	67 143	87 381
Chef de projet	79 300	128 163	166 382
Webmaster	81 616	83 889	91 945
Spécialiste en bases de données	97 814	108 786	94 900

En recensant chaque année le salaire de plus de 100 métiers de l'informatique auprès de 20 000 salariés en Suisse, l'association SwissICT permet d'avoir une vision très précise des conditions de votre métier. L'étude globale est assez coûteuse (120 francs suisses pour la version standard en 2007), mais il est possible de consulter sa fiche métier en ligne pour 20 francs suisses (en allemand).
Les informations sont notamment détaillées par secteur, âge et région.

Où trouver des informations complémentaires ?

– Les CCT peuvent être consultées sur le site du SECO www.seco.admin.ch, rubrique « Thèmes », puis « Travail », « Droit du travail », et « Conventions collectives de travail ».
– Le comparateur de salaires de l'Union Syndicale Suisse vous permettra d'estimer votre futur salaire sur la base d'informations personnelles : « www.lohn-sgb.ch »
– Le calculateur de salaires de l'Observatoire genevois du Travail est construit sur le même principe mais ne concerne que les salaires du canton de Genève : « www.geneve.ch/statistique/office/ogmt/calculateur/calculateur.asp »
– Le site de l'OFS « www.bfs.admin.ch », rubrique « salaires » propose une mine d'informations sur le sujet, et en particulier l'enquête suisse sur la structure des salaires ;
– Vous pourrez commander l'étude sur les salaires des ingénieurs et architectes en Suisse sur le site « www.swissengineering.ch », rubrique « commander la brochure salaires ») (étude payante) ;
– Le site de l'association SwissICT des métiers de l'informatique et des technologies de l'information en Suisse propose également une étude (en allemand), elle aussi payante (mais avec un tarif réduit pour les adhérents). Il est également possible de consulter la fiche salaire de son métier pour 20 francs suisses. Plus d'informations et un exemple de fiche métier sur « www.swissict.ch », (puis suivez le lien « e-Shop »).
– L'étude UBS « Prix et Salaires », actualisée régulièrement, donne un panorama complet et intéressant sur le salaires dans différents pays du monde (et notamment la répartition salaire brut / salaire net). À consulter sur le site « www.ubs.ch ».
– L'étude réalisée en 2005 par les sites « monster.ch » et « Jobpilot.ch » propose notamment un salaire moyen par fonction recensé sur plus de 88 000 employés. Vous pouvez consulter l'étude sur le site www.monster.ch, rubrique « presse et actualité » puis « Archives ». L'étude date un peu, mais elle délivre quelques informations intéressante.

L'influence du coût de la vie sur votre décision

Le coût de la vie est une information primordiale dont vous devez avoir connaissance car c'est lui qui vous permettra de calculer le montant réel de la future proposition de salaire qu'on vous fera (en comparaison de celui que vous aviez auparavant dans votre pays d'origine).

La Suisse est un des pays de l'OCDE qui possède le coût de la vie le plus élevé. Les autorités suisses qualifient elles-même leur pays comme étant un « **ilôt de cherté** ».

Le graphique suivant vous présente le différentiel de coût de la vie, mesuré par l'OCDE, entre la Suisse et quelques pays :

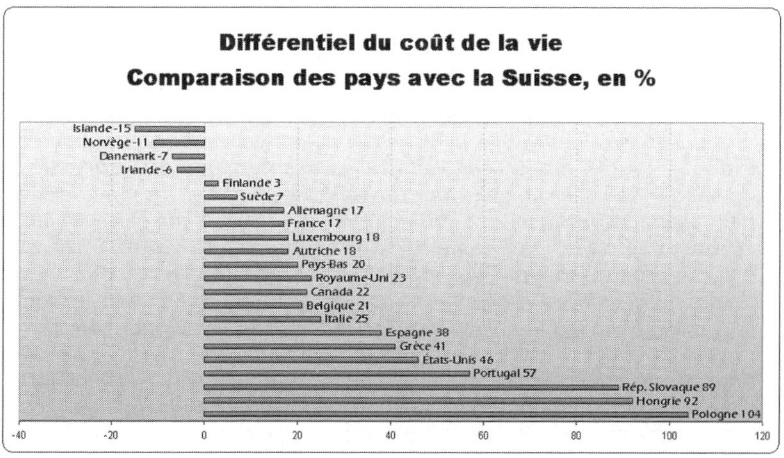

Source : OCDE – Parités de Pouvoir d'Achat et Niveaux de Prix Comparés – septembre 2007.

Les quatre pays qui se trouvent sur la partie gauche du graphique sont ceux pour lesquels le coût de la vie est moins élevé en Suisse que dans leur propre pays. Ceux de la partie droite sont ceux pour lesquels le coût de la vie est plus élevé en Suisse que dans leur propre pays.

Interprétation sur deux exemples :

– le coût de la vie est 17 % *plus* élevé en Suisse qu'en Allemagne ou en France ;

– il est 6 % *moins* élevé en Suisse qu'en Irlande.

Il semblerait que le niveau de prix ait augmenté plus rapidement ces dernières années dans les 15 pays historiques de l'Union européenne qu'en Suisse. Ainsi, le niveau de prix dans beaucoup de pays de l'Union européenne tend petit à petit vers celui de la Suisse, sans le rattraper pour autant (par exemple, en janvier 2002, le coût de la vie était de 35 % plus élevé en Suisse qu'en France, ce chiffre était de 22 % 2004, et il n'est plus en septembre 2007 que de 17 %).
Par ailleurs, une étude réalisée par l'UBS sur le niveau des prix et salaires dans 71 villes dans le monde semble indiquer que certaines villes de l'Union européenne possèdent un niveau de prix (lorsqu'on prend en considération le prix des loyers) comparable à certaines villes suisses.

Pratique

Une fois sur place, vous constaterez que de nombreuses nuances, d'un point de vue du coût, existent selon les produits. Les études montrent que pour les biens de consommation (durables et non alimentaires), les prix sont environ 25 % plus élevés en Suisse que dans l'Union européenne. Les produits frais, la nourriture, la restauration, les services de télécommunication, et tous les services en relation avec la santé sont également extrêmement coûteux (selon une étude du SECO, les médicaments remboursés par l'assurance maladie sont 20 % plus chers en Suisse que dans l'Union européenne, et les médicaments non remboursés 40 %). À l'inverse, d'autres produits sont parfois plus intéressants en terme de prix que dans les pays de l'Union européenne, notamment grâce à une TVA beaucoup plus faible (7,6 %). C'est le cas des CD, DVD, de certains produits électroniques, les jouets traditionnels qui sont aussi plus intéressants dans les enseignes spécialisées en période de fêtes de fin d'année... Cependant, avec la récente augmentation de l'euro par rapport au Franc suisse, ce différentiel s'est réduit, car beaucoup de ces produits sont importés, et leur prix est en général répercuté sur le prix payé par le consommateur.

Où trouver des informations complémentaires ?

– L'étude UBS sur les prix et salaire de février 2006 propose une analyse comparative du coût de la vie et des salaires dans différentes villes du monde. À consulter sur le site « www.ubs.ch » ;

– Si vous souhaitez vous faire une idée du coût de certains services ou produits, nous vous invitons à consulter le site « www.monsieur-prix.admin.ch » l'organe officiel de surveillance des prix pour les secteurs suivants :

- le médical (médicaments, prestations, hôpitaux...) ;
- les infrastructures (électricité, eau...) ;
- la communication (téléphonie, taxes...) ;

Vous y trouverez gratuitement des études comparatives, ainsi que certains niveaux de prix pratiqués dans ces secteurs ;

– Si vous souhaitez connaître le prix de certaines denrées en Suisse (le prix au kilo d'une entrecôte, de 250 g de beurre, d'un litre de lait, de l'essence etc. vous pouvez consulter le site du bureau fédéral des statistiques, qui édite des informations mensuelles : « www.bfs.admin.ch », Menu « Thèmes », Rubrique « 05 – Prix », puis « Indices des prix à la consommation ».

– Vous trouverez également sur le blog de David Talerman travailler-en-suisse.blogspot.com un mini baromètre mensuel des prix à la consommation (Thème « Coût de la vie en Suisse »).

11. Les conseils d'un recruteur pour vos futurs entretiens d'embauche

Michel Abellan, consultant pour la société EMS (Engineering Management Selection – www.ems.ch), est français et vit en Suisse depuis 30 ans. Dans le cadre de son activité professionnelle, il est amené à rencontrer de nombreux candidats, de toutes nationalités, et propose de nous faire partager son regard d'expert sur le recrutement en Suisse à travers quelques conseils.

Conseil n° 1 : Soyez sincère et simple, et restez modeste

Avant tout chose, soyez sûr de bien connaître vos forces et faiblesses. Si lors de l'entretien vous constatez que le poste n'est pas vraiment fait pour vous, alors n'hésitez pas à le reconnaître et surtout ne tentez pas de passage en force en surenchérissant sur vos qualités. À l'inverse, si vous pensez objectivement que vous êtes un bon candidat pour le poste, alors expliquez pourquoi au recruteur.

La culture de votre pays vous a parfois poussé à vous vendre pour une fois et demi, voire deux fois votre valeur réelle en entretien ? En Suisse, restez modeste, ne pratiquez pas la surenchère de l'exploit professionnel, et vendez ce que vous êtes vraiment. Ce comportement sera davantage apprécié, votre attitude ne devant pas trop dévier des standards suisses.

Enfin, n'hésitez pas à vous dévoiler, ne jouez pas de rôle et dîtes simplement les choses sans trop d'effets rhétoriques (ce qui pourrait irriter certains recruteurs locaux).

Conseil n° 2 : Valorisez davantage votre expérience que votre formation

Les Suisses sont pragmatiques et possèdent un sens pratique développé dans le monde professionnel. Vous devrez donc faire en sorte de valoriser vos expériences, votre savoir-faire, plutôt que vos diplômes. Au risque de tomber dans la caricature, certains diplômes européens de haut niveau (HEC pour les français, diplômes d'ingénieurs…) procurent une quasi-crédibilité naturelle pour postuler dans le pays d'origine… En Suisse, vous ne pourrez pas vous appuyer autant sur votre formation pour être crédible, vous devrez également expliquer ce que concrètement vous avez réalisé.

Conseil n° 3 : Expliquez concrètement vos études

Les Suisses ne connaissent pas toujours les écoles étrangères, soyez donc concret sur ce que vous avez appris dans votre école. Vous pouvez éventuellement vous renseigner sur les formations en Suisse et donner une équivalence. Par exemple l'école d'ingénieur « Arts et Métiers » en France est assez pratique et se rapproche plus de la formation Suisse qu'un polytechnique en France qui est très général et conceptuel sans réelle équivalence en Suisse.

Conseil n° 4 : Abordez simplement la question du salaire

Partez du principe que dans la plupart des cas, votre futur employeur n'a aucun intérêt à vous sous-payer. Vous finiriez en effet inévitablement par l'apprendre, ce qui n'apporterait rien de bon dans votre relation future.

Dans les grandes sociétés qui proposent presque toutes des grilles de salaires en fonction du poste, les spéculations seront en principe limitées.

Enfin, il est mal vu en Suisse de parler salaire lors d'un premier entretien. Ce n'est certainement pas au candidat à aborder ce sujet, mais plutôt au futur employeur qui lui demandera ses prétentions salariales. Ne demandez pas l'équivalent en francs suisse, mais proposez par exemple plutôt la chose suivante : « Actuellement, dans mon pays, je gagne XXX euros. Je ne connais pas le niveau de salaire suisse, mais serai désireux de pouvoir gagner en Suisse un salaire me permettant d'avoir un niveau de vie équivalent. » En général les sociétés suisses engagent les collaborateurs français et suisses au même niveau, le dumping salarial reste extrêmement rare.

Conseil n° 5 : Parlez lentement, utilisez des mots simples, et adaptez-vous à votre interlocuteur

Ce dernier conseil vous fera peut-être sourire, mais il est utile. Si vous adoptez un débit de parole trop important et utilisez des mots trop « compliqués » trop fréquemment dans la discussion, vous risquez de perturber le dialogue. Les recruteurs seront en effet davantage réceptifs si vous utilisez des constructions de phrases et des mots simples.

Enfin, soyez technique avec un ingénieur et plus simple avec une personne des Ressources Humaines, et assurez-vous que votre interlocuteur comprend ce que vous lui dites. C'est un point de test des recruteurs qui vérifient si un candidat peut adapter son discours et transmettre les infos de manière efficace.

Conseil n° 6 : Présentez votre dossier selon les coutumes locales

En Suisse il est usuel de présenter un dossier de candidature complet comprenant :

– la lettre de motivation ;

– le CV ;

– la photocopie des diplômes et certificats. (Bac, Diplômes universitaires, formations certifiantes). Il n'est pas utile de faire certifier conforme ces documents. N'hésitez pas à ajouter des training (vente, présentation en publique, gestion de projets, etc.). Bien entendu, il est inutile d'envoyer un certificat de Microsoft Word pour un poste de manager ;

– certificats de travail. Ce document, usuel en Suisse et en Allemagne, est inconnu dans beaucoup de pays car il représente une sorte de lettre de recommandation. Il n'est pas à confondre avec le certificat de travail tel qu'on peut le connaître en France, et qui n'est qu'un document administratif sans intérêt pour le rerutement. Un employeur Suisse ne s'attendra donc pas à ce qu'un étranger lui en fournisse un. Cependant certains candidats informés de cet usage, joignent des lettres de recommandation qui sont très bien perçues. N'hésitez donc pas à vous faire faire une telle lettre par vos anciens chefs ou par des clients satisfaits. Vous pouvez également joindre la copie de vos évaluations internes ou de lettres de félicitations si vous en avez.

Les points essentiels à retenir

- Ne négligez aucune piste : le web est une mine d'informations et d'offres d'emplois : sites généralistes d'offres d'emplois, sites des grandes entreprises, entreprises européennes présentes en Suisse vous donneront les premières informations dont vous avez besoin pour postuler. Plus traditionnellement, n'hésitez pas à consulter les annonces de la presse écrite.
- Le SECO propose un site qui recense l'intégralité des cabinets de recrutement du pays. Une recherche multicritères (par canton, secteur d'activité...) facilite la récupération d'informations (www.avg-seco.admin.ch). Pour certains profils un peu spécialisés, passer par un cabinet de recrutement peut être une très bonne solution.
- Établissez un bilan professionnel et personnel avant de commencer vos recherches en Suisse : vous devez être au clair sur ce qui vous motive à chercher un emploi en Suisse.
- Préparez votre recherche d'emploi en vous informant sur le pays, l'économie, la culture suisse, l'entreprise, le secteur d'activité...
- La lettre de motivation et le CV doivent être adaptés selon les spécificités locales du marché, et vos « aspérités » culturelles ne doivent pas trop ressortir.
- Ne trichez pas sur votre niveau de langue, vous serez très probablement testé sur celui-ci.
- Les cantons sont inégaux face au chômage : Genève possède le taux le plus élevé, et les cantons romands sont tous au-dessus de la moyenne nationale.
- Sur le plan sectoriel, les métiers de la Finance sont peu touchés par le chômage (moins de 2 % des actifs du secteur sont concernés[12]), le domaine de la santé subit régulièrement des carences d'employés qualifiés, et le secteur de l'hôtellerie est le plus touché.
- Les professions de santé (infirmier(ières), médecins, dentistes...) et les architectes doivent effectuer des démarches particulières

12. Source : « La situation sur le marché du travail en mars 2008 », www.seco.admin.ch.

pour exercer en Suisse. C'est l'Office fédéral de la formation professionnelle et de la technologie qui centralise toutes les demandes.

- Infirmières et infirmiers ne sont pas soumis aux mêmes procédures d'admission : selon leur nationalité, cette procédure est plus ou moins incertaine, et plus ou moins coûteuse. La plupart des infirmières issues des 15 pays « historiques » de l'Union européenne sont soumises à une procédure simplifiée.
- À poste équivalent, la comparaison des salaires en Suisse et dans votre pays d'origine n'a pas vraiment de sens car :
  – les charges sociales sont différentes,
  – l'assurance maladie est à la charge intégrale de l'employé,
  – le coût de la vie est plus élevé en Suisse que dans la plupart des pays d'Europe.

Chapitre 4

Créer ou implanter son entreprise en Suisse

Conséquence directe d'un environnement économique mondialisé, l'internationalisation est plus que jamais un enjeu stratégique qui concerne de plus en plus d'entreprises, car leur avenir en dépend. Celles-ci ont aujourd'hui le choix de s'implanter n'importe où dans le monde, mais certains pays sont plus attractifs que d'autres. Et la Suisse est de ceux-là : le World Economic Forum, qui édite chaque année un classement de la compétitivité des pays du monde, classe régulièrement la Suisse aux première places[1].

Que vous soyez chef d'une entreprise déjà existante hors de Suisse, porteur d'un projet en devenir ou travailleur indépendant, ce chapitre est fait pour vous.

Vous trouverez ici toutes les informations, démarches et contacts indispensables pour décider ou non de votre implantation en Suisse, et faire en sorte que celle-ci soit une réussite.

1. En 2006, la Suisse était en première position, et en seconde en 2007.

1. La Suisse : un pays qui possède une forte tradition économique et commerciale

La Suisse possède une tradition commerciale ancestrale : faute de ressources naturelles, le pays a dû très tôt mettre en place toutes les techniques et ressources possibles pour développer son économie.
Aujourd'hui, c'est un pays considéré comme attractif par les entrepreneurs étrangers, et sa compétitivité est reconnue dans la bataille européenne et mondiale que se livrent les pays pour attirer entreprises et capitaux étrangers.
Pour séduire, le pays met en avant de nombreux atouts : un environnement géographique central en Europe, une économie locale dynamique, une monnaie relativement stable, un contexte social rassurant, une productivité élevée dans l'industrie, un système éducatif qui permet un bon niveau d'éducation des employés, un faible coût du capital, et une fiscalité attractive pour les entreprises.
Sur le plan du commerce international, la Suisse, membre de l'OMC, s'est engagée à réduire les obstacles au commerce sur le sujet des droits de douane. Ainsi, hormis quelques exceptions[2], il n'existe pas de mesures protectionnistes.
Enfin, lorsque les échanges ont lieu avec des pays de l'Union européenne et de l'AELE, il n'y a pas de contingents ni de droits de douane à payer[3].

2. Comme les produits agricoles par exemple.
3. En revanche, les marchandises doivent être dédouanées.

2. Les points importants à vérifier pour votre projet

Cherchez des informations sur le pays pour valider votre projet

Quelle que soit votre situation (indépendant, chef d'entreprise ayant son entreprise à l'étranger et souhaitant s'implanter en Suisse, ou futur chef d'entreprise souhaitant créer son entreprise en Suisse), vous ne devez pas perdre de vue que ce qui est vrai, connu et parfois maîtrisé dans votre pays ne l'est peut-être pas en Suisse. Si votre souhait est de mettre en place un service ou un ensemble de services destinés au marché suisse, vous devrez donc impérativement, avant de vous lancer dans votre projet, vous renseigner sur les conditions et l'état du marché du service ou produit visé.

Où trouver des informations complémentaires ?

– Vous pouvez contacter la Chambre de Commerce en Suisse de votre pays, dont vous trouverez les coordonnées sur le site de la Chambre Vaudoise du Commerce et de l'Industrie (« www.cvci.ch » rubrique « Services » puis « CCI bilatérales »). En général, les informations et services rendus par ces chambres de commerces sont payants.

Voici ci-dessous quelques Chambre de Commerce par pays

Pays	Nom	Adresse	Coordonnées ou site
France	Chambre France-Suisse pour le commerce et l'industrie	Route de Chêne 5 Case postale 6298 1211 Genève 6	Tél. +41 (0)22 849 05 70 www.cfsci.ch
Belgique-Luxembourg	Business Club Belgo-Luxembourgeois en Suisse	Avenue de Tourbillon 33 1950 Sion	Tél. +41 (0)27 323 21 40 blc@blc-businessclub.ch
Portugal	Portugiesische Handelsdelegation und Touristikbüro	ICEP-Portugal Zeltweg 15 8032 Zurich	Tél. +41 (0)43/ 268 87 68

→

Pays	Nom	Adresse	Coordonnées ou site
Espagne	Chambre officielle de commerce hispano-Suisse	Torgasse 4 8001 Zurich	Tél. +41 (0)44/ 254 90 70 www.hispano-suiza.ch/
Italie	Chambre de commerce Italienne pour la Suisse	Rue du Cendrier 12-14 Case postale 1211 Genève 1	Tél. +41 (0)22/ 906 85 95 www.ccis.ch/

– Pour des informations économiques, commerciales, financières, et effectuer des comparaisons internationales, vous pouvez consulter le site Eurostat de la Commission Européenne (« http://epp.eurostat.ec.europa.eu »), ainsi que celui de l'OCDE (« www.oecd.org »).

– Les sites des promotions économiques en Suisse proposent également des informations intéressantes sur le pays. Il existe en Suisse plusieurs de ces promotions, réparties par canton ou groupes de cantons.

Voir p. 119 « Les promotions économiques : un acteur incontournable pour s'implanter ou créer son entreprise en Suisse » pour plus de détails.

– Le service de la Commission Européenne « market access database » propose des informations très intéressantes sur les formalités d'importation, quelques études etc... Services disponibles en ligne sur « http://mkaccdb.eu.int/ » (en anglais).

– Consultez les professionnels de l'exportation. Par exemple, la société française Class Export, propose un service en ligne intéressant qui permet, en s'abonnant, d'accéder à des conseils de spécialistes de la Suisse (« www.classe-export.com », puis « boîte à outils du commerce international »).

– Sur le site de France Mission économique (« www.missioneco.org/Suisse/ »), vous trouverez des informations très intéressantes sur le pays, des analyses et études économiques, gratuites pour la plupart.

– En vous rendant sur les foires professionnelles en Suisse, vous pourrez vous faire une première idée du marché, des concurrents etc. Pour consulter l'agenda des foires suisses, consultez le site de l'AFS (Association Foires Suisses) : « www.messenschweiz.ch ».

Renseignez-vous sur les normes et conditions douanières en vigueur

Selon votre situation et le profil de votre entreprise, vous devrez peut-être vérifier que votre produit est conforme aux normes en vigueur sur le marché suisse. Par ailleurs, certains produits sont soumis à des restrictions douanières pour l'importation.

Où trouver des informations complémentaires ?

– Pour les normes, vous devrez prendre contact l'Association Suisse de Normalisation (SNV en allemand, « www.snv.ch »).
– Pour les restrictions douanières, vous pouvez consulter le site de l'Administration fédérale des Douanes (« www.ezv.admin.ch »), vous y trouverez de nombreuses informations pratiques.

Assurez-vous que l'activité que vous voulez développer n'est pas réglementée

Avant d'implanter votre entreprise, vous devrez vous assurer :

– que le secteur d'activité ne nécessite pas d'autorisation particulière, comme c'est le cas de certains secteurs commerciaux tels que les services d'emploi temporaire, le commerce de spiritueux, le secteur de l'hôtellerie-restauration dans certains cantons, les activités de banque, de placement et d'assurance ;

– que votre métier n'est pas réglementé par le droit fédéral et que son exercice ne nécessite pas une procédure particulière. Vous devrez dans ce cas faire une demande de reconnaissance de diplôme (voir p. 72 « Les démarches générales » pour plus d'informations). Cela concerne principalement les personnes qui voudraient s'installer en tant qu'indépendant (métiers de la santé, architecte, géomètres, entrepreneur en bâtiment, ingénieur civil…).

Où trouver des informations complémentaires ?

– Le Secrétariat d'État à l'Économie met à disposition un site « Autorisations et professions réglementées » (« http://autorisations.pmeinfo.ch ») qui permet de consulter, par thème ou métier, les éventuelles autorisations nécessaires. Vous y trouverez également des informations sur les professions réglementées.
– Le site de l'Office fédéral de la formation et de la technologie (OFFT) propose pour sa part la liste des professions réglementées : « www.bbt.admin.ch », rubrique « Thèmes », puis « Reconnaissance internationale des diplômes », ainsi que des informations sur les reconnaissances de diplômes.

3. Les formes juridiques des entreprises en Suisse

Le choix de la future forme juridique de votre entreprise en Suisse est un acte qui aura de nombreuses implications, tant juridiques que fiscales. Il nous semble donc important de vous donner un premier niveau d'information qui vous permettra de mieux vous repérer ensuite.

En Suisse, la loi distingue deux grandes familles de formes juridiques :

– **les sociétés de personnes**, qui ont des statuts « légers » et faciles à mettre en place, mais qui engagent le plus souvent la responsabilité personnelle des associés. Le statut d'indépendant, très répandu en Suisse, en fait partie. Ces sociétés sont souvent des entreprises de taille modeste ;

– **les sociétés de capitaux**, qui sont des structures plus lourdes à mettre en place et qui, en général, limitent significativement la responsabilité des associés.

Les sociétés de personnes : des démarches peu coûteuses et une responsabilité personnelle engagée

Les sociétés de personnes sont au nombre de quatre :

– **raison individuelle (indépendant)** : c'est la deuxième forme juridique la plus répandue en Suisse (environ 150 000), et correspond au statut d'indépendant. Elle est recommandée lorsqu'une seule personne physique exerce une activité commerciale (service, commerce...).

Le nom du créateur doit être repris dans la dénomination de la raison individuelle.

Sa constitution est assez simple, et peu coûteuse ;

– **société simple** : cette forme juridique est généralement utilisée dans le cadre de projets économiques ayant une durée limitée. Il n'est pas possible d'inscrire une société simple au registre du commerce. Il est fortement conseillé de rédiger un contrat qui répartit les rôles, compétences, attributions de chacun, ainsi que la répartition des gains (ou des pertes) ;

– **société en nom collectif** : c'est une forme utilisée lorsqu'au moins deux personnes souhaitent unir leurs forces pour l'exploitation d'une

entreprise. Comme pour la raison individuelle et la société simple, la responsabilité des associés est engagée.
C'est par l'établissement d'un contrat qui lie les différents associés que la société en nom collectif verra le jour.
Enfin, le nom de la société doit reprendre le nom d'au moins un des associés ;

– **société en commandite simple** : cette forme juridique est très proche, d'un point de vue du fonctionnement, de la société en nom collectif. Dans ce cas, un ou plusieurs associés prennent une part de responsabilité plus importante que les autres (les associés indéfiniment responsables ou AIR). En cas de faillite, ce sont eux qui verront leur responsabilité pesonnelle engagée, ce qui ne sera pas les cas des autres associés (les commanditaires) qui verront pour leur part leur responsabilité engagée à hauteur d'un apport déterminé, la commandite.
Très peu d'entreprises adoptent cette forme juridique. Elle est parfois utilisée comme une « extension » d'une raison individuelle ou d'une société en nom collectif qui ne veut pas impliquer d'associé supplémentaire mais qui souhaite pour autant faire rentrer quelques capitaux supplémentaires.

Les sociétés de capitaux

Les sociétés de capitaux sont au nombre de trois :

• **la société à responsabilité limitée (SARL) :** avec plus de 60 000 SARL, c'est la troisième forme juridique la plus répandue en Suisse. Cette forme est utilisée lorsqu'un ou plusieurs associés, personnes physiques et/ou morales, souhaitent constituer une société avec un capital de départ. L'avantage principal de la SARL, c'est le capital minimum (20 000 francs suisses, peu élevé par rapport aux autres société de capitaux). Le droit de la SARL a été récemment révisé en 2008 ;

• **la société anonyme (SA) :** on compte environ 175 000 sociétés anonymes en Suisse, ce qui en fait la forme juridique la plus répandue. Elle est constituée lorsqu'au moins 3 associés, personnes physiques et/ou morales, souhaitent constituer une société. Le fonctionnement d'une société anonyme est régi par :

– **un conseil d'administration** dont la majorité des personnes doit être suisse, issue de l'Union européenne ou de l'AELE et doit être résidente en Suisse[4]. C'est le conseil d'administration qui dirige la société, ou qui décide d'en attribuer la direction à un tiers, le plus souvent une personne qui n'est elle-même pas membre du conseil d'administration ;

– **un organe de révision**, qui remet chaque année au conseil d'administration un rapport de gestion ;

– **les assemblées générales :** c'est à cette occasion que les actionnaires élisent le conseil d'administration, l'organe de révision, et décide des suites à donner en cas de bénéfices (ou pertes) de la société ;

• **la société en commandite par actions**

C'est une variante de la société en commandite simple (voir « Les sociétés de personnes : des démarches peu coûteuses et une responsabilité personnelle engagée » p. 104).

Tableau de synthèse des différentes formes juridiques

Le tableau ci-dessous vous permettra de vous faire une première idée des différentes implications (fiscales, sur le montant du capital, le risque…) de chacune des formes juridiques :

Sociétés de personnes	Raison individuelle	Société simple	Société en nom collectif	Société en commandite simple
Capital minimum (en francs suisses)	Aucun Pas d'apport	Aucun Apport à faire	Aucun Apport à faire	Aucun Apport à faire
Capital maximum (en francs suisses)	–	–	–	–

→

4. S'il est constitué d'une seule personne, celle-ci doit être de nationalité Suisse et résidente en Suisse.

(suite)

Sociétés de personnes	Raison individuelle	Société simple	Société en nom collectif	Société en commandite simple
Responsabilité vis-à-vis des dettes	Responsabilité personnelle[5]	Responsabilité personnelle des associés	S'il reste des dettes non couvertes par l'actif social, la responsabilité personnelle des associés est engagée.	S'il reste des dettes non couvertes par l'actif social, les AIR doivent engager leur responsabilité personnelle[6].
Actionnaires / associés : minimum pour la création	1 seule personne physique	2 personnes physiques ou morales	2 personnes physiques	2 personnes physiques ou morales, dont un associé indéfiniment responsable (AIR)[7].
Imposition de l'entreprise[8]	Imposition sur l'ensemble des revenus (privés et commerciaux). Les revenus du conjoint sont également pris en compte.	Chaque associé est imposé sur la fortune de la société et sur le revenu équivalent à sa quote-part.	Chaque associé est imposé sur la fortune de la société et sur le revenu équivalent à sa quote-part.	Chaque associé est imposé sur la fortune de la société et sur le revenu équivalent à sa quote-part.
Inscription au registre du commerce (RC)	Oui si le chiffre d'affaires annuel atteint 100 000 francs suisses ou si une comptabilité régulière doit être tenue[9].	Non	Oui	Oui
Frais de création (en francs suisses)	Entre 700 et 1200	Aucun	Entre 2 400 et 4 400	Entre 3 400 et 5 400

5. L'inverse est également vrai : la fortune commerciale est engagée en cas de dettes privées.

6. La responsabilité personnelle n'est engagée que dans des cas bien précis : dissolution de la SCA, faillite notamment.

7. L'AIR est obligatoirement une personne physique.

8. Pour plus d'informations concernant les impôts pour les entreprises, nous vous invitons à consulter le chapitre 11 « Comprendre les impôts et les optimiser ».

9. Les entreprises industrielles ou dans certains secteurs commerciaux doivent également s'inscrire aux RC.

Sociétés de capitaux	Société à responsabilité limitée (SàRL)	Société anonyme (SA)	Société en commandite par action (SCA)
Capital minimum (en francs suisses)	20 000 (dont la totalité doit être libérée)	100 000 (dont la moitié doit être libérée)	100 000 (dont la moitié doit être libérée)
Capital maximum (en francs suisses)	Pas de maximum	Pas de maximum	Pas de maximum
Responsabilité vis-à-vis des dettes	Dans la limite du capital social (montant non libéré)[10]	Dans la limite du capital social	Pour les associés indéfiniment responsables (AIR) : s'il reste des dettes non couvertes par l'actif social, les AIR doivent engager leur responsabilité personnelle[11]. Pour les actionnaires : dans la limite de l'actif social.
Actionnaires / associés : minimum pour la création	1 ou plusieurs personnes physiques. Les associés sont inscrits au registre du commerce.	3 personnes physiques ou morales. Les actionnaires sont anonymes.	3 personnes physiques ou morales, dont un associé indéfiniment responsable (AIR) domiciliée en Suisse[12].
Imposition de l'entreprise[13]	– sur les bénéfice – sur les fonds propres	– sur les bénéfice – sur les fonds propres	– sur les bénéfice – sur les fonds propres
Inscription au registre du commerce (RC)	Oui	Oui	Oui
Frais de création	Selon le secteur et le capital[14], entre 1 800 et 11 500	Selon le secteur et le capital[15], entre 300 et 12 500	Entre 3 400 et 5 400

10. Il existe des cas où la responsabilité est engagée au-delà du capital, mais seulement pour des cas liés à une mauvaise gestion (prises de bénéfice ayant des conséquences sur la survie de l'entreprise).

11. La responsabilité personnelle n'est engagée que dans des cas bien précis : dissolution de la SCA, faillite notamment.

12. L'AIR est obligatoirement une personne physique.

13. Pour plus d'informations concernant les impôts pour les entreprises, nous vous invitons à consulter le chapitre 11 « Comprendre les impôts et les optimiser ».

14. On distingue le secteur électronique des autres secteurs.

15. On distingue le secteur électronique des autres secteurs.

Où trouver des informations complémentaires ?

Si vous souhaitez connaître plus en détail les différentes formes juridiques en Suisse, nous vous conseillons de consulter les ressources suivantes :

– Portail PME de la Confédération : « www.kmu.admin.ch » : c'est la référence sur le sujet.Vous y trouverez toutes les informations nécessaires pour la création d'entreprise, des détails sur les formes juridiques, et un espace dédié aux travailleurs étrangers qui souhaitent créer une entreprise.

Certains cantons mettent à disposition sur le Web des informations relatives au processus de création d'entreprise, avec les aides et supports régionaux disponibles.

Nous en citerons quelques-uns :

– portail international de promotion du canton de Vaud : « www.vaud.ch/fr/prestations/entreprises/ » ;

– plateforme Web de création d'entreprises du canton de Zurich (anglais et allemand) : « http://gruenden.ch/ ».

– Nous vous conseillons également la lecture du guide « S'implanter en Suisse » d'Alain Guillouët, éditions Ubifrance.

4. Travailler en tant qu'indépendant : les démarches à effectuer

Ça y est, c'est décidé, vous voulez travailler en Suisse en tant qu'indépendant (avec le statut de résident ou frontalier). En plus du permis de travail qui est obligatoire, vous devrez accomplir un certain nombre de démarches que nous allons préciser ici.

Les contacts avec le service des étrangers de l'administration cantonale

En tout premier lieu, vous devrez prendre contact avec le service de la population du canton où vous souhaitez exercer votre activité indépendante.

L'administration cantonale vous remettra alors la liste des pièces à produire pour votre dossier.
Pour plus de détails sur les démarches pour les indépendants, nous vous invitons à consulter les pages 135 et 144 (« Les démarches pour les indépendants »).

L'affiliation à la caisse de compensation du canton où vous souhaitez exercer

L'objectif de cette démarche est de déterminer avec exactitude votre statut vis-à-vis de la prévoyance (ou retraite suisse dont un des élément, le 1er pilier, est appelé AVS, voir p. 376 « L'AVS (1er pilier) : pour compenser une perte de revenu suite à une cessation d'activité » pour plus d'informations). Lorsque vous êtes salarié, votre contribution à la prévoyance est prélevée directement de votre salaire, ce qui n'est pas possible en tant qu'indépendant. Il est donc obligatoire, en tant qu'indépendant, de s'affilier auprès de la caisse de compensation qui se chargera de prélever le montant dû de l'AVS.

Où trouver des informations complémentaires ?

– Vous trouverez la liste des caisses de compensation des cantons sur le site web de l'AVS-AI (« www.avs.admin.ch »).
– Vous trouverez la liste des services de la population sur le site de l'Office fédéral des migrations (« www.bfm.admin.ch »), rubrique « L'ODM », puis « Contact », puis « Autorités cantonales »

Vérifiez que votre activité n'est pas protégée

Avant de vous installer en tant qu'indépendant, vous devrez vérifier que votre activité n'est pas protégée ou soumise à conditions en Suisse. Consultez la page 72 « Les professions de santé, architectes et professions protégées : les démarches pour exercer » pour plus de détail.

Les démarches administratives : la demande de numéro de TVA, l'inscription au registre du commerce et la demande de numéro AVS

La demande de numéro de TVA n'est pas obligatoire au démarrage mais il est bon de se renseigner sur ce point. Cette recherche vous sera utile de toute façon pour votre dossier de demande de permis au service de la population.
D'après la loi suisse, les indépendants ne sont assujetis à la TVA que si leur chiffre d'affaires dépasse les 75 000 francs suisses annuels. Si c'est le cas, vous devrez effectuer une demande d'enregistrement comme contribuable TVA, au plus tard 3 mois après le début de l'activité. Attention, vous devrez donc, sur la base de vos trois premiers mois, estimer si oui ou non vous dépasserez ce seuil à la fin de l'année. Attention également aux mauvaises surprises et aux estimations hasardeuses.

Pratique : avec le service en ligne « PMEadmin », effectuez vos démarches administratives de création à distance

La Confédération a mis en place un service web (« www.kmuadmin.ch ») qui permet d'effectuer directement en ligne des démarches administratives. Vous pourrez y effectuer les démarches suivantes :
Inscription au Registre du commerce (avec des restrictions pour les entreprises individuelles ou indépendants), demande de numéro de TVA, et demande de numéro AVS, pour les entreprises individuelles, les sociétés en nom collectif, les sociétés en commandite simple, les SARL et SA.

Où trouver des informations complémentaires

– La demande d'enregistrement comme contribuable TVA peut aussi se faire directement en ligne, sur le site de l'Administration fédérale des contributions (« www.estv.admin.ch »), rubrique « Services », puis « Commander des publications et formulaire », puis « Taxe sur la valeur ajoutée ».
– Vous trouverez toutes les informations nécessaires concernant la TVA sur le site Portail PME de la Confédération (« www.kmu.admin.ch »), rubrique « Autres thèmes », « Les impôts », puis « Taxe sur la valeur ajoutée ».
– Si vous souhaitez consulter le registre du commerce pour tous les cantons, visitez le site « www.zefix.admin.ch ».

5. Les critères de choix pour implanter sa société en Suisse

Une implantation à l'étranger (que ce soit en Suisse ou ailleurs) doit se faire de manière rationnelle.

Dans un contexte de mondialisation, chaque pays possède des avantages et des inconvénients.

Nous aurions pu choisir beaucoup plus de critères, mais faisons le choix de limiter leur nombre, en insistant sur ceux qui nous paraissent les plus importants.

Enfin, l'analyse de ces critères séparément n'a pas forcément de sens, car c'est bien un ensemble de critères qui doit être à l'origine de la décision.

Critères de choix[16]	Commentaires : ce que la Suisse propose pour ce critère
Coûts sociaux et salariaux	La Suisse est un des pays au monde qui propose les salaires les plus élevés. Les charges salariales plutôt moins élevées que la moyenne permettent de réduire légèrement, en comparaison internationale, le coût du travail en Suisse.
Souplesse du droit du travail	Le pays peut s'appuyer sur un droit du Travail très souple, basé sur une confiance mutuelle entre employés et employeur. D'un point de vue de la loi, il est assez facile et peu coûteux pour une entreprise de licencier (en comparaison internationale), ce qui lui permet d'embaucher plus facilement. Par ailleurs, avec un temps de travail plus important en moyenne (et notamment par rapport aux pays de l'Union européenne), la productivité en Suisse est plus soutenue.
Climat social	Magré quelques récentes tensions sociales dans le secteur du bâtiment et de la construction, le pays, avec moins de 10 grèves par an en moyenne ces dernières années et la célèbre « paix sociale », reste un modèle d'entente sociale très rassurant pour les créateurs d'entreprise.

→

16. Ces critères sont issus de l'ouvrage « L'essentiel des stratégies d'internationalisation de l'entreprise », de Catherine Mercier-Suissa et Céline Bouveret-Rivat, Gualino éditeur, 2007.

(suite)

Critères de choix[16]	Commentaires : ce que la Suisse propose pour ce critère
Qualité de vie du pays	Ce critère, parfois négligé par les entrepreneurs, est important car il aura un impact direct sur votre capacité à mobiliser les travailleurs étrangers à venir travailler dans le pays. Nous l'avons vu, la Suisse propose l'une des meilleures qualités de vie au monde (voir page 35 « La deuxième meilleure qualité de vie au monde est en Suisse »).
Barrières protectionnistes	Il existe peu de protectionnisme, la Suisse étant adhérente de l'OMC. Seuls certains secteurs spécifiques comme l'agriculture ont des barrières.
Fiscalité	Chaque canton, chaque commune est souverain sur la question de l'impôt, et décide donc de la politique fiscale à mener pour attirer les entreprises étrangères. Tous les cantons sont donc en concurrence, et il en résulte une fiscalité souvent modérée pour les entreprises. Les différents modèles fiscaux, propres aux entreprises étrangères, permettent même, dans certains cas, un impôt sur les bénéfices pratiquement nul. En comparaison internationale, le pays est sur ce critère très bien placé (voir p. 116 « Comparaison internationale » pour plus d'informations).
Obstacles culturels	Si votre souhait est de commercialiser un produit ou un service sur le marché suisse, le meilleur moyen d'y arriver est probablement de s'y implanter : c'est un des meilleurs moyens de réduire le risque de « décallage » culturel.
Santé économique du marché local	Nous l'avons vu, bien qu'avec une consommation intérieure réduite mécaniquement par la taille de sa population, le pays a malgré tout un marché intérieur très dynamique, ainsi qu'un taux de chômage très faible, d'excellents chiffres pour l'exportation, et donc logiquement une bonne croissance du PIB (voir page 25 « Un marché du travail favorable et à dimension internationale » pour plus de détails).

6. La fiscalité des entreprises étrangères qui s'implantent en Suisse

Les informations que vous trouverez dans ce chapitre ne concernent que les sociétés de capitaux (SARL, SA...).
Avec un taux « standard » d'imposition plus bas que la moyenne européenne, la Suisse propose à ses entreprises des conditions qui favorisent le développement économique.
Certaines entreprises étrangères qui s'implantent dans le pays se voient proposer des avantages fiscaux supplémentaires (sous forme de réduction du taux d'imposition), qui dépendent de nombreux facteurs et que nous analyserons dans la suite.

Une fiscalité qui varie selon les cantons et les communes

En matière de fiscalité pour les entreprises étrangères qui s'implantent en Suisse, il y a de nombreuses possibilités, spécifiques à chaque canton et commune.
Ceux-ci étant souverains sur la partie de l'impôt qui les concerne, il est parfois possible de négocier et de mettre en place des modèles fiscaux attractifs.
Ce sont d'ailleurs ces conditions fiscales accordées aux entreprises qui font l'objet de discussions difficiles entre la Suisse et l'Union européenne, cette dernière accusant la Suisse de concurrence déloyale sur ce sujet[17].

17. En février 2007, la Commission européenne a de nouveau attaqué la fiscalité des entreprises suisses, indiquant que celle-ci n'était pas conforme à l'accord de libre échange de 1972. La Suisse a fermement répliqué, s'appuyant sur l'interprétation juridique des textes de cet accord et sur le fait que les cantons sont autonomes sur la question de cet impôt.

Un taux qui dépend de la forme d'établisssement

La forme d'établissement (à une pas confondre avec la forme juridique, SA, SARL…) rentre en ligne de compte dans le calcul du taux fiscal qui sera appliqué à l'entreprise. Elle doit être choisie selon plusieurs critères :

– le type d'implantation (siège, bureau de vente, site de production ou d'exploitation, filiale…) ;

– le type d'activité (société de holding, société d'exploitation, société de gestion, entreprise de service, entreprise financière…) ;

– la durée d'implantation ;

– les conditions-cadres en terme juridiques et fiscaux.

Certains modèles sont plus intéressants que d'autres, et ce dans presque tous les cantons :

– c'est le cas des sociétés de holding, qui peuvent être exonérées d'impôts sur les bénéfice et bénéficier d'un impôt sur le capital social très faible ;

– c'est également le cas des sociétés qui s'implantent en Suisse mais dont l'activité ne touche pas (ou peu) le pays.

Dans certains cantons, les autorités accordent des avantages à certains types de sociétés et pas à d'autres. Enfin, selon les cantons, certains de ces avantages fiscaux sont limités dans le temps, d'autres pas.

Une loi en faveur des zones économiques en redéploiment récemment modifiée

Certaines zones, considérées comme « économiquement en redéploiement » permettent aux entreprises qui s'y installent de bénéficier de conditions fiscales extrêmement intéressantes (par exemple, l'exemption d'impôt pendant 10 ans).

Les entreprises qui en bénéficient sont principalement des entreprises industrielles ou de services en relation avec la production.

18. Du nom de son initiateur, le député Jean-Pierre Bonny.

La loi qui le permet, la « Lex Bonny »[18], a été récemment modifié fin 2008. Certaines zones auparavant au bénéfice de cette loi ne le sont plus : c'est le cas des cantons de Neuchâtel, Fribourg et Vaud, ainsi qu'une partie du Valais et de la région biennoise. Dans certaines de ces zones, il sera tout de même possible, jusqu'en 2010, de bénéficier de certains allègements fiscaux.

Comment choisir son modèle fiscal ?

Compte tenu de la diversité de l'offre et des spécificités locales (chaque canton proposant des conditions qui lui sont propres), nous vous conseillons de passer par l'intermédiaire d'un professionnel. Les promotions économiques nous semblent être les bons interlocuteurs, en particulier si vous avez déjà une idée de la région géographique d'installation.

Comparaison internationale

Sur le plan européen, la Suisse est particulièrement bien placées en terme de fiscalité d'entreprises : le pays est régulièrement positionné parmi ceux proposant la fiscalité la plus faible.

Comparer l'impôt sur les bénéfices des sociétés et l'impôt sur le capital en Suisse et dans les autres pays n'est pas chose aisée, car ces taux dépendent notamment du canton, de la commune d'implantation et du modèle fiscal. Nous appuyerons donc notre réflexion sur une étude menée par le bureau de conseil PricewaterhouseCooper (PwC)[19], qui édite chaque année un classement de la fiscalité des pays dans le monde.

Ce classement ne tient pas uniquement compte de l'impôt sur les bénéfices et le capital, il prend en considération d'autres impôts qui impactent les entreprises (charges d'assurances sociales, droits de douane, taxes routières, impôts sur les biens immobiliers...).

L'étude de l'ensemble permet d'établir un classement « fiscal » général intégrant plus de paramètres et donc d'être plus proche de la réalité économique.

---

19. Source : étude de PricewaterhouseCoopers, « paying Taxes 2008 : the global picture »

Sur le plan européen, le pays est particulièrement bien positionné en terme de fiscalité d'entreprise et occupe la 2e place du classement, juste derrière l'Irlande. L'Allemagne est pour sa part 17e, la France et l'Italie occupant pour leur part les dernières places. Il existe des différences considérables dans le classement entre les premiers pays : au niveau européen, le taux fiscal[20] du pays le moins intéressant fiscalement est plus de 2,6 fois plus important que le taux de celui qui est le plus intéressant (dont la Suisse est très proche).

Sur la base de ce même taux, les concurrents européens de la Suisse les plus « sérieux » sont, en plus de l'Irlande : le Danemark, le Royaume-Uni, la Bulgarie, la Pologne, les Pays-Bas et le Portugal.

Au plan mondial, la Suisse tient son rang puisqu'elle occupe la 24e place (sur 178 pays analysés).

Toujours selon la même étude, la simplicité du système fiscal suisse est également à l'honneur : alors qu'en moyenne dans le monde, il faut compter environ 56 jours de travail pour qu'une entreprise s'acquitte des divers impôts et taxes qu'elle doit verser à l'administration, ce chiffre est d'un peu moins de 2,5 jours en Suisse. Cette performance classe le pays au 4e rang européen et au 15e au niveau mondial.

Où trouver des informations complémentaires ?

– Si vous voulez plus d'informations sur la charge fiscale des personnes morales en Suisse, avec quelques exemples (montant d'impôt par chef-lieu cantonaux pour une société anonyme avec un capital et des bénéfices donnés, pour des sociétés holding ou des sociétés de base...), nous vous recommandons la lecture du guide édité par l'administration fédérale des contributions (AFC) *Charge fiscale en Suisse, Chefs-lieux des cantons – Nombres cantonaux* éditée chaque année.

Vous le trouverez sur le site de l'Office fédéral de la Statistique www.bfs.admin.ch, Rubrique « Thèmes », puis « Finances publiques », « À consulter » puis « Publications ».

– Pour en savoir plus sur l'étude PricewaterhouseCooper concernant la fiscalité des entreprises dans le monde, vous pouvez consulter l'étude « Paying Tax : The global picture ». Cette étude est mise à jour tous les ans, et peut être téléchargée gratuitement sur le site www.pwc.ch, rubrique « Publications ».

20. Le Total Tax Rate (TTR) calculé par PricewaterhouseCooper peut également être appelé taux d'imposition totale ou globale.

7. Le financement de votre projet d'entreprise

Contrairement à certains pays ayant une politique économique interventionnistes, la Confédération helvétique ne propose pratiquement pas d'aides financières directes pour la création ou l'implantation d'entreprise.
Les aides relèvent principalement du cautionnement (en cas de prêt bancaire), ou bien concernent des allègements fiscaux dans le cadre de création d'entreprise dans certaines zones économiques à développer.
Enfin, selon la nature et la taille de votre projet, vous pouvez évidemment tenter de lever des fonds de sociétés de capital-risque, de banques ou de business-angels.

Où trouver des informations complémentaires ?

Les business angels :

– site de l'ASBAN (Association of Swiss Business Angel Network) à Zurich : « www.asban.ch »

– site de Business Angels Suisse (BAS) : « www.businessangels.ch »

Le capital-risque :

– les sociétés de capital-risque reconnues par la Confédération sont au nombre de 12. Vous pouvez consulter la liste de ces entreprises sur le site « www.kmu.admin.ch », rubrique « Autres thèmes », puis « Financement », puis « Les fonds propres ».

– les sociétés de capital risque sont rassemblées en association. Consultez pour cela le site web du Swiss Private Equity & Corporate Finance Association (SECA) : « www.seca.ch »

Les crédits bancaires à l'investissement :

– Vous pouvez consulter le site de l'Association suisse des banquiers « www.swissbanking.org » sur lequel vous trouverez des contacts et coordonnées bancaires.

Pratique : La prévoyance une solution possible pour vos fonds propres, mais risquée

Pour ceux d'entre-vous qui sont déjà présents en Suisse, il est possible de retirer l'intégralité de votre 2e pilier (voir « La prévoyance professionnelle (2e pilier) : pour compléter la couverture AVS » p. 382 pour plus d'explications concernant la prévoyance) pour la constitution du capital pour une création d'entreprise (en tant qu'indépendant ou pour la création d'une PME). Ce retrait doit être murement réfléchi : la création d'une entreprise reste une aventure dont la réussite est aléatoire, et les statistiques ne donnent pas raison à ceux qui prennent le risque de le faire : il est donc impératif de mesurer le risque que vous prenez si votre projet ne fonctionne pas et que vous perdez les sommes investies.

Dans tous les cas, nous déconseillons d'avoir recours à un retrait du 2e pilier pour financer votre projet.

Si vous êtes demandeur d'emploi, vous pouvez bénéficier d'un accompagnement financier et d'un cautionnement si vous souhaitez vous installer en tant qu'indépendant. Attention, cette mesure ne concerne que les personnes sur place qui ont travaillé en Suisse et bénéficient de l'assurance chômage dans le pays.

8. Les promotions économiques : un acteur incontournable pour s'implanter ou créer son entreprise en Suisse

Leur objectif : attirer les entreprises et les investissements étrangers en Suisse

Pays pragmatique en affaire et conscient de l'intérêt économique d'attirer des investissements étrangers, la Suisse s'est dotée de promotions économiques cantonales.

Ces institutions ont notamment pour objectif d'aider et d'accompagner les entreprises étrangères à s'installer en Suisse.

Organisées par canton ou regroupement de cantons, ce sont souvent des institutions dépendantes politiquement des cantons mais dont les processus et le fonctionnement sont indépendants.

Les cantons de Vaud, Valais, Jura et Neuchâtel ont par exemple regroupé leurs promotions économiques en une seule association (le DEWS), alors que les cantons de Genève et Fribourg possèdent chacun une promotion économique qui leur est propre. Le fédéralisme joue là aussi son rôle, si bien qu'on peut admettre qu'il existe une réelle compétition économique entre les différents cantons.

Un rôle d'accompagnement

Partenaire de votre installation, les promotions économiques ont un rôle d'accompagnement :

– pendant la phase de création de l'entreprise, elle vous apporteront un soutien à l'implantation : validation du business plan, démarches administratives pour l'entreprise, conseils pour l'implantation, recherche de terrain ou de logement, aide pour le logement des employés étrangers etc. ;

– dans les premières années de la vie de l'entreprise, elle pourront vous soutenir pour le développement de votre entreprise, en facilitant les relations professionnelles locales, en vous aidant à rechercher de solutions de financements etc.

La profondeur du service des promotions économiques dépend des cantons, certains services décrits ci-dessus peuvent ne pas être pris en charge par toutes le promotions économiques.

Qui peut bénéficier des services des promotions économiques ?

Leurs services ne s'adressent en général qu'aux projets de création ou d'implantation d'entreprises. Elles prennent en charge des projets qui vont de la création de la PME de un ou deux employés jusqu'à l'implantation de sièges internationaux d'entreprises réalisant plusieurs millions, voire milliards de dollars de chiffre d'affaires.

Elles ne traitent en revanche pas l'implantation d'indépendants.

Des services gratuits

Les prestations des promotions économiques sont gratuites.
En revanche, les frais de constitution et de notaire ne sont pas pris en charge, et dès lors que l'entreprise rentre en phase de production et de commercialisation, les frais sont bien sûr à la charge de l'entreprise.

Où trouver des informations complémentaires ?

Vous trouverez sur le site « www.locationswitzerland.admin.ch » la liste intégrale des promotions économiques par canton. Nous vous proposons néanmoins dans le tableau ci-dessous les coordonnées de certainses d'entre-elles :

Canton	Dénomination	Site web
Bâle	Basel Area Business Development	« www.baselarea.org »
Fribourg	Promotion économique de Fribourg	« www.promfr.ch »
Genève	Office de la Promotion Économique de Genève	« www.geneva.ch »
Jura	Promotion économique du Jura	« www.jura.ch/eco » « www.dews.com »
Neuchâtel	Développement Économique Canton de Neuchâtel (DEN)	« www.ne.ch/promeco » « www.dews.com »
Valais	Département de l'économie et du territoire Service du développement économique	« www.business-valais.ch » « www.dews.com »
Vaud	Développement Économique Canton de Vaud (DEV)	« www.dev.ch » « www.dews.com »
Zurich	Amt für Wirtschaft und Arbeit Standortförderung	« www.standort.zh.ch »

Nous vous invitons également à consulter les brochures éditées par tous ces organismes. Elles sont la plupart du temps téléchargeables directement à partir de leur site web.

Nous vous recommandons notamment « le guide de l'investisseur » ainsi que quelques études sectorielles, édités par l'organisme faîtier des promotions économiques LOCATION Switzerland (« www.locationswitzerlans.admin.ch »).

9. Interview de Thierry Baglan, directeur France du DEWS (promotion économique des cantons de Vaud, Neuchâtel, Valais et Jura)

Expliquez-nous à quoi sert une promotion économique ?

Je parlerai pour la promotion économique des cantons, de Vaud, Valais, Jura et Neuchâtel que je représente. Du point de vue de nos clients entreprises, nous sommes un guichet unique qui a vocation à répondre aux attentes des entrepreneurs étrangers qui souhaitent s'implanter en Suisse : nous recevons les clients, prenons connaissance de leur projet, leurs contraintes, et les aidons à réaliser la création de la structure. Nous n'effectuons pas nous même toutes les tâches, mais fonctionnons plutôt comme de véritables organisateurs-chefs d'orchestre, en faisant intervenir nos partenaires locaux pour le compte de nos clients.

Nos domaines d'interventions concernent bien sûr les entreprises (recherche de terrain, conseil fiscal, démarches administratives), mais également les personnes rattachées à cette entreprise, employés et dirigeants, pour qui nous facilitons les démarches (demandes de permis, conférences informatives auprès des futurs salariés etc...).

Nos clients sont des PME de 1 à plusieurs centaines de personnes, et des grands groupes internationaux. Nous ne nous occupons pas de l'implantation des travailleurs indépendants.

Parfois, l'installation dans un pays étranger peut être une démarche floue dans l'esprit de nos clients étrangers, et notre rôle est de leur expliquer et de les rassurer sur la démarche. Nous essayons également, avec nos interlocuteurs européens, de rendre notre discours et nos services « eurocompatibles », pour faciliter l'échange.

En bref, nous sommes présents de la naissance du projet, au fur et à mesure de l'avancement de l'implantation, et bien au-delà car nous suivons tous nos clients encore 3 ans après leur installation.

Enfin, le service que nous proposons est entièrement gratuit.

La Suisse est un pays fédéral : est-ce que les cantons sont en compétition pour attirer les entreprises étrangères ?

Oui,bien sûr, il existe une compétition très claire entre les cantons au niveau Suisse. Dans le cas du DEWS (qui sert d'organe de promotion pour 4 cantons), la question se pose un peu moins car les implantations des entreprises étrangères sont souvent dictées par des facteurs propres à l'entreprise : par exemple, on trouvera, dans la région de Neuchâtel, de la main d'œuvre qualifiées pour les techniques de précision, ce qui intéressera certains profils d'entreprises et pas d'autres.

Par ailleurs, un quartier général qui s'implante en Suisse souhaitera bénéficier de la proximité d'un aéroport international, la région de Nyon dans le canton de Vaud pouvant par exemple être une très bonne solution.

Quel est l'intérêt pour la Suisse de chercher à attirer des entreprises étrangères ?

Tout d'abord, une entreprise qui s'implante, ce sont des investissements. Or, ces investissements font partie intégrante de la croissance du pays (le PIB ou Produit Intérieur Brut). De plus, quand une entreprise s'implante et qu'elle crée des emplois, cela favorise la consommation, qui est un facteur là aussi favorable à la croissance. Il n'y a donc que des avantages, toute l'économie et tout le monde en profite.

L'Union européenne a souvent critiqué la politique fiscale de certains cantons suisses, en la qualifiant de déloyale. Qu'en pensez-vous ?

La Suisse est un État de droit dans lequel les entreprises payent un impôt, on trouve d'autres pays dans le monde avec des taux beaucoup plus bas. Il est vrai que certains cantons alémaniques proposent des taux très attractifs, mais ils attirent beaucoup de domiciliations (des entreprises qui ne créent, localement pas ou pratiquement pas d'emploi). C'est un modèle d'affaire qui leur est propre, et ce qu'il faut savoir, c'est que la fiscalité de ces entreprises augmente avec le nombre d'employés.

Les entreprises qui s'installent ici, dans nos cantons romands, regardent certes la fiscalité, mais aussi tout le reste : l'environnement économique et social, la stabilité politique, la position centrale en Europe…

Ce qui intéresse particulièrement les entreprises étrangères, c'est la stabilité de la loi en matière fiscale sur plusieurs années, ainsi que l'engagement et l'implication du personnel local, beaucoup plus souple et facile à diriger.

Quels sont les pays qui aujourd'hui sont vos plus gros concurrents ?

La Hollande, l'Irlande, l'Angleterre et la Belgique.

Est-ce qu'implanter son entreprise en Suisse coûte cher ?

Il est difficile de donner un chiffre, car cela dépend de la taille du projet.

Ce qui me semble important de dire, c'est que, contrairement à beaucoup de pays, il n'y a pas de frais cachés en Suisse, notamment en matière d'impôt sur les sociétés : une fois l'impôt sur les sociétés et l'impôt sur le capital social payés, s'il n'y a pas de taxes additionnelles. Sinon, globalement, on peut dire que les coûts de démarrage d'une entreprise en Suisse sont relativement bon marché.

Est-il plus facile de créer directement son entreprise en Suisse ou de la transférer de l'étranger ?

Le transfert, pour de nombreuses raisons, est souvent très difficile. Je ne connais pas d'entreprise étrangère qui ait transféré de l'étranger son activité. Même les grands groupes internationaux ne le font pas, et préfèrent créer une entité juridique propre.

Les points essentiels à retenir

- La Suisse possède de nombreux atouts pour y implanter son entreprise, et occupe fréquemment les première places des classements des pays en terme d'attractivité économique. De nombreuses entreprises, multionationales et PME, s'y implantent régulièrement.
- Assurez-vous que les services ou produits que vous voulez commercialier en Suisse sont conformes aux normes en vigueur et que l'activité n'est pas protégée.
- On distingue deux grandes familles de formes juridiques d'entreprises :
  - les sociétés de personnes (raison individuelle ou indépendant, société simple, société en nom collectif, société en commandite simple) ;
  - les sociétés de capitaux : SARL, SA, société en commandite par actions.
- Les démarches en tant qu'indépendant sont à votre charge : en plus d'un dossier particulier à remettre au service de la population pour la demande de permis, vous devrez vous affilier à une caisse de compensation pour l'AVS (retraite), demander dans certains cas un numéro de TVA, vérifier que votre activité n'est pas protégée... Les démarches restent toutefois relativement aisée et parfois facilitées par des services en ligne proposés l'administration fédérale.
- Pour l'implantation de votre entreprise, vous devrez prendre en compte plusieurs facteurs : qualité de vie, souplesse du droit du travail, climat social, fiscalité... La réussite de votre projet ne dépend pas d'un mais de plusieurs facteurs.
- Sur le plan de la fiscalité d'entreprise, si vous souhaitez implanter une SA ou SARL, la Suisse possède quelques avantages : les taux sont plutôt plus bas que la moyenne européenne, et il est parfois possible de négocier avec l'administration fiscale. Il existe par ailleurs des taux particuliers selon la « forme d'établissement » de votre entreprise. Par ailleurs, les taux diffèrent entre les 26 cantons : il est

fortement conseillé de passer par un professionnel si vous souhaitez vous implanter en Suisse.

- Les cantons mettent à disposition des investisseurs et entrepreneurs étrangers des promotions économiques. Ces institutions, qui dépendent en général directement des cantons, ont pour objectif principal de vous accompagner dans votre implantation : validation du business plan, démarches administratives, conseils, recherche de terrains... Ces services sont gratuits, et les indépendants ne peuvent en profiter.

Chapitre

5

Les différents permis de travail : analyses

Pour travailler en Suisse, un contrat de travail n'est pas suffisant, il faut également un permis de travail (appelé aussi autorisation de circulation ou permis de séjour), délivré par l'administration cantonale.

Pour cette attribution, tous les étrangers ne sont pas égaux : selon votre nationalité, les démarches seront plus ou moins simplifiées, et surtout l'attribution du permis plus ou moins certaine. On distinguera donc d'une part les ressortissants des 15 pays « historiques » de l'Union européenne, de l'AELE, Chypre et Malte, et d'autre part les ressortissants de 8 des 10 nouveaux pays membres de l'Union européenne[1], ainsi que les autres pays (les États tiers).

Ce chapitre vous présentera en détail les différents types de permis, les obligations er droits de chacun d'entre eux, et les démarches à effectuer.

1. Les cas de la Bulgarie et de la Roumanie sont un peu à part, car les négociations entre la Suisse et l'Union européenne ont récemment abouties.

1. Généralités sur les permis de travail et les accords bilatéraux

Le permis, une formalité obligatoire pour travailler

L'autorisation de circulation est un document officiel délivré par la Police des étrangers de votre canton, et qui vous donne l'autorisation de travailler sur le territoire helvétique. Dans la suite, nous l'appellerons également permis de travail, et parfois permis de séjour ou simplement permis. Selon votre nationalité et les accords auxquels vous serez soumis, c'est soit votre futur employeur soit vous-même qui effectuerez les démarches d'obtention de cette autorisation. Votre futur employeur abordera en principe ce point pendant la phase de recrutement.

Ce sont les cantons qui décident de l'octroi des autorisations, la Confédération n'ayant pour sa part qu'un droit de veto[2].

Si vous travaillez sans permis de travail, vous encourez une amende pouvant aller jusqu'à 10 000 francs, un emprisonement de 6 mois et une interdiction d'entrée en Suisse allant jusqu'à 3 ans[3]. L'employeur pour sa part s'expose à une amende de 5 000 francs suisses par employé dans l'illégalité, et à une peine d'emprisonnement s'il y a récidive. Faites donc les choses dans les règles…

Pratique

L'assurance d'autorisation de séjour est une attestation qui prouve que le canton a bien accepté votre demande de permis. Vous pourrez remettre ce document aux différents prestataires (agences immobilières, banques…) au moment de votre installation, en attendant de recevoir le permis définitif (ce qui peut prendre plusieurs semaines et que vous n'aurez de toute façon pas avant de vous installer, alors que certaines démarches, notamment le logement, doivent être entreprises avant).

Ce document n'est plus délivré par certains cantons aux ressortissants de 15 pays historiques de l'Union européenne, de l'AELE, Chypre et Malte. Si vous êtes ressortissant de l'un de ces pays, la plupart des gérances savent

2. Sauf pour les ressortissants d'États tiers (voir plus loin).
3. La loi est différente pour les contrats de travail de moins de 30 jours.

aujourd'hui que tous les ressortissants de ces pays ont l'autorisation de travailler en Suisse, mais une simple attestation de votre futur employeur apportera du poids supplémentaire à votre dossier et les rassurera.

Pour les ressortissants des autres pays, demandez à votre employeur ce document officiel (qui devra en faire la demande auprès de l'administration cantonale) qui facilitera vos différentes démarches.

Des permis de travail ou de résidence accordés plus ou moins facilement selon votre nationalité et votre profession

Pour l'attribution des permis de travail, les autorités suisses font aujourd'hui la distinction entre deux grandes familles de ressortissants :

1 – Les ressortissants de l'Union européenne et de l'AELE.

2 – Les ressortissants des autres états (appelés les états tiers) qui sont soumis à d'importantes restrictions pour accéder au marché du travail en Suisse.

Pour simplifier, les ressortissants issus de l'Union européenne possèdent un accès facilité au marché du travail en Suisse, quel que soit leur niveau de qualification. Ils sont « prioritaires » par rapport aux travailleurs étrangers des autres états.

Pour les autres pays (appelés les États tiers), seuls les travailleurs qualifiés seront admis, avec des restrictions et contrôles divers (quotas de permis, contrôle des conditions de salaire…).

Au sein même des pays de l'Union européenne et de l'AELE, une distinction est aujourd'hui faite entre les ressortissants des pays dits « historiques » et les autres pays, dont l'appartenance à l'Union européenne est plus récente :

– les ressortissants des 15 pays « historiques » de l'Union européenne, de Chypre et Malte, et des pays de l'AELE bénéficient d'un accès simplifié au marché du travail en Suisse, quelle que soit leur profession. Leur accès au marché suisse est régi par l'accord sur la libre circulation des personnes (voir « Un accès libre au marché du travail suisse pour les ressortissants issus des 15 pays « historiques » de l'Union européenne », p. 28) ;

– les ressortissants de 8 des 10 « nouveaux » pays ayant adhéré à l'Union européenne en 2004 qui sont soumis à certaines restrictions pour accéder au marché du travail en Suisse.

Leur accès au marché suisse est régi par une extension de l'accord sur la libre circulation (voir « Les pays de l'Est membres de l'Union européenne : un planning différent », p. 30 pour plus d'informations) ;

– les ressortissants roumains et bulgares.

À terme, il est prévu que tous les citoyens de l'Union européenne bénéficient des mêmes droits.

Nous verrons dans la suite les différentes démarches à effectuer pour chacune de ces « catégories » de pays.

2. Les 15 pays « historiques » de l'Union européenne, Chypre, Malte et les pays de l'AELE : l'accord sur la libre circulation des personnes

Les pays concernés par ces accords

La liste intégrale des pays concernés par cet accord peut être consultée p. 29 « L'accord sur la libre circulation des personnes pour les ressortissants des 15 pays « historiques » de l'Union européenne ». Dans la suite de ce chapitre, par soucis de simplification, nous appellerons ces pays les 15 pays historiques de l'Union européenne ou encore pays historiques de l'Union, bien qu'ils regroupent également les pays de l'AELE, Chypre et Malte.

La fin des contingents et du protectionnisme du travail

Les conditions d'accès au marché du travail en Suisse pour les ressortissants de ces pays sont facilitées : depuis juin 2004, le protectionnisme du marché du travail ne s'applique plus à ces ressortissants, les entreprises suisses sont donc libres de les recruter, au même titre que les travailleurs locaux, sans devoir le justifer à l'administration cantonale. Depuis juin 2007, les contingents (qui limitaient mécaniquement le nombre de permis de travail pour résidents) ne sont plus limités : les ressortissant de ces pays qui souhaitent s'installer l'obtiendront donc de façon certaine s'ils ont une promesse d'embauche ou un contrat de travail en poche.

Les principaux permis pour les ressortissants de l'Union européenne

Avant propos : il existe d'importantes différences pour les conditions d'attribution et la mobilité géographique et professionnelle selon que vous êtes ressortissant de l'un des 15 pays historiques de l'Union européenne ou pas. Le tableau ci-dessous concerne bien les ressortissants des pays de l'Union européenne.

Type d'autorisation	À qui s'adresse-t-il ?	Conditions d'attribution	Validité	Mobilité géographique et professionnelle
Autorisation de séjour : le livret B CE / AELE	Il est délivré aux ressortissants de l'Union européenne qui ont trouvé un emploi et qui souhaitent habiter en Suisse. Il concerne également certaines personnes qui peuvent subvenir à leurs besoins sans travailler (rentiers...).	Posséder un contrat de travail ou une déclaration d'engagement d'une durée d'au moins 12 mois.	Cinq ans.	Totale

→

(suite)

Type d'autorisation	À qui s'adresse-t-il ?	Conditions d'attribution	Validité	Mobilité géographique et professionnelle
Autorisation d'établissement : le livret C CE / AELE	Il est délivré aux ressortissants de l'Union européenne qui ont un emploi et qui résident en Suisse	Avoir séjourné ou travaillé en Suisse cinq ans.	Indéterminée.	Totale. Ce permis autorise le travailleur à s'installer moins de 6 mois hors de Suisse. Sur demande motivée et justifiée, il peut lui être accordé une installation jusqu'à deux ans à l'étranger, tout en gardant le bénéfice du permis à son retour.
Autorisation frontalière : le livret G CE / AELE	Le permis G est délivré aux travailleurs de l'Union européenne qui habitent dans un pays de l'Union européenne (le plus souvent France, Allemagne, Autriche, Italie).	– Posséder un contrat de travail ou une déclaration d'engagement. – Les travailleurs frontaliers doivent rentrer chez eux au minimum une fois par semaine.	– Cinq ans. – Pour les contrats de moins d'un an, l'autorisation correspond à la durée du contrat.	Depuis le 1er juin 2007, la mobilité géographique et professionnelle travailleurs frontaliers pour ces ressortissants est totale.

→

(suite)

Type d'autorisation	À qui s'adresse-t-il ?	Conditions d'attribution	Validité	Mobilité géographique et professionnelle
Autorisation de courte durée : le livret L CE / AELE	Le permis L est délivré aux travailleurs de l'Union européenne qui souhaitent s'installer en Suisse pour une durée inférieure à un an, dans le cadre d'un contrat de travail (ou non).	– Posséder un contrat de travail ou une déclaration d'engagement. – Le séjour doit être d'au moins 4 mois	– La validité est fixée par le contrat de travail, et ne peut excéder 12 mois au total. – L'autorisation est renouvelable sans restriction ni obligation de quitter le pays. – Elle est transformée en permis B après 30 mois de séjour, avec ou sans interruption	Totale

Des démarches simplifiées pour l'obtention des permis

A• Les démarches pour les résidents

Les démarches se font de concert avec votre futur employeur : ce dernier et vous-même devrez compléter un formulaire de demande de titre de séjour, délivré par l'administration cantonale.

Pour la constitution de votre dossier, vous devrez réunir les pièces suivantes (ces documents peuvent varier d'un canton à l'autre) :

– carte d'identité ou passeport en cours de validité (copie ou original selon le canton) ;

– une attestion d'emploi de votre employeur ;

– le formulaire de demande d'autorisation de séjour ;

– un extrait de casier judiciaire (qui n'est pas obligatoire dans tous les cantons) ;

– le livret de famille (copie ou original) si vous vous installez avec votre famille.

Selon le canton, vous-même ou l'employeur devrez remettre ensuite le dossier à l'administration cantonale.

Enfin, il vous en coûtera entre 65 et 90 francs suisses selon le canton.

B• Les démarches pour les travailleurs frontaliers

Vous devrez effectuer vous-même les démarches auprès des autorités cantonales.

Les pièces et documents à fournir pour la constitution du dossier sont presque toujours les mêmes pour l'ensemble des cantons :

– formulaire de demande d'autorisation de travail (la plupart du temps, téléchargeable sur le site officiel du canton). La plupart du temps, ce document est signé par le futur employeur et vous, et tient compte d'engagement ;

– photocopie de la carte d'identité (le passeport est accepté dans certains cantons) ;

– une ou deux photos (selon le canton) ;

– 65 francs suisses (à la charge de celui qui effectue la demande de permis, cette somme peut varier selon les cantons) ;

– une attestation de résidence (selon les cantons, document officiel de la mairie, document fiscal, quittance EDF pour la France…). Malgré l'abolition de la zone frontalière depuis le 1er juin 2007, ces documents sont tout de même demandés dans la plupart des cantons ;

– pour les frontaliers qui souhaitent résider en Suisse la semaine : document attestant de votre lieu de résidence en Suisse (bail à loyer, attestation de la personne qui vous héberge…).

Où trouver des informations complémentaires ?

La liste des services de la population de tous les cantons se trouve sur le sur le site de l'Office fédéral des migrations (« www.bfm.admin.ch »), rubrique « L'ODM », puis « Contact », puis « Autorités cantonales ».

C• Les démarches pour les indépendants

L'accord sur la libre circulation des personnes permet, aux personnes qui le souhaitent, de travailler en tant qu'indépendant (résident ou frontalier).

En tout premier lieu, il faudra vous assurer que la profession indépendante que vous voulez exercer n'est pas une profession réglementée (type médecin, infirmier, architecte…) car dans ce cas les démarches sont particulières (voir « Les professions de santé, architectes et professions protégées : les démarches pour exercer » p. 72).

Ensuite, vous devrez apporter des informations précises sur votre future activité professionnelle lors de la demande de permis. Dans la plupart des cantons, vous devrez joindre à votre demande :

– une copie du bail à loyer des locaux de l'entreprise ;

– un descriptif de la future activité, avec tous les éléments permettant de se faire une bonne idée de ce que vous voulez faire (Business Plan incluant obligatoirement un prévisionnel ainsi que, si possible, la ou les communes ou l'activité aura lieu le plus souvent) ;

– une copie de votre carte d'identité (ou passeport) ;

– une explication détaillée des démarches que vous allez effectuer en vue du démarrage de votre activité indépendante (affiliation à la caisse de compensation, assurances à contracter, informations relatives à l'autorisation d'exercer pour les métiers protégés, démarches d'informations concernant la loi sur le Travail, demande d'un numéro de TVA…). Cette demande a pour objectif principal de vous inciter à faire les choses « dans les règles », notamment en matière de métiers réglementés, et permettra de rassurer l'administration cantonale sur le sérieux de votre démarche ;

– le formulaire de demande de permis, téléchargeable sur la plupart des sites web des administrations cantonales (ou que vous pouvez demander directement sur place) ;

– le document administratif d'annonce d'arrivée, sur lequel vous indiquerez votre état-civil, celui des membres de votre famille qui viendront avec vous, ainsi que votre adresse. Ce document est à réclamer sur place ;

– un extrait de casier judiciaire de votre pays d'origine (non obligatoire dans tous les cantons) ;

– toutes les informations justifiant de vos ressources financières personnelles (informations demandées par certains cantons uniquement, mais qui peuvent être un « plus » dans votre démarche).
(Cette liste peut légèrement varier selon les cantons).
Si votre dossier est accepté, on vous remettra un permis d'établissement (permis B) pour une durée de 5 ans.
Si vous souhaitez être indépendant avec le statut de frontalier, vous devrez fournir les mêmes documents que ci-dessus ainsi que ceux réclamés dans le cadre d'une demande de permis pour salariés frontalier (voir p. 134 « Des démarches simplifiées pour l'obtention des permis ») pour plus de détails.

Pratique : les craintes des autorités suisses concernant les indépendants

Une des grandes craintes des autorités cantonales concernant les travailleurs étrangers indépendant est que ceux-ci se retrouvent dépendant de l'aide sociale[4]. Comme un travailleur indépendant ne cotise pas à l'assurance-chômage et que par conséquent il n'y a pas droit, les risque de voir des étrangers indépendants en situation financière difficile ou précaire est élevé.

Enfin, par précaution, gardez quelques ressources personnelles en cas de coup dur, on n'est jamais trop prudent.

Travailler moins de 3 mois : des démarches facilitées pour les ressortissants de l'Union européenne des 15 pays historiques

A• Les 3 cas spécifiques pour bénéficier de la procédure d'annonce simplifiée

En tant que travailleur étranger ressortissant d'un des 15 pays historiques de l'Union européenne, de l'AELE, Chypre et Malte, vous pouvez bénéficier de la procédure d'annonce simplifiée pour un emploi de moins de 3 mois dans 3 cas de figure :

4. C'est une allocation versée lorsque les personnes n'ont plus aucune ressource en Suisse.

– votre futur employeur est une entreprise implantée en Suisse (votre contrat de travail sera de droit suisse) ;

– votre employeur est une entreprise implantée dans un des 15 pays de l'Union européenne et vous détache moins de 3 mois pour une activité en Suisse ;

– vous souhaitez proposer vos services en tant que prestataire de services indépendant.

Cette procédure simplifiée n'est valable que pour 90 jours de travail effectif par année civile (effectués en une ou plusieurs fois). Si vous voulez travailler plus de 90 jours, vous devrez passer par la procédure standard : votre employeur devra alors demander un permis de travail et effectuer les démarches nécessaires.

B• Votre futur employeur est une entreprise implantée en Suisse

1) Où et comment faire la déclaration simplifiée

Dans tous les cas, les démarches sont la plupart du temps laissées à la discrétion de l'employeur, qui doit signaler votre candidature auprès des services compétents.

Pour cela, l'employeur doit simplement s'inscrire directement sur le site Web de l'office fédéral des migrations à l'aide d'un formulaire en ligne (« www.bfm.admin.ch » rubrique « Thèmes » – « Libre circulation des personnes Suisse – UE » – « Procédure d'annonce des activités lucratives de courte durée »).

2) Quand effectuer la procédure d'annonce ?

Vous devrez effectuer la procédure d'annonce avant le 1er jour de travail, et pour n'importe quelle durée (à partir de 1 jour de travail).

C• Vous travaillez en Suisse en tant que détaché pour le compte d'un employeur implanté dans un des 15 pays historiques de l'Union européenne, ou bien vous souhaitez travailler en tant que prestataire de services indépendant

1) Où et comment faire la déclaration simplifiée

La déclaration est la même que dans le cas précédent.

2) Quand effectuer la procédure d'annonce ?

Vous devrez effectuer la procédure d'annonce dès que l'activité dure plus de 8 jours, à l'exception des secteurs suivants, pour lesquels l'annonce doit être faite dès le 1er jour :

- construction ;
- restauration et hôtellerie ;
- nettoyage industriel et domestique ;
- surveillance et sécurité ;
- commerçant itinérant.

Les mesures spécifiques pour ces secteurs ont notamment pour objectif de limiter les éventuels problème de dumping salarial.

Où trouver des informations complémentaires ?

Sur le site de l'Office fédéral des migrations www.bfm.admin.ch, vous trouverez toutes les informations complémentaires concernant la libre circulation des personnes et les conditions d'entrée en Suisse.

Un regroupement familial qui permet à votre famille de vous suivre

A• Votre conjoint(e) et vos enfants en bénéficient

En tant qu'étranger résident (permis B ou L) ressortissant de l'un des 15 pays « historiques » de l'Union européenne, vos proches ont la possibilité de vous rejoindre et de bénéficier du regroupement familial.

Ce regroupement concerne :

– votre conjoint(e) et vos enfants (les vôtres ou ceux à votre charge) de moins de 21 ans ;

– vos parents et les parents de votre conjoint s'ils sont à votre charge.

Les membres de votre famille possèdent alors les mêmes droits que vous, et votre conjoint(e) peut travailler en Suisse, quelle que soit sa nationalité.

Les formalités administratives d'inscription devront néanmoins être effectuées pour chacun des membres de votre famille qui souhaite bénéficier de ce regroupement.

Attention, ces mesures ne concernent que les salariés. Les indépendants et les personnes sans activité lucrative devront pour leur part apporter la preuve financière qu'ils pourront subvenir aux besoins de leur famille (voir paragraphe suivant pour la procédure et les informations à apporter).

B• Votre concubin(e) n'en bénéficie pas automatiquement mais peut vous rejoindre sous certaines conditions

L'accord sur la libre circulation des personnes conclu entre la Suisse et les pays de l'Union européenne ne prévoit aucune disposition particulière sur ce sujet pour les concubins ou partenaires, pacsés ou non.

Cependant, si votre concubin(e) trouve du travail en Suisse et que vous souhaitez le (la) suivre, vous avez la possibilité :

– de décrocher vous-même un emploi en Suisse, ce qui vous permettra d'obtenir un permis et donc de vivre ensemble ;

– d'obtenir une autorisation de séjour en tant que non actif (permis B CE/AELE valable 5 ans), mais vous devrez prouver que votre couple dispose de moyens financiers suffisants pour subvenir à vos besoins, et que vous avez souscrit une assurance maladie.

Les moyens financiers peuvent donc être apportés par le concubin qui travaille en Suisse. Pour cela, vous devrez remplir un formulaire de déclaration de prise en charge financière (téléchargeable depuis la plupart des sites web des administrations cantonales en charge des étrangers, voir *supra*, « Des démarches simplifiées pour l'obtention des permis », p. 133), et apporter la preuve de revenus suffisants pour entretenir les deux personnes ou la famille.

Pratique

Les moyens financiers doivent permettre d'atteindre le minimum vital qui est la somme des points suivants :

– 2 600 francs suisses mensuels (pour deux personnes ; ce montant peut varier selon les cantons) ;

– le montant du loyer ;

– le montant des cotisations d'assurance maladie pour les deux personnes.

Si vous êtes au bénéfice d'un permis de non actif, vous pourrez travailler par la suite si vous le désirez, mais vous devrez préalablement en faire la demande au service de la population (ou des étrangers) de votre canton. Vous devrez pour cela remplir le formulaire adéquat (formule de prise d'emploi téléchargeable depuis la plupart des sites web des administrations cantonales en charge des étrangers).

Vous recevrez alors ensuite un nouveau permis.

Les principaux motifs de refus du permis

Autant tout de suite vous faire gagner un peu de temps en vous présentant les motifs susceptibles de compromettre l'attribution du permis à un étranger qui en fait la demande.

A• Pour une demande de résidence (permis B ou L)

L'administration cantonale peut refuser l'attribution du permis dans les cas suivants :

– si vous avez donné lieu à des plaintes graves ou si vous possédez un casier judiciaire qui pourrait constituer une menace pour l'ordre public du pays ;

– si l'employeur est une maison de placement temporaire qui ne dispose pas de l'autorisation fédérale d'employer les services de travailleurs étrangers ;

– dans certains cas, l'administration cantonale peut refuser d'attribuer le permis pour les personnes dont les futurs revenus seront manifestement insuffisants pour subvenir à leurs besoins. Le contrôle des salaires ne concernent certes plus les ressortissants des 15 pays historiques de l'Union européenne, mais pour les personnes qui signent un contrat de travail à mi-temps, il arrive que certaines administrations cantonales refusent d'attribuer le permis pour raison de ressources insuffisantes.

B• Pour une demande de permis frontalier (permis G)

L'administration cantonale peut refuser l'attribution du permis dans les cas suivants :

– si vous avez donné lieu à des plaintes graves ou si vous possédez un casier judiciaire qui pourrait constituer une menace pour l'ordre public du pays ;

– si l'employeur est une maison de placement temporaire qui ne dispose pas de l'autorisation fédérale d'employer les services de travailleurs étrangers.

Les cas particuliers du télétravail

A• Résident en Suisse et employé par une entreprise européenne

Remarque : le statut dont il est question ici est différent de celui de « travailleur détaché », dont la durée de résidence en Suisse est limitée dans le temps (2 ans au maximum).

Les nouveaux métiers et les nouvelles technologies permettent aujourd'hui à beaucoup de personnes de travailler à domicile pour le compte de leur employeur situé à plusieurs centaines de kilomètres, voire plusieurs milliers.

Ainsi, certains d'entre-vous seront employés par une entreprise dont le siège se trouve dans un des 15 pays historiques de l'Union européenne (France, Allemagne, Italie…) : il vous sera alors possible de vous installer en Suisse, tout en restant employé de cette entreprise.

Les administrations cantonales mettent ainsi à disposition de ces personnes un permis de séjour et travail CE / AELE avec employeur à l'étranger.

Compte tenu de la spécificité de ce statut, nous vous recommandons de prendre contact avec les principaux organismes sociaux pour bien cerner votre situation[5].

B• Résident dans un pays de l'Union européenne et employé par une société suisse

Si votre futur employeur et vous-même êtes d'accord, il est tout à fait possible de vous faire employer par une société suisse, sous un contrat de travail de droit suisse, tout en restant résidant dans un pays de l'Union européenne. Malgré ce choix commun, il n'est pas possible d'aller contre les dispositions de la loi et du droit du travail du pays de résidence.

Dans ce cas, vous n'aurez pas besoin de permis de travail, car vous ne travaillerez pas en Suisse.

Ainsi, votre employeur suisse devra respecter les disposition légales du pays, et devra notamment verser les cotisations sociales aux institutions de votre pays de résidence.

Vous serez par ailleurs soumis au régime d'assurance maladie du pays de résidence, où vous serez imposable.

---

5. Pour connaître votre statut en terme de prévoyance, nous vous recommandons de prendre contact avec la caisse de compensation du canton où vous souhaitez résider, qui vous donnera toutes les informations nécessaires.
Dans ce cas de figure, vous devrez également souscrire au système d'assurance maladie en Suisse (LAMal, voir chapitre 10 « Choisir son assurance maladie », p. 207), et payer vos impôts en Suisse (voir chapitre 11 « Comprendre les impôts et les optimiser », p. 251).

3. Les 8 pays ayant rejoint l'Union européenne en mai 2004 : l'extension de l'accord sur la libre circulation

Les pays concernés par ces accords

La liste des pays concernés par ces accords peut être consulté p. 30 « Les pays de l'Est membres de l'Union européenne : un planning différent ».

Un accès au marché du travail restreint jusqu'en 2011 au plus tard

Jusqu'au 30 avril 2011, la Suisse peut maintenir les conditions restrictives d'accès au marché du travail pour les ressortissants de ces pays[6]. Ces restrictions sont les suivantes :

A• Les quotas (ou contingents) de permis

Les autorisation de séjour de longue (entre 1 et 5 ans, permis B) et de courte durée (moins de 1 an, permis L) sont mécaniquement limitées par des quotas. Ces quotas sont par ailleurs établis par nationalité, et il est prévu que leur nombre augmente progressivement jusqu'en 2011.

B• La préférence nationale

Jusqu'en 2011, les entreprises suisses ne pourront embaucher de travailleurs étrangers issus de ces pays que si elles réussissent à prouver qu'elles n'ont pas pu trouver sur le marché du travail local un profil équivalent.
Cette mesure permet notamment de s'assurer que les étrangers arrivant sur le marché du travail ont soit un profil « recherché » (un expert dans son domaine...), soit qu'ils arrivent sur un secteur d'activité ayant de

6. Pour les ressortissants de Bulgarie et Roumanie, elles sont maintenues jusqu'eu 2016, voir page 31 « Cas particulier de la Roumanie et la Bulgarie ».

grosses carences d'embauche (c'est par exemple le cas de certaines professions de santé).

C• Le contrôle préalable des conditions de travail et de salaire

Avant de délivrer un permis de travail, les cantons doivent s'assurer que les conditions de travail et de salaire sont bien conformes aux normes en vigueur dans le secteur d'activité.

Des démarches pour l'obtention des permis obligatoirement effectuées par le futur employeur

Pour les ressortissants de ces 8 pays, les démarches se font toujours par l'employeur, et auprès des autorités cantonales.
Les pièces et documents à fournir pour la constitution du dossier sont presque toujours les mêmes pour l'ensemble des cantons :

– formulaire adéquat de demande d'autorisation de travail ;

– photocopie de la carte d'identité (le passeport est accepté dans certains cantons) ;

– deux photos (avec nom et prénom au verso) ;

– le contrat de travail ;

– un dossier donnant le profil professionnel de l'employé : CV, lettre de motivation, diplômes et certificats ;

– pour les frontaliers uniquement : une attestation de résidence (selon les cantons, document officiel de la mairie, document fiscal…).

Le futur employeur devra également dans ce cas délivrer toutes les informations prouvant qu'il a effectué des recherches infructueuses sur le marché local du travail.

Les démarches pour une demande pour les indépendants

Les ressortissants de ces 8 pays souhaitant travailler en tant qu'indépendant sont soumis aux mêmes règles que les autres ressortissants de l'Union européenne (voir page 135, « Les démarches pour les indépendants ».). En revanche, il existe pour ces personnes des quotas de permis (ce qui n'est plus le cas des ressortissants des 15 pays historiques de l'Union européenne).

Travailler moins de 3 mois : des démarches facilitées pour les ressortissants des 8 nouveaux pays membres de l'Union européenne

A• La procédure d'annonce simplifiée n'est possible que dans quelques cas

Une procédure d'annonce simplifiée vous permet d'éviter les démarches liées à la demande de permis. Cependant, cette procédure simplifiée est très encadrée.

En tant que travailleur étranger ressortissant d'un de ces 8 pays de l'Union européenne, vous ne pourrez bénéficier de la procédure d'annonce simplifiée pour un emploi de moins de 3 mois que dans 2 cas :

– votre employeur est une entreprise implantée dans un de ces 8 pays de l'Union européenne et vous détache moins de 3 mois pour une activité en Suisse ;

– vous souhaitez proposer vos services en tant que prestataire de services indépendant, pour des secteur d'activité bien déterminés (voir liste ci-dessous).

Notez bien qu'il ne vous est pas possible de bénéficier de la procédure d'annonce simplifiée pour une activité de moins de 3 mois pour le compte d'un employeur en Suisse. Dans ce cas, vous devrez obligatoirement demander une autorisation de travail « standard » et passer par la procédure adéquate.

Tous les autres cas sont soumis à une demande d'autorisation de travail habituelle.

B• Les secteurs d'ativité pour lesquels la procédure d'annonce simplifiée n'est pas possible

– Construction.

– Services annexes à la culture et aménagement des paysages.
– Nettoyage industriel.
– Surveillance et sécurité.

Pour ces secteurs d'activité, une autorisation de travail est indispensable dès le 1er jour de travail.

C• Quand effectuer la procédure d'annonce ?

Vous devrez effectuer la procédure d'annonce dès que l'activité dure plus de 8 jours, à l'exception des secteurs suivants, pour lesquels l'annonce doit être faite dès le premier jour, même pour une seule journée de travail :

– restauration et hôtellerie ;
– commerce itinérant.

Un regroupement familial qui n'est pas automatique

En tant qu'étranger résident de courte ou longue durée, votre conjoint(e) et vos enfants peuvent vous rejoindre et bénéficier du regroupement familial, sous certaines conditions (voir ci-dessous, « Les motifs de refus du permis ».

La loi ne prévoit, à ce jour, rien pour le regroupement familial des concubins des travailleurs issus de ces nouveaux pays membres[7]. Cependant, votre concubin pourra vous rejoindre si lui ou vous-même diposez de moyens financiers suffisants lui permettant de ne pas devoir faire appel à l'aide sociale. Il devra également avoir conclu une assurance maladie et accidents couvrant tous les risques.

Les motifs de refus du permis

En plus des motifs évoqués pour les ressortissants des 15 pays historiques de l'Union européenne (voir « Les principaux motifs de refus du

7. Information en janvier 2008.

permis », p. 140), les principaux motifs de refus de permis pour les nouveaux pays adhérents de l'Union européenne sont les suivants :

– pour une personne souhaitant exercer une activité lucrative, le Service de l'emploi pourrait refuser l'autorisation de travailler parce que l'employeur n'a pas apporté la preuve suffisante qu'il ne pouvait pas engager une personne se trouvant sur le marché indigène. Un refus pourrait également être prononcé si les conditions de salaire et de travail ne sont pas respectés ou si les nombres maximums (unités du contingent) attribués à ces ressortissants sont épuisés ;

– une personne qui souhaite venir en Suisse comme non active (rentier, étudiants, etc) et qui ne dispose pas des moyens financiers suffisants et/ou n'a pas conclu d'assurance maladie et accident ;

– une personne ressortissante de l'un de ces 8 pays et qui souhaite faire venir ses enfants et sa famille pourrait se voir signifier un refus de regroupement familial s'il ne dispose pas d'un logement convenable pour les loger.

4. Les autres pays (États tiers)

Les pays concernés

Il s'agit de tous les pays qui ne font pas partie de l'Union européenne et de l'AELE.

Des permis de travail difficiles à obtenir

Les ressortissants des autres pays ne sont pas soumis à l'Accord sur la libre circulation des personnes, et doivent observer plusieurs mesures ayant pour but de restreindre leur accès au marché de l'emploi :

Les ressortissants des États tiers ne peuvent être admis en Suisse que :

– s'ils sont qualifiés (formation supérieure ou métier technique) ;

– et si aucun travailleur local ou ressortissant de l'Union européenne n'a pu être trouvé pour le poste mis au concours par l'employeur ;

– et si l'employeur prouve que les méthodes de recherche habituelles d'un candidat n'ont pas abouties ;

– et si les conditions de salaire et de travail de la profession ou du secteur sont respectées.

La décision est soumise aux autorités fédérales (Office des Migrations) et cantonales.

Avant la mise en place des accords bilatéraux, les ressortissants de l'Union européenne, au même titre que tous les autres étrangers, étaient soumis à ces mêmes conditions.

5. Le cas particulier des travailleurs détachés

Certaines entreprise ayant leur siège dans l'Union européenne ou en dehors, peuvent décider d'envoyer certains de leurs employés pour des missions en Suisse.

Dans ce cas, on dit que le travailleur est détaché si :

– l'employé est effectivement sous la direction de l'entreprise (qui doit être hors de Suisse) qui l'envoie sur place ;

– la mission se fait pendant une période déterminée : 12 mois, avec un prolongement de 12 mois supplémentaires sous conditions.

D'un point de vue des procédures pour la demande de permis de travail, ce sont les règles d'attribution usuelles qui s'appliquent, tant pour les ressortissants de l'Union européenne que ceux d'États tiers :

– un travailleur détaché moins de 3 mois bénéficie des procédures d'annonces simplifiées (voir page 133 pour les ressortissants des 15 pays historiques de l'Union européenne, et page 145 pour les autres ressortissants de l'Union européenne) ;

– un travailleur détaché plus de 3 mois est soumis aux règles et procédures habituelles décrites dans ce chapitre.

Si vous êtes détaché, l'avantage majeur est que vous conserverez votre contrat de travail avec votre employeur.

Pour les assurances sociales (assurance maladie, prévoyance, accident), vous resterez rattaché aux assurances en vigueur dans votre pays, limitant d'autant les démarches et évitant ainsi un « trou » dans les années de cotisations dans votre pays.

L'intérêt pour l'entreprise, c'est qu'elle peut se développer commercialement en Suisse pendant une période donnée sans devoir y installer d'infrastructure coûteuse.

Vous trouverez dans les différents chapitre de ce livre les informations relatives à cette catégorie de travailleurs (assurance-maladie, fiscalité, prévoyance notamment).

6. Les conseils d'un spécialiste des travailleurs détachés

Marc Häsler, avocat de l'étude Häsler (mh@haesler-avocats.ch), a fait des travailleurs étrangers sa spécialité : il conseille et accompagne les entreprises suisses et étrangères sur des thèmes tels que les assurances sociales, le droit du travail, les formalités d'admission… Il intervient régulièrement sur de nombreux cas de détachement, et prodigue ici quelques conseils aux entreprises qui souhaiteraient détacher des employés en Suisse.

Conseil n° 1 : n'embauchez pas spécifiquement de travailleurs pour les détacher en Suisse

Sur le plan légal, pour pouvoir être considéré comme un travailleur détaché, l'employé que vous souhaitez détacher en Suisse devra faire partie de vos effectifs avant cet envoi, et ne pas être embauché spécifiquement pour cette mission. À défaut, il sera considéré comme un employé local soumis aux cotisations sociales suisses et assujetti au droit du travail suisse.

Depuis avril 2006, la Loi fédérale sur les travailleurs détachés prévoit des conditions d'admissions et de contrôles plus strictes, afin de prévoir des garde-fous suite à la libéralisation du marché du travail suisse.

Les administrations cantonales sont donc particulièrement attentives sur le sujet des travailleurs détachés, car les conditions de salaire et de travail qui leurs sont proposées sont parfois largement en dessous des normes en vigueur en Suisse (on parle alors de dumping salarial). Pour éviter des difficultés avec les administrations cantonales compétentes, faites les choses dans les règles et n'éveillez pas de suspicion.

Conseil n° 2 : Pensez à détailler les dépenses de salaire des employés que vous voulez détacher en Suisse

Toujours pour les mêmes risques et pour se prémunir du dumping salarial, certains cantons dont Genève, ont très récemment mis en place des outils de contrôle des conditions de salaires. Vous devrez donc à présent détailler les différents élements qui entrent dans la composition du salaire des employés que vous détachez (primes, prestations en nature, etc.).

En particulier, dans le contrat de détachement, pensez à préciser la monnaie (euros ou francs suisses) pour la rémunération, et pensez à y intégrer les frais supplémentaires auquel il sera soumis (sur-prime d'assurances par exemple).

Conseil n° 3 : Informez-vous sur le droit du travail local auquel vos travailleurs détachés seront soumis

Compte tenu de leur situation particulière, vos travailleurs détachés seront soumis aux relations de travail régie par le code international du travail, appelé le « détachement transnational de salariés ». Dans ce cas, ce sont des règlements communautaires qui s'appliquent, et vos employés seront alors obligatoirement soumis à certaines lois locales (les normes impératives de droit public), auxquelles il n'est pas possible de déroger, même par accord mutuel entre les parties : respect des conditions de salaires et de travail, droit aux vacances, loi spécifique sur le travail de nuit... Ces normes ressortent, outre de la Loi sur le travail (LTr) et des ordonnances y relatives, également des conventions collectives de travail (CCT[8]) du secteur d'activité que vous couvrez.

Il est donc recommandé de se renseigner au préalable sur ces dispositions impératives et de rédiger systématiquement un contrat de détachement pour ses employés, en y intégrant dans la mesure du possible les principales dispositions relatives à la CCT de votre secteur ou profession et de la LTr, afin d'éviter des surprises désagréables.

Conseil n° 4 : Prenez vos dispositions pour l'attestation de détachement

L'attestation de détachement (formulaire E101 ou E102) est un document très important, qui doit être en possession de l'employé à son arrivée en Suisse. Il permet au salarié détaché de justifier de son rattachement aux institutions d'assurance de son pays d'origine. L'expérience nous a montré que les institutions qui délivrent ce formulaire mettent parfois un peu de temps pour le faire : Ne vous laissez pas surprendre, et prenez vos précautions en termes de délais.

Conseil n° 5 : Pensez au rapatriement en cas de problème

L'expérience montre qu'en cas de problème (maladie, accident) nécessitant un rapatriement dans le pays d'origine du salarié détaché, les frais importants occasionnés en de telles circonstances peuvent ne pas être couverts par une assurance obligatoire. Prenez garde à cet aspect pour vos employés, et prenez les dispositions nécessaires avant de détacher votre personnel.

8. Pour plus d'informations sur les CCT, consultez le chapitre 6 « Les spécificités du droit du travail suisse » p. 153.

Les points essentiels à retenir

- Le permis est indispensable pour travailler en Suisse : le marché du travail est réglementé pour les étrangers. Selon votre nationalité, c'est votre futur employeur seul ou avec lui que vous effectuerez les démarches auprès de l'administration cantonale. Vous devrez avoir préalablement constitué un dossier.
- Les permis sont accordés plus ou moins facilement selon votre nationalité :
  - les ressortissants des 15 pays historiques de l'Union européenne (Allemagne, France, Belgique...), de Chypre, Malte et des pays de l'AELE bénéficient de la libre circulation des personnes : ils sont considérés comme des travailleurs locaux pour l'accès au marché du travail, l'attribution du permis est automatique et certaine pour ceux qui possèdent un contrat de travail ou une promesse d'embauche.
  - les ressortissants de 8 des 10 pays ayant rejoint l'Union européenne en 2004 (République Tchèque, Pologne...) sont soumis à des restrictions concernant leur accès au marché du travail : ils sont soumis au protectionnisme du marché du travail (les entreprises ont obligation de recruter des travailleurs locaux ou des 15 pays historiques de l'Union européenne en priorité), et au principe des quotas (le nombre de permis de résidents est annuellement limité par des quotas). Un premier assouplissement est prévu en 2011 (fin des quotas et du protectionnisme).
  - les ressortissants des autres états (les États tiers tels que le Canada, les États-Unis...) ont pour leur part un accès très restreint au marché du travail en Suisse, et seront soumis de façon durable au protectionnisme du travail et des quotas.
- Pour les ressortissants des 15 pays historiques de l'Union européenne, les démarches sont facilitées. Ceux qui souhaitent travailler en tant qu'indépendant doivent cependant fournir un dossier très complet.
- Chaque type de permis est assorti de contraintes et avantages. Prenez-en connaissance avant de choisir entre un permis de résident ou de frontalier. Si votre temps de travail en

Suisse ne dépasse pas plus de 90 jours par an, et sous certaines conditions, il est possible d'effectuer une procédure d'annonce simplifiée qui permet d'éviter de faire les démarches de demande de permis.

- La législation autorise la famille des ressortissants des 15 pays historiques de l'Union européenne titulaires de permis B ou L de les suivre et de bénéficier des mêmes droits au travail. Les concubin(e)s peuvent suivre et bénéficier d'un permis sous certaines conditions de ressources du foyer. Pour les autres ressortissants, le regroupement familial est soumis à conditions, en particulier le regroupement familial des personnes non mariées.

Chapitre 6

Les spécificités du droit du travail suisse

Le système économique suisse étant très libéral, il existe dans le pays une certaine souplesse dans le droit du travail. Les arrangements entre employés et employeurs se font souvent en bonne intelligence.
En tant qu'étranger, il est néanmoins indispensable de connaître un certain nombre de points importants du droit du travail suisse et les coutumes locales en la matière.

1. Un droit du travail assez souple

En Suisse, les clauses qui ne sont pas prévues par la législation du travail ou par les éventuelles conventions collectives (CCT)[1] du secteur sont la plupart du temps mentionnées dans le contrat.
Les accords bilatéraux ont légèrement contribué à l'amélioration du droit en faveur des employés car ils prévoient que les employeurs

1. On dénombrait en 2007 plus de 1200 CCT, et 50 % des salariés du secteur privé sont concernés par les CCT.

fournissent à l'employé au mieux un contrat de travail écrit, au pire une information écrite sur les éléments essentiels de son contrat.
Nous vous recommandons fortement d'en réclamer un quoi qu'il advienne.
Idéalement, vous devez trouver *a minima* dans le contrat de travail :
- la date de début du contrat ;
- la durée du temps de travail ;
- une description du poste occupé et des tâches de ce poste ;
- la rémunération.

Au cours de votre activité, si votre employeur souhaite changer une clause importante de votre contrat (le salaire par exemple), il doit obtenir votre accord. Vous aurez alors un temps de réflexion pour vous manifester, faute de quoi votre silence vaudra pour accord tacite.

Le temps de travail en Suisse. Il dépend du secteur d'activité : les employés des entreprises individuelles, les employés de bureau ou ayant un emploi technique, les employés de la vente des grandes entreprises de commerce de détail travaillent au maximum 45 heures par semaine. Tous les employés des autres secteurs travaillent pour leur part au maximum 50 heures par semaine.
Mais la plupart des branches du secondaire et certaines du tertiaires bénéficient d'une Convention collective de travail (CCT) et d'autres d'une convention collective d'entreprise[2]. Le temps de travail est le plus souvent ajusté par ces conventions. Il faut compter dans ce cas, selon l'entreprise et la CCT, entre 39 et 43 heures de travail hebdomadaires.
En pratique, au-delà du cadre légal, on travaille en moyenne beaucoup plus en Suisse que dans les pays de l'Union européenne.
Dans une CCT de branche, les points du droit du travail jugés importants (principalement le nombre d'heures travaillées, les salaires et le nombre de jours de vacances) peuvent être définis pour l'ensemble de la branche.

2. Elles concernent plus de 60 % des personnes assujetties à une CCT dans le secondaire, et plus de 40 % des personnes dans le tertiaire. Pour savoir si l'entreprise où vous êtes salarié bénéficie d'une CCT ou d'une convention d'entreprise, consultez la publication « L'enquête sur les CCT en Suisse » de l'OFS. Vous la trouverez sur le site « www.bfs.admin.ch », rubrique « travail, rémunération », puis « vie active et du travail ».

La période d'essai. Elle varie de 1 à 3 mois au maximum. Cependant, il est tout à fait possible de réduire cette période à moins d'un mois si l'employeur et vous-même êtes d'accord.

Pratique : consultez les CCT de votre branche ou de votre future entreprise, vous y trouverez de nombreuses informations... et en particulier des informations sur les salaires

Bien qu'il n'existe pas de salaire minimum au niveau national en Suisse, certains secteurs d'activité bénéficient d'une CCT de branche. Dans ce cas, nous vous invitons à les consulter, vous y trouverez notamment des informations sur les salaires minimum appliqués, ce qui pourrait vous aider dans vos futures négociations de salaires.

Les CCT peuvent être consultées sur le site du SECO « www.seco.admin.ch », rubrique « Thèmes », puis « Travail », « Droit du travail », et « Conventions collectives de travail ».

Les cantons relayent en général aussi l'information sur leurs sites, dont voici quelques exemples :

– CCT pour le canton de Genève : « www.geneve.ch/ocirt/ » puis « Publications documents », puis « conventions collective de travail ».

– CCT pour le canton de Neuchâtel : « www.ne.ch », rubrique « Emploi », puis « Informations générales », puis « Bases de données des CCT ».

– CCT pour le canton de Vaud : « www.vd.ch/fr/themes/economie/emploi/cct-et-contrat-type/ »

Le site « www.cct-suisse.ch » reprend aussi les conventions collectives de travail étendues.

2. Une législation qui prévoit 4 semaines de congés

Le droit du travail en Suisse n'est pas très généreux sur la question des congés, en comparaison de nombreux pays de l'Union européenne. D'après la législation, les travailleurs bénéficient d'un jour de congé par semaine (le dimanche en principe) ainsi que de 4 semaines de vacances (5 semaines pour les travailleurs de moins de 20 ans).

En pratique et selon les CCT, vous aurez la plupart du temps 2 jours de congé par semaine, et la durée des congés pourra être allongée : il est courant que les entreprises proposent 5 semaines annuelles.
La loi oblige l'employeur à accorder au moins 2 semaines de congés consécutives, mais là aussi des arrangements sont possibles.
Si vous ne pouvez prendre tous vos jours de vacances en une année, l'employeur peut refuser de les transférer pour l'année suivante (sauf accord spécial prévu par la CCT ou la Convention collective d'entreprise). Après, cela dépend bien sûr des circonstances et des discussions.

Pratique

Il est très probable que vous arriviez en cours d'année civile dans l'entreprise. Dans ce cas, la loi prévoit que le nombre de jours de congés est calculé selon le nombre de jours de travail (nombre total de jours moins les jours de congés normalement prévus, 4 ou 5 semaines) et le nombre de jours de travail par semaine.

Par exemple, si vous avez 5 semaines de vacances et travaillez 5 jours par semaine, vous bénéficierez de 2,08 jours de congés par mois passé dans l'entreprise. Ainsi, en arrivant le 15 septembre dans une entreprise vous bénéficierez de 2,08 jours de congés dès le 15 octobre de la même année.

Cependant, certaines entreprises, par le biais de conventions de branche ou d'entreprise, mettent à disposition de leurs employés l'intégralité des jours acquis au prorata de leur arrivée dans l'entreprise et font coïncider les congés avec l'année civile.

Dans ce cas de figure, en arrivant le 15 septembre (soit 3 mois et demi avant la fin de l'année), vous bénéficiez dès le jour de votre arrivée de : 3,5 / 12 = environ 7 jours de congés.

3. Des délais légaux de résiliation du contrat inférieurs à 3 mois

L'employé et l'entreprise peuvent mettre un terme au contrat de travail pendant la période d'essai, et le délai est alors de 7 jours. Certaines CCT ou clauses préalables du contrat peuvent cependant y déroger.

Si vous n'êtes pas dans la période d'essai, le délai de congé dépend directement de l'ancienneté :

Ancienneté	Nombre de mois de préavis
1 an	1 mois
2 à 9 ans	2 mois
Plus de 9 ans	3 mois

Là encore, selon la CCT ou accords particuliers, les durées de préavis peuvent être différentes.
Pendant les périodes d'incapacité de travail (maladie, grossesse ou accident), la rupture du contrat est soumise à conditions.

Pratique

Le contrat est résilié pour la fin du mois en cours. Si vous résiliez votre contrat le 15 septembre, le début de prise en compte pour le préavis ne commencera que le 1er jour du mois suivant, le 1er octobre. Vous pourrez alors partir fin novembre si vous avez 5 ans d'ancienneté par exemple.

En Suisse, la période de préavis est effectuée très souvent dans sa globalité, sauf demande expresse émanant de l'entreprise. Il serait en outre très mal venu d'aborder ce type de négociation avec son employeur, sauf bien sûr si celui-ci vous y invite.

En général, cette période se passe plutôt bien, et n'occasionne que peu de tensions ou de conflits.

Enfin, il est important de garder à l'esprit que le monde du travail en Suisse est « réduit », il sera donc rarement à votre avantage de créer ou d'entretenir un conflit.

4. Le licenciement

En matière de licenciement, de nombreuses rumeurs courent à propos des méthodes de licenciement en Suisse. Nous vous proposons ici quelques informations factuelles qui vous aideront peut-être à relativiser la portée des informations qui vous parviendront.

Comme nous l'avons vu, le droit du travail est souple, mais fort heureusement il existe des lois.

En la matière, un employeur qui souhaite se débarasser de vos services n'a pas de motif à invoquer pour vous licencier. Cependant, vous pouvez toujours contester, notamment si vous jugez que le licenciement est abusif. Dans ce cas, votre situation se règlera très probablement au Prud'hommes dans la plupart des cantons, et vous devrez alors apporter les preuves de l'abus.

Au-delà des périodes d'essai et de préavis, le licenciement en Suisse peut prendre un effet immédiat (vous devez alors partir séance tenante de votre poste de travail et de l'entreprise). Ce n'est jamais agréable, mais cela arrive parfois. Dans ce cas, l'employeur doit vous donner un motif. Si le motif est justifié, et donc grave (rupture absolue des rapports de confiance), le délai de congé n'est pas payé.

Pratique : que faire en cas de licenciement abusif ?

Nous vous conseillons vivement de négocier votre départ avant d'aller au Prud'hommes (on dit toujours qu'il vaut mieux un mauvais arrangement qu'un bon procès). Cependant, si votre employeur est vraiment de mauvaise foi (et que par exemple vous avez été objectivement licencié de manière abusive) et ne veut pas entendre raison, alors c'est bien au Prud'hommes que la suite de l'histoire devra se passer.

En cas de licenciement abusif jugé comme tel au Prud'hommes, sachez que vous ne serez pratiquement jamais réintégré dans la société. L'arrangement sera dans ce cas la plupart du temps d'ordre financier.

Par ailleurs, la notion de licenciement abusif ne recouvre pas un sentiment d'injustice infondé mais des fais précis (discrimination en raison du sexe ou de la race, licenciement donné en raison d'une activité syndicale...).

5. Le certificat : un document important

En Suisse, une importance est accordée au certificat, qui décrit en quelques lignes les réalisations, le travail et les aptitudes de l'employé pour le poste occupé. C'est donc une sorte de jugement qualitatif de l'employé, assorti d'une description de ses principales tâches.

Il est d'usage, si l'employé le mérite, que ce document soit à son avantage, et toute autre forme plus modérée pourrait être interprétée par le futur employeur comme un point négatif.

Enfin, si vous changez de poste au sein d'une même entreprise, vous êtes en droit de demander un certificat dit « intermédiaire ».

Implicitement, le certificat est un peu la carotte qui permet aux employeurs de « tenir » un employé sur le départ pendant la période d'essai.

6. Les syndicats en Suisse : un acteur économique responsable

Il nous a semblé important de mentionner ici le rôle des syndicats dans un pays libéral dont l'économie est dynamique et avec un droit du travail assez souple. Pas toujours connus des étrangers, les syndicats suisses jouent un rôle significatif dans l'économie et les relations sociales du pays.

Nous nous sommes efforcés de livrer ici des informations en toute objectivité.

Une proportion d'employés syndiqués supérieure à la moyenne, et plutôt dans le secteur secondaire

La proportion d'employés syndiqués en Suisse est stable depuis 2002 à environ 28 %, en légère baisse par rapport aux chiffres du début des années 1990[3].

Pour comparaison, la moyenne des pays d'Europe est comprise entre 25 et 30 %, avec une tendance généralisée à la baisse.

3. (Source : Union Syndicale Suisse et Office Fédéral de la Statistique, le rapport pris étant « le nombre de personnes affiliées à un syndicat ou à une autre organisation de travailleurs » divisé par « le nombre de personnes actives à temps plein »).

Ces proportions sont très différentes selon le secteur d'activité (la proportion atteint les 90 % dans le secteur du bâtiment alors que dans le secteur bancaire il n'y a pratiquement pas de syndiqués).
Historiquement, les syndicats suisses sont nés dans le secteur secondaire, et c'est aujourd'hui dans ces secteurs d'activité que le taux de syndicalisation est le plus élevé : industrie, bâtiment, second-œuvre, hôtellerie, restauration… ainsi que dans la fonction publique.
Dans le secteur tertiaire, ce sont plutôt les basses couches de salaires qui sont syndiquées.

Les syndicats sont des acteurs responsables et à part entière de la vie législative

En Suisse, les syndicats sont étroitement liés à l'activité économique, sont des acteurs de celle-ci, et y jouent un rôle actif et plutôt responsable. On parle volontiers d'une démocratie de concordance : dans la Constitution fédérale, il est indiquée qu'avant toute création ou modification de loi, une procédure de consultation doit être mise en place : les associations intéressées sont donc consultées – pour le domaine de l'économie et du travail : les associations patronales et les syndicats. Ce n'est qu'ensuite que la loi est soumise au Parlement pour approbation. Pour les lois cantonales, le fonctionnement est identique, le Grand Conseil auditionne patrons et syndicats avant de modifier ou créer les lois.
On peut donc supposer que cette participation active à la vie économique et législative est une des raisons pour lesquelles il y a si peu de grèves en Suisse, la négociation et les discussions étant effectuées en amont.

Un rôle de conseil individuel et de défense des intérêts généraux

En Europe et dans le monde, les syndicats ont peu de marge de manœuvre pour augmenter leur nombre d'adhérents, plutôt décroissant. Deux grandes tendances se sont distinguées ces dernières années :

– la résistance aux projets de réformes, qui conduisent généralement à des grèves « dures » (comme par exemple en Italie et en France

en 2005) et qui permettent aux syndicats de valoriser leur action vis-à-vis de l'opinion publique ;
– le conseil juridique et d'orientation de carrière aux travailleurs.

Les syndicats en Suisse ont majoritairement choisi la voix du conseil, en défendant de manière individuelle les employés syndiqués. En cas de conflit entre employé et employeur, c'est le syndicat qui va se rendre au Prud'homme et faire les démarches. Le représentant du syndicat joue ainsi le rôle de l'avocat, et en a les qualifications en tant que « mandataire professionnellement qualifié » pour ce type de démarche. En règle général, dans beaucoup de cantons, les avocats gèrent peu ce type d'affaires qu'ils laissent aux syndicats.

Leur action porte également sur la défense à plus long terme des travailleurs, en opérant un travail de fond sur les lois et les réformes. Le syndicat joue ici un rôle de force de proposition pour faire modifier ou faire créer des lois, toujours dans l'optique de la protection des travailleurs (démarches parlementaires, initiatives, referendum).

C'est d'ailleurs dans ce cadre que les conventions collectives de travail sont signées.

Enfin, il n'existe pour ainsi dire pas de délégués syndicaux en entreprise, comme c'est le cas par exemple en France ou en Grande-Bretagne.

Les principaux syndicats en Suisse

Deux organisations faîtières regroupent la plupart des syndicats : l'Union Syndicale Suisse (USS) qui regroupe 380 000 membres, et Travail.Suisse qui en regroupe pour sa part 160 000.

Pratique

En cas de conflit avec votre employeur qui se règlerait au Prud'hommes, sachez qu'en théorie, le droit stipule qu'un employé n'est soumis à la convention collective de travail de sa branche que s'il est syndiqué. Ainsi, un juge pourrait donc demander à partir de quand le salarié plaignant est syndiqué pour faire débuter ses indemnisations sur la base de cette date.

Où trouver des informations complémentaires ?

Vous pouvez consulter les sites Web des deux plus grands syndicats en Suisse :
- l'USS (Union Syndicale Suisse) : « www.sgb.ch »
- Travail.Suisse : « www.travailsuisse.ch »

7. Interview de Georges Tissot, secrétaire syndical du SIT

Georges Tissot est secrétaire syndical du SIT (syndicat interprofessionnel de travailleuses et travailleurs), un syndicat qui couvre toutes les branches, dans le privé et la fonction publique, du canton de Genève. Il est binational franco-suisse et est né à Genève. Il nous propose, à travers une interview, de nous livrer quelques informations sur les relations qui existent entre syndicats, patrons et État, ainsi que les éléments culturels qui en découlent.

On parle souvent de la paix sociale en Suisse : pouvez-vous nous en dire un peu plus ?

La paix sociale est une sorte de pacte moral tacite qui lie tous les acteurs (patrons et syndicats avec la bénédiction de l'État). Tout le monde est traditionnellement très attaché au respect de cette paix sociale, et si elle est dénoncée, tous les acteurs sont conscients que ce sera très mauvais pour l'image de tout le monde. Tous les acteurs entretiennent donc cette paix.

Concrètement, s'il y a un conflit dans une entreprise, tout le monde fera en sorte de le régler rapidement. Pour que la paix sociale soit respectée, il arrive donc que des patrons aillent faire pression auprès des autres patrons pour que le conflit cesse, car l'image des patrons est aussi en jeu.

Où trouve-t-on les fondements de cette relation inédite entre tous ces acteurs pas toujours d'accord ?

Après la période de crise de la fin des années 30, la Suisse s'est trouvée dans une situation économique favorable, tout en étant entourée d'États plus ou moins stables et plus ou moins fascistes. Pour faire front et profiter de cette embellie, patronat et syndicats ont conclu en 1937 un accord les obligeant à renoncer à la grève. Cet accord prévoyait notamment le recours à un médiateur en cas de désaccord. C'est à ce moment que ces acteurs ont appris à vivre ensemble. Il s'agissait pour eux d'éviter l'intervention de l'État dans un domaine qu'ils estimaient être les mieux à même à gérer.

Actuellement, comment jugez-vous les relations entre employeurs et employés ?

Globalement, on peut admettre que dans les grosses structures il y en général peu de problèmes. En revanche, dans les petites entreprises, et en particulier dans celle appartenant aux branches incluant un nombre important de travailleurs dits « précaires » (agriculture, économie domestique…), les relations sont plus difficiles.

La grande tendance actuellement observée par le SIT est une augmentation significative des cas de mobbing (pression morale), y compris parfois dans les grosses structures.

On peut expliquer ceci en terme d'image, dans la mesure où ce n'est pas très populaire de licencier, on préfère parfois faire en sorte que la personne parte d'elle-même[4].

À l'instar de nombreux syndicats d'autres pays, peut-on affirmer que les syndicats suisses sont politisés ?

Globalement, la teinte politique des syndicats est, il est vrai, plutôt à gauche. Mais ils n'ont pas de liens aussi directs avec les partis que dans les autres pays (Allemagne, France, Grande-Bretagne notamment).

Certains, comme le SIT, refusent toute identification à un parti (il est par exemple stipulé dans mon contrat de travail que je n'ai pas le droit de m'afficher publiquement avec un parti), d'autres s'en montrent plus proches.

Le SIT ne donne par exemple aucune consigne de vote pour les élections, mais le fait pour les votations.

Avez-vous observé des changements, en terme de politique d'emploi et de conditions de travail depuis la signature des accords bilatéraux ?

Avant la signature des accords bilatéraux, tous les dossiers de demande de permis passaient par une commission qui attribuaient les permis de travail avec des décisions tripartites (État – syndicats et patrons) qui faisaient respecter les Conventions collectives de travail ou les usages.

Les abus ont toujours existé, mais ils sont aujourd'hui rendus plus visibles.

Selon moi, les secteurs sur Genève dans lesquels on observe le plus grand nombre d'abus sont :

- le commerce et la vente
- les services informatiques

Pour les secteurs connus et pour lesquels une convention collective de travail de branche existe, il y a, à mon sens, moins de problèmes et d'abus, ou alors ils sont plus facilement réglés parce qu'il existe une « habitude ». Enfin, dans ces secteurs, les abus éventuels sont souvent plus faciles à détecter et donc à corriger.

Les points essentiels à retenir

- Le droit du travail en Suisse est souple, et de nombreux éléments du contrat de travail peuvent être discutés. Des conventions collectives de travail, par secteur ou entreprise, viennent compléter le droit du travail. De fait, il peut exister entre plusieurs entreprises des différences signifi-

4. En Suisse, les entreprises ne sont pas tenues de donner de motif de licenciement, sauf sur demande expresse du salarié éconduit.

catives sur des points importants tels que par exemple le nombre de congés annuels (4 semaines dans une entreprise, 5 dans l'autre). Soyez donc attentifs à ces points qui ne sont pas standards.

- Votre contrat de travail doit comporter a minima les éléments suivants :
  - date de début du contrat ;
  - durée du temps de travail ;
  - description du poste et des tâches ;
  - rémunération.
- Selon le secteur d'activité, le temps de travail légal varie entre 41 et 50 heures par semaine. En pratique, on travaille en général bien au-delà de ces contraintes légales, en particulier les cadres.
- La période d'essai varie de 1 à 3 mois, mais elle peut être raccourcie si l'employé et l'employeur le souhaitent.
- La législation prévoit 4 semaines de vacances par an, mais beaucoup d'entreprises vont jusqu'à 5.
- Consulter la Convention Collective de Travail (CCT) de votre secteur ou entreprise (s'il elle existe) peut vous apporter de précieuses informations : salaires minimum de certains métiers, conditions de travail...
- Le préavis pour résilier son contrat de travail varie de 1 à 3 mois et est fonction de l'ancienneté. Il peut être différent selon les conventions collectives.
- Le licenciement est réglementé en Suisse, et même s'il est assez « facile » de se séparer d'un employé (il n'y a pas de motif à invoquer), l'employeur devra respecter notamment la période de préavis.
- Le certificat est un document remis à l'employé à la fin du contrat de travail et qui décrit en quelques lignes les réalisations, le travail et les aptitudes de l'employé. Ce jugement quantitatif de l'employé est soumis à des règles implicites. Le certificat est un document important et pris en considération par tous les employeurs.
- Les syndicats en Suisse jouent un rôle important dans la vie économique : près de 30 % des employés sont syndiqués dans le pays, avec des différences importantes selon les secteurs (surreprésentation dans le secteur secondaire).

Avant toute modification ou crétion d'une loi, une procédure de consultation qui réunit syndicats, patronat et État est mise en place.

Chapitre 7

Adopter la « Suisse attitude » en entreprise

Ne vous y trompez pas, malgré la proximité géographique avec plusieurs pays de l'Union européenne, de nombreuses choses sont différentes en Suisse, et en particulier la façon de se comporter en entreprise. Ayez donc la bonne attitude, en relation avec la culture du pays, dont les valeurs diffèrent des vôtres.

Il semble toujours très risqué de dresser le portrait universel d'un comportement « standard ».

Des entreprises « pure souche » suisses côtoient les nombreuses multinationales, et évidemment, les cultures d'entreprise sont bien différentes dans les deux cas.

Les informations qui suivent concernent principalement les entreprises à culture « locale », et nous espérons avoir pris toutes les précautions nécessaires pour ne pas tomber dans la caricature, de sorte à vous livrer quelques éléments de compréhension qui nous l'espérons, vous éviteront quelques « soucis » à votre arrivée.

1. Une différence culturelle pas toujours perceptible mais réelle

Beaucoup d'entre nous s'imaginent, en arrivant en Suisse, que la culture et les mentalités locales sont proches de celles des pays européens limitrophes, notamment à cause des langues qui sont similaires. Vous constaterez rapidement qu'il n'en est rien, même si les suisses connaissent pour la plupart relativement bien les cultures française, allemande et italienne (l'influence des chaînes de télévision, et le contact fréquent avec ces européens travaillant sur place y ont contribué au fil des années).
Comprendre la culture suisse vous prendra probablement plusieurs années dans le cadre d'une immersion dans le pays en tant que résident, et sera beaucoup plus longue pour les frontaliers.
Enfin, n'oubliez jamais que l'étranger c'est vous, et adoptez l'attitude d'ouverture qui va avec.

2. Le refus du conflit ouvert, perçu comme un danger pour le bon fonctionnement de l'entreprise

Perçu comme un frein au développement de l'entreprise, le conflit ouvert est condamné par l'ensemble des employés, que les raisons soient légitimes ou non. En d'autres termes, pour régler vos problèmes, vous devrez éviter avant tout de rentrer en conflit ouvert avec votre interlocuteur.
N'oubliez pas que la Suisse est un pays de consensus et que cette caractéristique se retrouve dans la vie de tous les jours et à de nombreux égards dans le travail.
Le conflit peut exister, vous pourrez même parler du sujet qui concerne ce conflit, mais à aucun moment vous n'aurez intérêt à l'exprimer de façon véhémente. Plus que le problème lui-même, le conflit ouvert est encore plus redouté, et donc mal vécu : évitez le à tout prix.

Bon nombre de problèmes se régleront donc soit de façon consensuelle, soit politiquement, avec toutes les manœuvres que cela peut comporter. Sachez enfin que si l'un de vos collaborateurs ou un de vos collègues suisses se plaint ou exprime son mécontentement, c'est que la situation est à cet instant suffisament grave pour que vous y prêtiez une attention particulière.

3. Dans les entreprises, on obéit, on fait confiance à sa hiérarchie, et on pense « collectif »

Les employés suisses font confiance à leur hiérarchie. Corollaire du refus du conflit ouvert, il n'est pas coutumier dans les entreprises helvétiques de contredire ou désobéir à son supérieur. Comme l'indique Véronica Velo, auteur d'une thèse à l'UNIL (Université de Lausanne) sur l'obéissance des cadres en Suisse Romande, *« on obéit [...] parce qu'on a été socialisé de telle manière qu'on comprend que céder est nécessaire pour garder l'ordre qui permettra d'aller de l'avant avec la production et la productivité qui, en fin de compte, pourront assurer la justice, la prospérité et le bien-être de tous les agents sociaux concernés par l'organisation en général »*.
Ce comportement et les valeurs qui sont sous-jacentes sont très caractéristiques de la culture suisse.

La cause n'est en Suisse pas uniquement personnelle, elle est également collective. On retrouve par exemple ce souci de la collectivité dans les résultats de certaines votations populaires (les nombreux référendums auxquels le peuple Suisse doit répondre régulièrement), où il est arrivé que le peuple refuse par exemple une baisse de la TVA qui pourtant les avantageaient individuellement, car l'accepter aurait induit une perte de revenu pour la Confédération, ce qui n'aurait au final pas été bon pour la collectivité. Toujours dans le même esprit collectif, les Suisses ont également refusé, en 1985, une prolongation des congés payés de 4 à 5 semaines par an, ainsi que la mise en place d'une semaine de travail à 36 heures en 2002. Pour mesurer la différence culturelle qui existe avec votre propre culture, essayez d'imaginer ce que le peuple de votre pays aurait voté pour ces mêmes questions...

Pour garder cette comparaison avec les référendums, à chaque votation, les conseillers fédéraux (équivalent des ministres dans d'autres pays) donnent des consignes de vote qui sont très souvent suivies, les Suisses faisant là aussi confiance à leurs dirigeants.

4. Des entreprises qui cultivent le culte de la prudence

Bon nombre d'entreprises suisses se distinguent par leur prudence, qui paraît parfois excessive aux étrangers.
Toute modification des règles établies, tout changement est perçu comme un danger, rarement comme une opportunité. C'est une question de culture, si vous devez faire passer dans votre activité des idées novatrices, cela prendra du temps, et vous devrez déployer beaucoup d'énergie. Ne révolutionnez pas, changez petit à petit, et étudiez bien chaque option, car dans une situation de changement important, les Suisses prendront le temps d'étudier avec attention et dans le détail toutes les options possibles. L'introduction de Joseph Deiss, conseiller fédéral, parlant de la votation du 25 septembre 2005 pour l'extension des accords bilatéraux en est une excellente illustration : « *Avant de prendre une décision importante, il est bon d'en connaître toutes les conséquences* »[1].

5. Une vision très pragmatique de la vie en entreprise

Plus pratiques et concrets dans le monde de l'entreprise, bon nombre de sociétés suisses n'hésitent pas à réviser leurs ambitions pour tenir compte des ressources de l'entreprise.

1. *Bulletin SuisseEurope*, Bureau de l'intégration DFAE / DFE, août 2005.

Revers de la médaille de ce trait caractéristique, le travail peut être parfois perçu comme (trop) conventionnel, avec une carence de créativité. Pour être entendu, soyez donc réaliste dans vos propositions, et n'alimentez pas le syndrome de celui qui dit beaucoup mais qui ne fait pas grand-chose…

6. Les conseils d'une professionnelle des relations interculturelles

Marie-Noëlle Schmidt Bowman est spécialiste des relations interculturelles et traductrice. Française, elle a vécu dans de nombreux pays aux cultures très diverses (Djibouti, Belgique, Inde et Caraïbes…), et est installée en Suisse depuis plusieurs années. Elle propose, dans le cadre de ses cours interculturels, d'informer les nouveaux arrivants anglo-saxons en Suisse sur les différences culturelles de ce pays, en partant du principe que les arrivants n'en ont aucune connaissance. Elle propose de nous faire profiter de son expérience à travers quelques conseils.

Conseil n° 1 : Tenez vos promesses, et inspirez confiance
Les Suisses préfèrent les images claires : dans le cadre professionnel, mieux vaut annoncer deux semaines de retard dans la remise d'un projet plutôt qu'annoncer que vous serez dans les délais et remettre vos travaux en retard. La conséquence de la promesse tenue, c'est le renforcement de la confiance, valeur sur laquelle les relations dans le pays sont fondées. Cette confiance, se retouve par exemple dans la vie de tous les jours avec le bulletin de versement (BVR) : lorsqu'on vous vend un service ou un bien et vous payez ensuite, on part du principe que vous payerez.
Evidemment, en tant qu'étranger fraichement débarqué, il va falloir inspirer confiance : il serait, je pense, plutôt bien vu d'aller vers l'autre et de lui demander de vous expliquer par exemple comment les choses se passent ici pour telle ou telle question. C'est par ce genre de « petits gestes » que vous montrerez votre intention de rentrer dans la culture du pays, ceci étant valable pour tous les pays où on réside.

Conseil n° 2 : Soyez consensuel et collectif
En Suisse, beaucoup de sociétés sont gérées comme le pays : face à un problème et sa résolution, tout le monde doit y trouver son compte au moins un peu, quitte à ce que personne ne le trouve complètement. Ce qui est important, c'est que chacun y mettre du sien pour arriver à ce résultat. C'est ce que j'appelle l'effet « 1291 » (note de l'auteur : les trois cantons

du centre, Uri, Schwytz et Unterwald, alors indépendants, ont signé en 1291 le premier pacte pour se défendre et unir leurs forces contre l'Autriche). En tant qu'étranger, il faut bien avoir cet élément culturel en tête, car les Suisses sont capables de tout mettre de côté, y compris les querelles, pour atteindre un objectif commun.

Conseil n° 3 : En entreprise, ne soyez pas familier et restez discret

D'un point de vue du comportement en entreprise et des relations entre collègues, il n'y a pas plus éloigné que les modèles anglo-saxons et suisses.

Si vous ne connaissez pas bien votre interlocuteur, dites toujours « Monsieur / Madame », ne tapez pas dans le dos des collègues, ne tutoyez pas si on ne vous le demande pas, ne forcez pas les choses et faites-vous discret.

En Suisse, il existe une séparation nette entre le professionnel et le privé, et c'est plus le moment (professsionnel / privé) que le rapport qui compte. Ainsi, ne vous étonnez pas si, lors d'un brunch ou d'une sortie d'entreprise, des collègues sont très chaleureux et vous tutoient, et que le lendemain ces mêmes collègues vous semblent froids et distants et repassent au vouvoiement.

Conseil n° 4 : Intégrez-vous sans faire de bruit

J'ai également un message particulier à faire passer aux Français qui liraient ces lignes :

Pour les Suisses, et beaucoup d'autres nations, les Français ont la réputation d'être très « présents », à savoir qu'on les remarque très vite de par leur besoin verbal de s'affirmer. La culture suisse se situant à l'opposé, il vaut mieux pour éviter une classification rapide, se faire discret, garder ses opinions pour soi, ne pas se plaindre, etc…

Les Suisses sont d'un naturel plutôt réservé, gardent souvent leur opinion pour eux-même et se plaignent rarement. Si vous inversez toutes ces caractéristiques, vous aurez alors le comportement plus ou moins naturel (car issu de la culture) de beaucoup de Français. Il vaut mieux en être conscient avant, et « gommer » certains de ces traits.

Pour comprendre la culture de l'autre, il faut savoir « taire » la sienne, ne pas l'imposer, et ne pas juger. Écoutez et observez, et vous aurez déjà fait un grand pas.

Les points essentiels à retenir

- Il existe une véritable « suisse attitude » au travail, emprunte de la culture et des valeurs héritées de l'Histoire du pays et qui demeure très différente des valeurs qu'on retrouve dans les entreprises des autres pays. Cette culture se retrouve davantage dans les entreprises « pures » suisses que dans les multinationales, plus influencées par le modèle anglo-saxon.
- Le conflit ouvert est sévèrement condamné par l'ensemble des acteurs dans l'entreprise, que les raisons de l'origine de ce conflit soient légitimes ou non. La

plupart des conflits se règlent de façon consensuelle.

- Il est très rare de désobéir ou contredire sa hiérarchie. Les employés font pour la plupart confiance à leurs supérieurs, qu'ils jugent implicitement les mieux à même d'agir pour le bien de l'entreprise et donc de la collectivité.
- Dans les entreprises, la prudence est de rigueur : tout changement est évalué, de même que les différentes options possibles, de sorte à être sûr de prendre la bonne décision.
- Les professionnels suisses sont souvent beaucoup plus très concrets et pragmatiques. Pour être entendu et pris au sérieux, il faut être réaliste dans ses propositions.

Chapitre 8

Trouver un logement

Après l'obtention du contrat de travail et du permis, l'étape suivante de votre installation consistera à trouver un logement… Et en plus d'un marché de l'immobilier, à la location ou la vente, très tendu, sachez que la recherche d'un logement en tant qu'étranger n'est pas chose facile…
En tant que travailleur frontalier, vous avez, selon votre nationalité, la possibilité de vous installer où vous le souhaitez dans l'Union européenne. En optant pour la zone frontalière, vous retrouverez là aussi un marché locatif et à la vente très tendu.

1. Le logement en Suisse

Des loyers élevés

Le marché suisse de l'immobilier, très tendu, se caractérise par des loyers élevés qui représentent une charge importante dans le budget des ménages.
On trouve, dans la plupart des cantons, très peu de logements libres, ce qui explique les prix élevés. Par exemple, en juin 2007, il n'y avait sur

1. La loi vous impose de rentrer dans le pays de l'Union européenne au moins une fois par semaine.

le canton de Genève que 371 objets immobiliers à louer, pour une population de plus de 428 000 personnes. Au niveau Suisse, un peu plus de 32 000 objets étaient à louer à la même date, ce qui est très peu[2].
En général, plus on s'éloigne des centres-villes, plus les loyers diminuent, sauf pour certaines agglomérations comme Genève où les loyers les plus élevés se trouvent dans la proche périphérie de la ville.
Vous trouverez des prestations de différentes qualités selon les appartements ou maisons que vous visiterez, et une construction récente avec un équipement de bonne qualité peut justifier d'un loyer plus élevé qu'un autre appartement plus « commun ».
Le montant du loyer dépend également des facteurs suivants :

– du taux hypothécaire (dépendant de facteurs économiques et qui varie en fonction des taux d'intérêts long terme) fixé par les autorités cautonales[3] ;

– de l'indice Suisse des prix à la consommation (IPC) qui est un indice de mesure du coût de la vie ;

– des travaux effectués dans l'habitation (par exemple, le propriétaire peut justifier une augmentation de loyer entre vous et le précédent locataire si par exemple des améliorations énergétiques ou d'importants travaux de rénovation intérieure ont été effectués) ;

Enfin, dans certains cantons, la loi impose que le propriétaire ou la gérance justifie l'augmentation de loyer. En tant que nouveau locataire, vous devriez donc recevoir, lors de la signature du bail, un document indiquant le montant du loyer précédent et les motifs d'augmentation du loyer s'il y a lieu.

Où trouver des informations complémentaires ?

Chaque année, le Crédit Suisse édite une étude très intéressante « Le marché de l'immobilier – Faits et tendances ». Cette étude fait un état des lieux complet sur le sujet. À consulter sur le site « www.credit-suisse.com. »

2. Source : communiqué de presse de l'Office fédéral de la statistique du 3 septembre 2007.
3. Une procédure de consultation parlementaire a été ouvert pour modifier le droit du bail en Suisse. Un taux d'intérêt de référence, valable pour toute le pays, est proposé en remplacement des taux hypothécaires et de l'indice des prix. Le taux d'intérêt de référence serait basé sur le taux d'intérêt moyen pondéré des créances hypothécaires, libellées en francs suisses, des banques suisse, et qui sera établi chaque trimestre. Ces modifications pourraient être effectives à partir de 2010.

Les sources d'offres de location à consulter

Pour rechercher un logement, de nombreuses solutions s'offrent à vous : vous pouvez consulter les annonces sur le web ou dans les quotidiens « papier », gratuits ou payant.

Une récente étude a démontré qu'en Suisse, une très grande partie de l'offre immobilière passait par le canal électronique, et que cette part était croissante d'années en années.

Ainsi, seuls 10 % des logements à louer était présents dans la presse écrite uniquement, alors que 75 % d'entre-eux l'étaient uniquement sur Internet : vous aurez donc tout intérêt à privilégier ce canal de recherche[4].

Les différentes sources d'offres de location sont les suivantes :

– les portails immobiliers : les plus importants sont les suivants : « www.homegate.ch », « www.zannonces.ch », « www.immostreet.ch » et « www.immoclick.ch ». Chacun d'entre-eux propose un nombre très important d'offres.

– les petites annonces qui paraissent dans les principaux quotidiens de la presse recèlent également quelques propositions de locations ;

– vous pouvez prendre contact avec une agence immobilière (appelée régie ou gérance). Il ne vous sera en principe pas demandé de verser de commission pour l'agence, bien que récemment, certaines (rares) gérances demandent l'équivalent d'un mois ou d'un demi-mois de loyer pour frais de recherche[5] en cas de signature du bail.

Il est assez courant qu'une participation variant de 100 à 200 francs suisses soit demandée pour la constitution du dossier ;

– vous pouvez également prendre contact avec l'administration de la commune qui vous intéresse, certaines d'entre-elles mettent parfois à disposition une liste de logements vacants, mais c'est extrêmement rare.

4. Source : étude annuelle 2007 sur le marché de l'immobilier du Crédit Suisse.

5. Ce phénomène a été observé sur Genève et dans le canton de Vaud.

Pratique

Une gérance immobilière a pour tâche principale de gérer des immeubles et objets immobiliers, soit pour son compte, soit pour le compte de propriétaires. Celles qui demandent une rétribution pour la recherche d'appartement le font, selon le droit suisse, abusivement, car le propriétaire paye déjà la gérance pour effectuer ce travail : en demandant de faire payer le futur locataire, elle facture donc deux fois le même service. Nous vous conseillons donc d'éviter ce type de gérances.

Enfin, il existe des sociétés spécialisées dans la recherche d'appartements qu'elles ne gèrent pas elles-même (les sociétés de relocation par exemple). Dans ce cas, le service est payant (et justifié) et souvent inclus dans un ensemble plus large de services.

Où trouver des informations complémentaires ?

– La liste des gérances immobilières en Suisse peut être trouvée sur le site « www.les-gerances.ch » ;

– En complément, vous trouverez sur le site « www.communal.ch » la liste de toutes les communes suisses, avec les informations pratiques et principales de certaines d'entre-elles, et parfois quelques photographies, ce qui vous permettra de vous faire une idée avant toute visite d'appartement si vous n'êtes pas sur place.

– Dans le même esprit, les communes de Genève possèdent également leur propre site « www.geneve-communes.ch. ».

– Pour accéder aux petites annonces, vous trouverez la liste complète des quotidiens sur le portail d'information « www.swissinfo.ch » ; rubrique « infos utiles » puis « liens suisses », puis « Journaux ».

Les caractéristiques du bail suisse

Le bail, appelé « bail à loyer » en Suisse, est obligatoire et scelle contractuellement le lien entre locataire et propriétaire.

Il contient les informations suivantes :

– le montant du loyer et des charges ;

– la durée du contrat ;

– le nombre de pièces.

Il est signé par vous et la gérance immobilière ou le propriétaire.

Où trouver des informations complémentaires ?

Sur le site de l'ASLOCA (voir « L'Asloca, l'association qui défend les droits des locataires », p. 183), vous trouverez un exemple « type » de bail à loyer.
Pour y accéder : www.asloca.ch, rubrique « infos pratiques », puis « documents ».

La garantie de loyer : la caution suisse

A• Une caution sous forme de compte bancaire

La garantie de loyer est une caution qui permet au propriétaire de se prémunir d'un éventuel défaut de paiement du locataire ou bien en cas de dégâts non réparés et occasionnés par lui.

Cette garantie se présente sous la forme d'un compte bancaire faiblement rémunéré (un compte « garantie de loyer ») sur lequel est versée une somme d'argent dont le montant est prévu par le contrat de bail (entre 1 et 3 mois de loyer net selon la loi, 3 dans la plupart des cas).

Le compte peut être ouvert dans n'importe quelle banque aux noms du propriétaire et du locataire, et ne peut être fermé qu'avec l'accord des deux tiers. La somme ainsi versée est bloquée et seuls les intérêts peuvent être perçus par le locataire.

Il peut être ouvert par le locataire ou le bailleur, mais c'est le plus souvent le locataire qui fait la démarche.

Le justificatif d'ouverture du compte et de versement de la caution doit être fourni dans les 30 jours qui suivent la signature du bail et au plus tard le jour d'entrée dans la location.

Les pièces à fournir à la banque sont les suivantes :

- le contrat de bail ;
- une pièce d'identité.

Pratique

Si vous êtes titulaire d'un permis de travail de courte durée (moins d'un an, permis L), certaines gérances ou certains propriétaires vous demanderont au total 6 mois de caution. Cette pratique qui n'est pas prévue par la loi reste malheureusement difficile à combattre, étant donnée la difficulté à trouver un logement.

B• Une alternative à la garantie de loyer : les sociétés de cautionnement

Si vous ne souhaitez pas bloquer une grosse somme d'argent sur un compte « garantie de loyer » peu rémunéré, ou si vous n'en avez pas les moyens, il est possible de passer un contrat avec les sociétés Swisscaution AssurCaution ou ImmoCaution qui se chargeront du cautionnement de votre de loyer auprès de la gérance immobilière ou du propriétaire, moyennant le paiement d'un service.

Dans ce cas, aucun versement d'argent ne vous sera fait, la garantie se faisant directement entre ces sociétés et votre bailleur.

Attention, les services qu'ils proposent sont différents de l'assurance RC (responsabilité civile), réclamé par la plupart des propriétaires ou des gérances immobilières (voir page 395 « La responsabilité civile privée : une assurance recommandée »).

Ces organismes proposent des services de cautionnement identiques mais avec un mode de tarification différent :

– Avec **Swisscaution**, vous payerez une prime forfaitaire jusqu'au 31 décembre de l'année en cours, et 5 % du montant de la garantie les années suivantes ainsi qu'une prime de gestion[6] ;

– Avec **AssurCaution**, le mode de calcul dépend du montant de loyer que vous voulez assurer : jusqu'à 6 000 francs suisses, la prime est forfaitaire, au-delà, elle représente un pourcentage du montant de la garantie (5 %).

– Avec **ImmoCaution**, dernier arrivé sur le marché du cautionnement de loyer, vous payerez une prime forfaitaire et 2,5% du montant de la garantie les années suivantes.

Il est possible de résilier votre contrat avec ces organismes d'assurance, mais vous devrez alors fournir une garantie de substitution au bailleur.

6. 20 francs suisses en 2008, auquel il faudra rajouter le timbre fédéral d'assurance de quelques francs suisses.

Pratique : Exemple de calcul du coût d'un contrat de cautionnement [7]

	Swisscaution	Assurcaution	Immocaution
Exemple 1 : montant du loyer garanti : 1 500 francs suisses			
Coût jusqu'au 31 décembre de l'année en cours	231 *(prime forfaitaire d'inscription)*	196	77,50
Coût annuel ensuite	100	196	69,75
Exemple 2 : montant du loyer garanti : 4 000 francs suisses			
Coût jusqu'au 31 décembre de l'année en cours	231 *(prime forfaitaire d'inscription)*	300	140
Coût annuel ensuite	231	300	126
Exemple 3 : montant du loyer garanti : 7 000 francs suisses			
Coût jusqu'au 31 décembre de l'année en cours	231 *(prime forfaitaire d'inscription)*	350	215
Coût annuel ensuite	389	350	193,50

Attention avant de passer par l'un de ces organismes, assurez-vous que le propriétaire ou la gérance immobilière accepte bien ce type de garantie car ces services ne sont pas encore acceptés par tous les acteurs immobiliers dans tous les cantons.

Où trouver des informations complémentaires ?

Vous trouverez sur les sites « www.swisscaution.ch », « www.assuracaution.ch » « www.immocaution.ch » toutes les informations concernant cette alternative à la garantie de loyer, ainsi qu'une possibilité de vous inscrire directement en ligne et de faire des simulations de primes. La compagnie « Zuride Assurance » propose un service de garantie de loyer mais uniquement auprès des propriétaires. Vous ne pourrez la souscrire vous-même, mais une propriétaire pourra vous proposer de le faire.

7. les tarifs sont basés sur les déclaratifs des compagnies pour l'année 2008.

L'inscription à la gérance pour une demande d'appartement : ce qu'on vous demandera

Lorsque vous souhaiterez louer un appartement, la gérance immobilière (ou le locataire actuel) vous demandera de remplir une fiche d'inscription. En la matière, il n'existe pas de loi sur les informations demandées, et celles-ci peuvent varier d'une gérance à l'autre.
Dans tous la plupart des cas, les informations suivantes seront demandées :

– les informations qui permettent l'identification des personnes : nom, prénom, adresse, numéro de téléphone, date de naissance, et profession ;

– le nombre de personnes qui occuperont l'appartement ainsi que le lien de parenté avec le ou les bailleurs (conjointe, enfants…) ;

– le revenu est la principale information que les gérances prendront en considération pour leur choix : il vous sera donc systématiquement demandé, parfois directement, parfois sous forme de tranches de salaires ;

– la nationalité est pratiquement systématiquement demandée. Pour les étrangers, la gérance a l'obligation d'effectuer une déclaration d'arrivée à la commune. Il vous sera donc demandé :

- vos pays et ville de naissance (ville ou pays d'origine) ;
- les coordonnées de votre employeur ;
- la durée du contrat de travail ;
- le type de permis de travail et la durée de celui-ci (si vous l'avez) ;

– Vous devrez préciser si vous possédez ou non un animal domestique.

Enfin, vous devrez indiquer le nombre de voitures que vous avez.

La constitution du dossier de demande de location

Les informations demandées pour la constitution du dossier varient d'une gérance immobilière à l'autre. Cependant, vous trouverez ci-dessous celles qu'on retrouve le plus souvent :

– votre contrat de travail mentionnant le montant du salaire (ou la dernière fiche de paye si vous travaillez déjà en Suisse) ;

– une pièce d'identité ;

– votre permis de séjour, l'assurance d'autorisation de séjour (si vous en avez une) ou un document de votre employeur stipulant qu'il a effectué la demande de permis ;

– un extrait de casier judiciaire si c'est votre première installation en Suisse. Il n'est pas obligatoire mais permet de rassurer la gérance ;

– une attestation de non-poursuite de l'Office des poursuites si vous résidez déjà en Suisse et que c'est par exemple votre second déménagement ;

– une copie de l'attestation d'assurance responsabilité civile (voir *infra*, « La responsabilité civile privée », p. 395) sans laquelle la gérance refusera très souvent de vous louer l'appartement.

Où trouver des informations complémentaires ?

Les ressortissants français peuvent effectuer leur demande de casier judiciaire directement sur Internet sur le site de la Direction des affaires criminelles et des grâces (www.cjn.justice.gouv.fr).

Un état des lieux qui doit être précis

L'état des lieux est en général effectué avec minutie. Nous vous conseillons, dans votre intérêt, d'y accorder toute votre attention et d'être précis dans vos observations éventuelles.

Il vaut à la fois pour l'entrée du nouveau locataire et la sortie de l'ancien, aussi est-il en principe fait en présence des deux personnes.

Quelques droits et règles à respecter en matière de logement locatif

A• Des bailleurs souvent peu favorables aux animaux domestiques

Selon les textes de loi en vigueur, ils ne sont tolérés uniquement dans la mesure où ils ne gênent pas les autres occupants de l'immeuble, et s'ils n'occasionnent pas de dégradations dans les parties communes.

Nous l'avons vu, la gérance immobilière vous demandera si vous possédez un animal dans le dossier d'inscription pour la demande de location. Cette fiche est ensuite transmise au propriétaire qui décidera, sur la base de différents critères, s'il vous accorde ou non l'appartement.
D'un point de vue de la loi, il n'est pas possible de mettre quelqu'un dehors parce qu'il possède un animal qui ne pose aucun problème, par contre le choix du locataire pourrait être influencé négativement si le demandeur en possède un.

B• Pour les travaux, l'accord du bailleur est nécessaire

Si vous souhaitez par exemple changer les peintures ou les papiers peints, vous devez le faire en accord avec le bailleur, sinon vous courez le risque de devoir tout remettre en état à la restitution de l'appartement.

Des espaces de lavage de linge mis à disposition dans les appartements

Dans la plupart des immeubles ou habitations collectives, une buanderie incluant lave-linge et sèche-linge ou séchoir est mise à disposition des occupants.
La gestion et les règles d'utilisation sont en principe à la discrétion de la personne en charge de la conciergerie de l'immeuble.
Ce service est soit gratuit, soit payant à l'acte (montant variable compris aux alentours de deux francs suisses par lessive).
Enfin, il vous est toujours possible d'installer une machine à laver le linge dans votre propre appartement, mais il vous faudra l'accord du bailleur.

Pratique

Avant de déménager et de vous installer dans le pays, nous vous conseillons de vous débarrasser de votre machine à laver le linge si vous comptez vous installer en immeuble.

La résiliation du bail

Vous devez rédiger une lettre à l'attention du propriétaire ou de la gérance indiquant votre souhait de résilier votre contrat de bail.

Elle peut être remise en main propre, en double exemplaire, avec la mention « remise en mains propres le… » ou bien être envoyée par « lettre signature » (anciennement lettre recommandée).

Si vous souhaitez dénoncer votre bail avant le terme prévu dans le contrat, vous devrez trouver un éventuel nouveau locataire. Si vous n'en trouvez pas, vous serez redevable des loyers jusqu'au terme du bail. Selon la loi, il vous suffit alors de transmettre à la gérance les coordonnées d'une personne solvable et prête à reprendre le bail aux même conditions.

Les frais d'annonce sont donc dans ce cas à votre charge, de même que les visites d'appartement.

Enfin, le bailleur doit faire savoir dans les meilleurs délais s'il a des objections valables contre le ou les candidats à la reprise du bail que vous proposerez.

Pratique

En Suisse, ce n'est pas la date d'envoi des recommandés ou lettres signature qui comptent, mais la date de réception. En matière de logement, il est d'usage de compter environ 10 jours de délais avant que le propriétaire ou la gérance aille chercher la lettre. Pensez donc à cette démarche suffisamment à l'avance.

Pour éviter tout risque de désistement de dernière minute lorsque vous proposerez des dossiers de candidats repreneurs de votre appartement à la gérance, n'hésitez pas à transmettre plusieurs dossiers à la gérance.

Dans la mesure où vous avez joué le jeu avec le bailleur et que vous lui avez notamment indiqué dans des délais raisonnables votre souhait de départ, cette période de transition se passera très bien la plupart du temps.

L'Asloca, l'association qui défend les droits des locataires

L'Asloca est, selon sa propre définition, une association privée indépendante dont l'objectif est de défendre les intérêts des locataires et de les conseiller.

Elle possède un certain poids auprès des propriétaires et des gérances, et son action restreint certains abus.
Chaque région linguistique possède une organisation propre qui regroupe des sections cantonales.
Si vous le souhaitez, vous pouvez adhérer à l'association et bénéficier ainsi d'un conseil personnalisé en cas de litige avec votre propriétaire, ou simplement en cas de question.

Où trouver des informations complémentaires ?

Les sites web de l'Asloca sont particulièrement riches et bien documentés :
- pour la Suisse romande : www.asloca.ch
- pour la Suisse alémanique : www.mieterverband.ch
- pour la Suisse italienne : www.asi-infoalloggio.ch

2. Le logement en France

Des contraintes d'habitation en zone frontalière qui dépendent de votre nationalité

A• Vous êtes un ressortissant de l'un des 15 pays historiques de l'Union européenne : disparition de la zone frontalière

Depuis le 1er juin 2007, la zone frontalière a été supprimée pour les ressortissants des pays historiques de l'Union européenne [8], (France, Allemagne, Portugal...), de l'AELE, de Chypre et Malte. Cela signifie que vous n'êtes plus obligé de vous installer dans une liste de communes pré-établie (ce critère était auparavant une contrainte imposée pour l'attribution d'un permis de frontalier G). Pour éviter tout malentendu,

8. Pour les autres ressortissants de l'Union européenne, la même « liberté » sera possible en 2011.

et puisque les vieilles idées ont parfois la vie longue, il nous paraît important de mentionner ce point ici.

B• Vous n'êtes pas un ressortissant de l'un des 15 pays historiques de l'Union européenne : votre statut de frontalier est conditionné par la commune d'habitation

Dans ce cas, pour pouvoir bénéficier du statut de frontalier, vous devrez résider dans des communes ou zones préalablement définies :
– ***Côté France :*** l'accord signé avec la France délimite la zone frontalière à une bande de 10 km de part et d'autre de la frontière avec la Suisse, y compris les communes de la zone franche du Pays de Gex et de la Haute Savoie ;
– ***Côté Allemand*** : les accords signés avec la République fédérale d'Allemagne le 21 mai 1970 stipule que la zone frontalière est exclusivement réservée du côté allemand aux villes et cercles suivants : la ville de Freiburg et les cercles de Breisgau – Hochschwarzwald, Lörrach, Waldshut-Tiengen, Schwarzwald – Baar-Kreis, Tuttlingen, Konstanz, Sigmaringen, Biberach, Ravensburg, Bodensee-Kreis, Lindau et Oberallgaü ;
– ***Côté Italie*** : la Suisse et l'Italie ont définit la zone frontalière comme celle englobant un territoire de 20 km de part et d'autre de la frontière avec la Suisse.

Où trouver des informations complémentaires ?

Vous trouverez dans le tableau ci-dessous les liens vers les listes exactes des communes admises comme appartenant à la zone frontalière.

Canton	Site de référence
Genève	www.geneve.ch/ocp/zone.html
Jura	La zone frontalière concerne l'ensemble des communes des départements suivants : – Doubs (25) – Haut-Rhin (68) – Belfort (90)
Neuchâtel	www.ne.ch rubrique «Migrations et intégration > Séjour et établissement > Travail > Main d'œuvre étrangère > Marche à suivre pour prise d'emploi CE-8»
Vaud	www.population.vd.ch rubrique «population étrangère > Entrée et séjour > Liste des communes vaudoises et françaises concernées par le trafic frontalier»

Le site du canton du Tessin (www.ti.ch) met à disposition un service qui indique si la commune italienne où vous souhaitez vous installer fait partie ou non de la zone frontalière. Sur la page d'accueil du site, cliquez sur la rubrique « Instituzioni », puis « Permessi », et « communi di Frontiera ».

Pour plus d'informations et en cas de doute sur votre future commune d'habitation, prenez contact avec les administrations cantonales (voir *supra*, « Les démarches pour les travailleurs frontaliers », p. 134.)

Où se loger en France en zone frontalière ?

Cette partie a élaborée avec le soutien du Groupement transfrontalier européen [9].

Pour ceux d'entre-vous qui ne connaissent pas la région, nous vous proposons une estimation du temps de trajet en voiture entre certaines villes en France et quelques destinations en Suisse (dans la partie romande uniquement). Les temps de trajet tiennent compte, en moyenne, du temps passé au passage des postes frontières.

9. Voir en annexe la présentation de l'association.

A• Vous voulez aller travailler à Genève

Lieux d'habitation possibles	Temps de trajet en voiture
Annemasse et couronne frontalière	Entre 20 et 45 mn
Bassin annecien	Entre 45 mn et 1h10
Bassin Rochois	Environ 20 mn
Chablais	Entre 1h et 1h30
Vallée de l'Arve	Environ 50 mn
Pays de Gex	Entre 40 mn et 1h10

B• Vous voulez aller travailler dans le canton de Vaud, en région nyonaise

Lieux d'habitation possibles	Temps de trajet en voiture
Les Rousses (Haut-Jura)	Environ 30 à 45 mn
Pontarlier	Environ 1h15 à 1h30
Gex	Environ 30 mn

C• Vous voulez aller travailler dans le canton de Vaud, vers Lausanne

Lieux d'habitation possibles	Temps de trajet en voiture
Les Rousses (Haut-Jura)	Environ 1h
Pontarlier	Environ 1h
Gex	Environ 45 mn à 1h

D• Vous voulez allert travailler à Neuchâtel

Lieux d'habitation possibles	Temps de trajet en voiture
Pontarlier	Environ 1h
Morteau	Environ 1h

E• Vous voulez aller travailler dans le canton de Neuchâtel, à la Chaux de fonds

Lieux d'habitation possibles	Temps de trajet en voiture
Pontarlier	Environ 45 mm à 1h
Morteau	Environ 30 mn

Les loyers en France en zone frontalière : quelques informations

Pour tordre le coup à certaines idées reçues, depuis le début de l'année 2007, les prix des loyers en France dépassent ceux en Suisse, pour des surfaces équivalentes, et dans certaines régions (région genevoise, dans le pays de Gex…). Cette tendance est également vraie pour le prix d'achat au m^2.
Dans ces régions, le marché de l'immobilier est donc aussi très tendu.

2. L'achat, une alternative à la location

Tous les étrangers ne peuvent pas acheter librement leur résidence principale en Suisse

Alternative possible à la location, vous pouvez acheter un bien. En tant que ressortissant d'un pays de l'Union européenne et de l'AELE résidant en Suisse, vous avez en effet pratiquement les mêmes droits que les locaux pour l'acquisition de votre résidence principale. L'étendue de ces droits pour une résidence secondaire est la même.
Les travailleurs frontaliers qui souhaitent acheter une résidence secondaire devront demander une autorisation à l'autorité cantonale compétente.

Le prix élevé des biens immobiliers en Suisse

Selon une étude de la NZZ, la plupart des particuliers souhaitent devenir propriétaire d'une maison individuelle. Or, depuis 2001, la hausse des prix de l'immobilier est telle qu'il devient de plus en plus difficile de réaliser ce rêve. En effet, selon le Crédit Suisse, le prix d'une maison individuelle représente aujourd'hui en moyenne plus de huit fois le prix du revenu annuel moyen d'un ménage en Suisse (contre six fois pour un appartement).

Ces règles fixent donc le prix moyen d'une maison individuelle à plus de 750 000 francs suisses, et le prix moyen d'un appartement à 550 000 francs suisses.

Enfin, le prix du terrain, dans l'achat d'une habitation individuelle, peut représenter jusqu'à 30 % du prix total de l'acquisition.

Le financement des biens immobiliers

Nous vous invitons à consulter la page 315 « Les prêts immobiliers pour l'achat d'un bien en Suisse » pour plus d'information sur le financement d'un bien immobilier en Suisse.

Pratique

Pour ceux d'entre-vous qui souhaitent acheter un bien immobilier en Suisse, nous souhaitons attirer votre attention sur quelques points très importants :

– la revente en cas de dépréciation de votre bien : compte tenu du système de financement (où l'amortissement du capital peut être faible), en cas de baisse significative du prix de votre bien immobilier (admettons par exemple qu'une autoroute se construise à proximité ou que le marché de l'immobilier connaisse une crise), il ne vous sera plus possible de revendre votre bien sans devoir débourser une importante somme d'argent (le risque étant plus limité si vous amortissez), ce qui vous place dans une situation de risque ;

– en cas de changement de situation significative dans les revenus de votre foyers (période de chômage ou passage d'un statut de salarié à celui d'indépendant par exemple), votre banquier peut requalifier le risque de votre prêt. Dans ce cas, il peut vous demander d'apporter en cash une partie de

la valeur de votre bien, ou bien encore vous demander simplement de le revendre ;

– la spéculation sur la résidence principale : dans beaucoup de pays, les foyers spéculent sur la valeur de leurs biens immobiliers, achetant et revendant leur résidence principale dans des périodes courtes (parfois moins de 5 ans). En Suisse, ce phénomène est très limité, car la loi encadre ce type de comportement : si vous réalisez une plus-value importante sur la revente de votre bien immobilier principal, alors vous serez taxés au titre de l'impôt sur les gains immobiliers, et d'autant plus que la période de revente est courte. Renseignez-vous auprès de l'administration cantonale des impôts de votre lieu de résidence.

Les points essentiels à retenir

- Pour trouver des offres de locations, le web, à travers les nombreux sites portail immobiliers, est le canal qui rassemble le plus grand nombre d'offres. Les loyers sont en général élevés, et le nombre d'objets immobiliers libres très restreint. Très logiquement, plus on s'éloigne du centre-ville, plus les loyers diminuent (sauf à Genève où les loyers les plus élevés sont en proche périphérie).
- Le bail suisse doit contenir les informations suivantes :

– le montant du loyer et des charges ;

– la durée du contrat ;

– le nombre de pièces.

- C'est la garantie de loyer qui joue le rôle de caution. Elle se présente sous la forme d'un compte bancaire, faiblement rémunéré, qui est ouvert avec l'accord du bailleur et du locataire. Lorsque vous laisserez votre appartement, vous aurez besoin de l'accord du bailleur pour récupérer l'argent placé sur le compte de garantie de loyer.
- La garantie de loyer représente entre 1 et 3 mois de loyer net (3 la plupart du temps).
- En remplacement de la garantie de loyer, vous pouvez passer par un organisme de caution qui se charge de garantir la caution en contrepartie du paiement d'un service.
- L'état des lieux est en général précis et minutieux.
- Presque toutes les habitations collectives mettent à disposition un espace de

lavage commun pour laver le linge. Vous avez donc fortement intérêt à vous débarrasser de votre lave-linge avant de vous installer en appartement en Suisse.

- La résiliation du bail est possible avant terme, mais vous devrez préalablement proposer un candidat solvable et repreneur de votre appartement. Les frais d'annonce et démarches sont dans ce cas à votre charge.
- L'Asloca, l'association suisse des locataires, défend les intérêts des locataires et leur apporte conseil en cas de litige.
- Si vous souhaitez vous installer en France, Allemagne, Autriche ou Italie en tant que frontalier, vous pourrez le faire n'importe où (dans et hors de la zone frontalière) si vous êtes ressortissant d'un des 15 pays « historiques » de l'Union européenne, Chypre, Malte et de l'AELE. Tous les autres ressortissants devront obligatoirement s'installer dans la zone frontalière pour pouvoir bénéficier du permis de frontalier.

Chapitre 9

Réussir son passage en douane et son installation

Le secret d'un passage réussi en douane et d'une bonne installation résident dans la préparation, l'information et l'organisation. Que vous le fassiez ou le fassiez faire, les informations qui suivent devraient vous être utiles pour votre déménagement.

1. Quelques conseils pour le déménagement

Les entreprises de déménagements à l'international sont préférables

Si vous décidez de passer par un professionnel du déménagement, et comme il s'agit d'un déménagement international avec passage en douane, les problèmes s'amplifient de façon conséquente. Le choix du déménageur est donc primordial.
Certaines entreprises sont spécialisées dans les déménagements internationaux, ce qui peut être un avantage car un certain nombre de formalités doivent être respectées et maîtrisées lors du passage en douane. Il est donc important que le transporteur connaisse ces formalités.

Certaines entreprises semblent par ailleurs être spécialisées dans les déménagements entre les pays de l'Union européenne et la Suisse, il peut être intéressant de faire appel à elles.
Les niveaux de services offerts par les sociétés sont différents : par exemple, certaines vous proposeront un transport en conteneurs scellés individuels, d'autres des groupages, et d'autres vous démonteront et remonteront les meubles, etc. Le prix de la prestation dépend de ces services.

Pratique

Nous vous recommandons vivement, pour chaque carton, de désigner et valoriser les objets de valeur à l'intérieur. Si la valeur des objets composant un carton n'est pas négligeable (par exemple un carton de CD / DVD, ou un carton de vaisselle), il faut impérativement que les cartons qui les contiennent soient identifiables, ce qui facilitera le remboursement en cas de perte notamment (la casse est moins problématique car moins sujette à litige).

Les postes de douanes doivent être prévenus avant

Bien qu'en fonction 24h/24, vous devrez tenir compte des horaires d'ouverture des douanes suisses et de celles des pays de l'Union européenne pour les formalités liées aux déménagements, si vous l'organisez vous-même et souhaitez passer la route.
Informez-vous donc avant votre départ, et prenez contact à l'avance avec les différents postes de douanes où vous passerez.
Prendre contact avec eux vous évitera ainsi de biens mauvaises surprises, et ce sera l'occasion pour vous de faire un bilan des pièces et documents à apporter.

2. Les modalités douanières dans votre pays d'origine

Les modalités douanières à effectuer dans votre pays d'origine dépendent de chaque pays, il nous est donc difficile d'en dresser une liste complète.

Nous vous proposons ci-dessous la liste des modalités à effectuer du côté des douanes française.

Si souhaitez vous installer en Suisse vous devrez présenter les documents suivants :

– l'inventaire détaillé des biens en double exemplaire, avec la valeur des biens. Cette liste doit également contenir votre (vos) véhicule(s) utilisé(s) dans le cadre personnel ;

– la carte grise pour le(s) véhicule(s) que vous souhaitez importer ;

– une pièce d'identité (passeport, carte d'identité) ;

– un document attestant le changement de domicile (bail en Suisse…) ;

Pratique

Vous avez un an à compter du jour de votre installation pour faire transiter vos biens d'un pays à l'autre. Pendant cette période, vous bénéficierez de l'exemption des taxes douanières.

Ce transit peut se faire en une ou plusieurs fois.

Où trouver des informations complémentaires ?

Pour toute question d'ordre général sur le déménagement à l'étranger, ou toute question concernant votre situation personnelle, consultez le site du service des douanes françaises « www.douane.gouv.fr. ».

3. Les modalités bancaires dans votre pays d'origine pour les futurs résidents

Dans certains pays, certains produits et services bancaires ne sont accessibles que pour les personnes qui y vivent. Avant votre départ, nous vous conseillons donc de prendre contact avec votre banque et de lui expliquer votre future situation : si des démarches particulières sont nécessaire, votre conseiller vous en informera.
Si vous venez de France, vous serez considéré par votre banque comme non résident fiscal. Pour cela, vous devrez justifier de votre nouvelle résidence, par votre bail à loyer par exemple.
Dès lors, vous n'aurez plus le droit de conserver certains produits bancaires tels que les Plans d'épargne en actions (PEA), les Livrets d'épargne populaires (LEP)… Lorsque vous informerez votre banque de votre projet, votre conseiller vous donnera toutes les informations nécessaires.

4. La déclaration de départ au fisc de votre pays d'origine

Dans la plupart des pays, vous devrez déclarer votre souhait d'expatriation en Suisse de sorte à régulariser votre situation sur le plan fiscal.
Nous vous proposons ci-dessous les démarches pour la France :

– pour quitter le territoire français et vous installer en tant que résident en Suisse, il n'y a plus de formalité particulière à accomplir, hormis celle de déclarer à votre centre des impôts votre nouvelle adresse à l'étranger. Si votre statut de non-résident fiscal est bien confirmé, alors vous recevrez vos avis d'imposition à votre nouvelle adresse, et devrez adresser dans l'année suivant votre départ votre déclaration incluant :

– les revenus perçus pendant l'année de votre départ (du 1er janvier jusqu'à votre départ), à inclure dans le formulaire 2042 ;

– les revenus perçus après votre départ, à inclure dans le formulaire 2042 NR.

Pour savoir si vous serez considéré comme non-résident fiscal français (et surtout en avoir confirmation), nous vous conseillons de prendre contact avec le centre des impôts des non-résidents.

En effet, il existe des subtilités selon la situation professionnelle de votre conjoint (ou votre partenaire pacsé), et il peut arriver que selon certaines situations, l'un soit considéré comme non-résident et pas l'autre.

Pratique

– Si, lors de votre retour en France, vous souhaitez avoir une déclaration d'impôts (pour, par exemple, obtenir une location ou autre), nous vous conseillons de remplir une déclaration « à vide » (même si vous n'avez pas de revenus de source française car elle sera faite lors de la période pendant laquelle vous serez à l'étranger, et n'aurez donc aucun revenu français à déclarer). Vous recevrez alors de la part du centre des impôts un avis d'imposition à zéro que vous pourrez remettre en cas de besoin.

– Si un prélèvement mensuel de vos impôts est effectué directement à partir de votre compte bancaire français, soyez attentif aux prélèvements qui vont continuer à être faits, et faites le point avec votre centre des impôts pour savoir jusqu'à quand vous serez prélevés. Si possible, nous vous conseillons de stopper ce prélèvement mensuel et d'effectuer des paiements à votre propre initiative. En effet, lors d'un tel changement de situation (expatriation), il n'est pas rare que des erreurs surviennent.

Où trouver des informations complémentaires

En France, toutes les questions relatives aux non-résidents sont assurées par le Centre des Impôts des non-résidents :

10, rue du Centre

93465 Noisy le Grand Cedex

tél. +33 1 57 33 83 00

email : cinr.paris@dgi.finances.gouv.fr

Le Centre des Impôts dont vous dépendez géographiquement ne connaît pas forcément les problématiques spécifiques liées à l'expatriation. Il arrive ainsi que dans ces centres, les personnes ne connaissent pas la réponse à votre problématique. Pour gagner du temps, passez d'abord par le cente des Impôts des non résidents, et informez ensuite auprès de votre centre d'impôt local.

Vous trouverez la plupart des informations fiscales sur le site web www.impots.gouv.fr dans la rubrique « particuliers ». Vous y trouverez notamment le formulaire 2042 NR pour les résidents qui doivent déclarer des revenus de France.

5. Les modalités douanières côté Suisse

Les modalités pour les futurs résidents

Pour votre déménagement privé, vous serez dans la plupart des cas exonéré des diverses redevances et taxes douanières si les biens que vous importez sont :

– des objets à usage personnel achetés depuis plus de 6 mois ;

– des objets servant à l'exercice de votre profession.

Pour votre passage en douane côté Suisse, vous devrez présenter les documents suivants :

– l'inventaire détaillé des biens en double exemplaire, précisant la valeur des biens. Cette liste doit également contenir votre(vos) véhicule(s) utilisé(s) dans le cadre personnel. Si les biens de cette liste ont été achetés depuis moins de 6 mois, vous devrez notamment vous acquitter de la TVA suisse. Pour éviter les comptes d'apothicaire, nous vous conseillons de ne déclarer que les objets dont la valeur est significative (véhicule, gros électro-ménager, etc.) ;

– le titre de séjour ou autorisation de séjour suisse délivré par le canton (sauf pour les ressortissants 15 pays « historiques » de l'Union européenne, Chypre, Malte et de l'AELE (voir liste complète des pays, page 29) ;

– une preuve de location (bail à loyer par exemple) ou d'achat ;

– le permis de circulation (ou carte grise) pour le(s) véhicule(s) que vous souhaitez importer ;

– le formulaire 18.44 « Déclaration/Demande d'admission en franchise de déménagement » rempli. Ce document est téléchargeable sur le site des douanes suisses www.douane.admin.ch rubrique « informations pour les particuliers », puis « déménagement, mariage et succession ».

Les modalités pour les frontaliers « semainiers »

Certains ressortissants ont la possibilité de s'installer en semaine en Suisse, avec obligation de rentrer en France au moins une fois par semaine (pour plus d'informations, consultez le chapitre 5 « Les différents permis de travail : analyses » p. 127).

Vous serez dans la plupart des cas exonéré des diverses redevances et taxes douanières si :

– les biens que vous importez sont des objets à usage personnel achetés depuis plus de 6 mois ;

– le passage en douane a lieu à une date proche de celle de la conclusion du bail.

Vous devrez alors présenter les documents suivants :

– une preuve de location (bail à loyer par exemple) ou d'achat ;

– une copie de votre contrat de travail ;

– une copie de votre permis G ;

– une attestation de domicile de résidence principale dans votre pays d'origine ;

– l'inventaire détaillé des biens en double exemplaire, précisant la valeur des biens ;

– le formulaire 18.44 « Déclaration/Demande d'admission en franchise de déménagement » rempli.

Où trouver des informations complémentaires ?

Pour les cas particuliers, nous vous invitons à consulter le site www.douane.admin.ch où vous trouverez toutes les informations et coordonnées nécessaires pour aller plus loin.

L'importation des animaux de compagnie et des plantes est soumise à conditions

Vous pouvez emmener avec vous votre chien ou votre chat, à condition qu'il soit muni d'un certificat vétérinaire attestant qu'il a été vacciné contre la rage au moins 30 jours avant le passage en douane (et au plus tard un an). Les cobayes, hamsters, rats, souris, canaris, lapins[1] et poissons d'aquarium n'ont pas besoin de visite vétérinaire.

1. À condition de ne pas en avoir plus de trois.

Vous devrez dans tous les cas vous acquitter de la TVA de 7,6 %, nous vous recommandons donc de vous munir des factures au moment du passage en douane.
Presque toutes les plantes peuvent être importées en Suisse sans formalités particulières. Seuls un ou deux types de plantes doivent être contrôlés par les services de douanes.

Où trouver des informations complémentaires ?

Pour plus d'informations concernant l'importation de votre animal de compagnie, consultez le site Internet de l'office fédéral vétérinaire www.bvet.admin.ch.
Si vous souhaitez en savoir davantage sur l'importation des plantes, consultez le site de l'Office fédéral de l'agriculture « www.blw.admin.ch. ».

7. Les principales modalités administratives à effectuer en Suisse

L'inscription au registre des Français de l'étranger au consulat de France

Cette inscription n'est pas obligatoire mais elle est très utile, voire indispensable si, par exemple, vous souhaitez acquérir de nouveaux papiers d'identité pendant votre séjour en Suisse, ou bien pour voter en France.
Pour vous inscrire, vous pouvez vous y rendre directement, ou bien effectuer la correspondance soit par courrier, soit par fax ou par internet avec un formulaire adéquat.
Les pièces à fournir sont les suivantes :

- pièce d'identité (carte nationale, passeport…) ;
- copie intégrale d'acte de naissance de moins de 6 mois ;
- votre permis de séjour B, L ou C.

Pratique : les missions d'un Consulat

Le consulat offre aux Français qui vivent hors de France des services comparables à ceux d'une mairie ou d'une préfecture et leur fournit assistance et protection.

La chancellerie consulaire instruit les demandes de cartes nationales d'identité sécurisées (CNIS) et de passeports. Elle légalise les signatures et certifie conforme les photocopies.

Le service d'état civil transcrit dans les registres français les actes (suisses) de naissance, de mariage, de reconnaissance et de décès. Il traite également les dossiers de nationalité française.

Dans le domaine social, le consulat assure le paiement des pensions et exerce un rôle de conseil et de soutien, notamment par le truchement du Comité Consulaire pour la Protection et l'Action Sociale. Il instruit les dossiers de bourses scolaires. Si des Français sont détenus, le consul ou l'un de ses collaborateurs leur rend visite.

Un agent du consulat suit les obligations du service national. En matière électorale, le consulat gère la liste électorale consulaire et reçoit les procurations de vote. Dans sa circonscription, il organise les scrutins présidentiels et les referendum ainsi que l'élection des Conseillers à l'Assemblée des Français de l'Etranger (AFE). Six conseillers représentent les Français de Suisse et du Liechtenstein à l'AFE.

Pour pouvoir bénéficier de ces services dans les meilleures conditions, un Français qui s'installe en Suisse a tout intérêt, dès son arrivée, à demander au consulat dont il dépend son inscription au Registre des Français établis hors de France.

Où trouver des informations complémentaires ?

Il y a deux consulats français en Suisse. Celui de Genève est compétent pour les cantons de Genève, Vaud, Valais, Jura, Neuchâtel et Fribourg. Celui de Zurich pour les 20 autres cantons.

Consulat général de France à Genève

2, Cours des Bastions - 1205 GENEVE

Téléphone : +41 (0) 22 319 00 00 Télécopie : +41 (0) 319 00 72

www.consulfrance-geneve.org courriel : info@consulfrance-geneve.org

Consulat général de France à Zurich

1, Signaustrasse - 8008 ZURICH

Téléphone : +41 (0) 44 268 85 17 Télécopie : +41 (0) 44 268 85 00

www.consulatfrance-zurich.org courriel : consulatfrance-zurich@swissonline.ch

La déclaration d'arrivée à la Commune : une étape obligatoire

En Suisse le contrôle de la population et de l'immigration sont très stricts. Si vous vous installez pour la première fois en Suisse, que vous soyez résident (longue ou courte durée) ou frontalier désireux de dormir en semaine en Suisse, vous avez au plus 8 jours pour vous déclarer au contrôle des habitants (service de l'administration qui s'occupe de l'immigration), et cette déclaration doit intervenir dans tous les cas avant votre premier jour de travail.
Par la suite, à chaque changement de domicile, vous aurez obligation de faire une déclaration à la commune, dans un délai de 3 mois.
Sachez enfin que votre propriétaire (ou la gérance immobilière) devra déclarer à la police locale tout étranger titulaire d'une autorisation de séjour ou d'établissement. Il vous demandera d'ailleurs de remplir à cet égard un document.

L'échange du permis de conduire : une obligation pour les résidents

Les formalités liées à l'échange du permis de conduire seront plus ou moins faciles selon le pays qui vous a délivré le permis. vous pourrez soit l'échanger simplement en constituant un dossier, soit vous devrez repasser tout ou une partie des cours en Suisse pour son obtention.

A• Si vous êtes ressortissant de l'Union européenne, de l'AELE ou de l'un des pays suivants (Canada, Monaco, USA, Croatie), vous devrez simplement échanger votre permis

Cet échange devra être fait dans l'année qui suit votre installation en Suisse.
Pour cela, vous devez vous rendre au service des automobiles et de la navigation de votre canton.
Pour le changer, vous devrez dans la plupart des cas constituer le dossier suivant :

– demande d'échange de permis de conduire complétée (téléchargeable sur la plupart des sites des services des automobiles des cantons) ;

– une pièce d'identité valable (carte d'identité, passeport, certains cantons acceptent aussi le permis de séjour) ;

– votre permis de conduire d'origine (selon son pays de provenance, une traduction officielle peut être demandée) ;

– une autorisation de séjour ou d'établissement indiquant impérativement votre date d'arrivée en Suisse ;

– une attestation d'un opticien (examen de la vue) passé en Suisse.

Le permis de conduire suisse qui vous sera délivré est au format carte de crédit. Le permis de conduire suisse ne comporte pas d'adresse, ce qui est pratique en cas de changement de domicile en Suisse. Selon votre pays d'origine, le permis sera échangé puis l'administration cantonale se chargera de le retourner aux autorités du pays d'origine, soit il vous sera restitué avec la mention « non valable en Suisse ».

Votre permis d'origine vous sera restitué dès lors que vous souhaiterez partir de la Suisse, et vous procéderez alors à l'échange ou à la manipulation inverse.

B• Si vous êtes ressortissant d'un autre pays, vous devrez repasser tout ou une partie des cours

Dans ce cas, vous devrez suivre trois types de cours pour l'obtention du permis de conduire :

– des cours de secourisme (appelés cours de samaritins) destinés à vous donner la formation de base en cas d'accident pour secourir les blessés ;

– des cours de théorie sur la circulation routière ;

– des cours de pratique pour la conduite du véhicule, prodigués par les auto-écoles, et qui seront sanctionnés dans le cadre d'une course de contrôle (examen).

Pratique

Les risques en cas de non-échange du permis de conduire

En cas de contrôle, l'amende s'élève à plusieurs centaines de francs suisses. Il peut également vous être demandé de repasser le permis de conduire en Suisse.

Que faire si vous avez dépassé le délai mais que vous n'avez pas été contrôlé ?

Autant jouer la carte de l'honnêteté avec les autorités et leur annoncer que vous n'avez pas échangé votre permis dans les délais. Vous pourrez toujours vous défendre en disant que vous n'étiez pas au courant et que vous n'avez jamais été contrôlé par la police, mais que vous souhaitez à présent régulariser la situation.

La plupart du temps, le service de la navigation sera conciliant et vous demandera, lors de l'échange, de venir par exemple avec le permis de circulation du véhicule (carte grise) ce qui permettra de justifier que vous conduisez en Suisse depuis votre arrivée avec ce véhicule, et de procéder à l'échange, en général sans amende.

Où trouver des informations complémentaires ?

Vous trouverez sur le site « www.asa.ch » les coordonnées des services des automobiles de chaque canton.

Les formalités pratiques : poste, électricité, eau...

En arrivant sur la commune, vous devrez vous signaler auprès des services industriels. Ce sont des entreprises de droit public, gérées par les cantons, qui fournissent les habitants en eau, électricité, gaz et qui leur donnent accès au câble (appelé « téléréseau »).

Chaque canton possède son service industriel, prestataire incontournable pour votre installation.

Pour le courrier, vous n'avez pas de démarche particulière à effectuer à votre première arrivée.

Où trouver des informations complémentaires ?

Consultez le site web de votre commune d'habitation, il vous fournira toutes les coordonnées du service industriel, que vous pourrez contacter pour mettre en ordre tous les aspects de votre arrivée.

Pour consulter le site de la plupart des communes, tapez le nom de la commune, précédé des trois w et suivi du « .ch » ou consultez le site « www.communal.ch. ».

Les points essentiels à retenir

- Si vous souhaitez confier votre déménagement à un profes sionnel, il est préférable que celui-ci soit spécialisé dans les déménagement internationaux.
- Si vous organisez vous-même votre déménagement et souhaitez passer par la route, prenez à l'avance contact avec les différents postes de douane, en Suisse et en France, et pensez à constituer les dossiers nécessaires pour chacun d'eux.
- Pensez à prévenir votre banquier dans votre pays d'origine si vous vous installez en Suisse en tant que résident : vous ne pourrez pas conserver certains produits bancaires.
- Faites également le nécessaire auprès des services fiscaux de votre pays d'origine.
- Une fois sur place, vous devrez impérativement déclarer dans les 7 jours votre arrivée à l'administration de votre commune de résidence. Ceci est également vrai pour les frontaliers qui souhaitent avoir un pied-à-terre en Suisse pour la semaine.
- Certains ressortissants peuvent avoir intérêt de s'inscrire au Consulat suisse de leur pays d'origine, notamment pour des futures démarches administratives (vote, nouveaux papiers...) : c'est le cas par exemple des Français.
- Vous aurez un an pour échanger votre permis de conduire contre un permis de conduire suisse. Cette démarche s'effectue dans le centre des automobiles et de la navigation de votre canton.

Chapitre
10

Choisir son assurance maladie

C'est votre statut (résident, frontalier ou travailleur détaché) qui déterminera votre affiliation au système d'assurance-maladie suisse ou du pays de l'Union européenne où vous résidez :

– en tant que ***résident***, vous n'aurez, sauf rares exceptions, pas le choix et devrez vous assurer sous le régime d'assurance maladie suisse ;

– en tant que ***frontalier***, vous avez le choix de prendre l'un ou l'autre ;

– en tant que ***travailleur détaché***, vous serez maintenu sur le régime d'assurance de votre pays de provenance.

Pour ces trois cas, vous trouverez ici toutes les informations pour choisir l'assurance maladie qui convient à votre situation.

1. L'assurance maladie pour les résidents

Un système de santé suisse qui doit assurer des prestations médicales coûteuses

À votre arrivée, vous constaterez rapidement le coût particulièrement élevé des prestations médicales.

L'assurance maladie suisse est composée d'une assurance de base obligatoire (LAMal) que toute personne résidant en Suisse doit souscrire, sauf très rares exceptions. En terme de couverture, elle vous permet de couvrir les traitements ambulatoires hospitaliers en cas de maladie et maternité[1], et reste intégralement à votre charge, contrairement à certains pays européens comme la France où l'employeur prend en charge une partie des frais dans le cadre du régime général. Les modalités (niveau de franchise et type de couverture) sont fixées par la loi fédérale sur l'assurance maladie (LAMal).

L'assurance maladie obligatoire est gérée par des caisses maladies privées (environ 90), et sur lesquelles l'État opère un contrôle. Chaque année, les caisses maladies privées remettent à l'État les nouveaux montants de primes, qui les avalise.

L'assurance de base obligatoire (LAMal) est personnelle, une famille de quatre personnes devra donc souscrire quatre contrats d'assurance maladie distincts. Les assurances familiales qui couvrent forfaitairement tous les membres de la famille n'existent pas.

Selon vos besoins et votre état de santé, vous pourrez souscrire une assurance maladie complémentaire.

Les assurances maladie complémentaires dépendent pour leur part du droit privé, leurs modalités, primes et couvertures restant à l'initiative des différentes compagnies.

1. La liste des prestations est définie avec précision par la loi fédérale sur l'assurance maladie (LAMal).

Une assurance de base obligatoire (LAMal) réglementée

A• Une obligation pour les résidents

En tant qu'étranger résident détenteur d'un permis de travail de plus de 3 mois[2], vous avez obligation de souscrire l'assurance de base obligatoire (LAMal). Les frontaliers ont pour leur part le choix (voir *infra*, « Des frontaliers qui peuvent s'assurer en Suisse ou en France », p. 222).

Quelques (très rares) exceptions ne sont pas soumises à l'assurance obligatoire (LAMal) :

– les fonctionnaires internationaux, les diplomates ainsi que les membres de leur famille ;

– les étudiants, écoliers, stagiaires, ou toute personne qui réside en Suisse dans le cadre d'une formation ;

– les enseignants et chercheurs qui résident en Suisse dans le cadre d'un enseignement ou d'une participation à un programme de recherche ;

– les personnes dont l'adhésion à une assurance maladie suisse entraînerait une dégradation significative de la protection ou de la couverture des frais et qui, compte tenu de leur état de santé, ne seraient pas en mesure de souscrire une assurance complémentaire ayant la même étendue ;

– les personnes qui sont obligatoirement assurées en vertu d'un droit étranger.

Enfin, une caisse maladie ne peut pas vous refuser de vous assurer pour l'assurance obligatoire (LAMal).

Pratique

Sur place, vous constaterez rapidement que les dépenses de santé et les coûts de l'assurance maladie sont très élevés.

2. Si vous êtes au bénéfice d'un permis de moins de 3 mois, il faut que l'assurance de votre pays d'origine couvre les soins que vous pourriez avoir en Suisse. Si ce n'est pas le cas, vous devrez toutefois souscrire l'assurance de base obligatoire suisse.

Il est très difficile de se soustraire à l'obligation légale de s'assurer. Votre seule vraie chance (sans être pour autant certaine) d'être dispensé de l'assurance maladie obligatoire (LAMal) est la suivante :

Si vous pouvez prouver que vous aviez souscrit une assurance maladie internationale (par exemple, pour les Français, une assurance de type CFE + complémentaire) qui possède une couverture équivalente ou meilleure que les assurances locales avant de venir en Suisse, et que votre état de santé le justifie.

Dans ces cas de figure, vous devrez de toute façon avoir souscrit cette assurance maladie étrangère avat le 1er jour de votre arrivée dans le pays.

Vous avez 3 mois pour vous assurer. D'après la loi, votre assureur a l'obligation de prendre en charge les éventuels frais que vous auriez eu pendant ces 3 mois. Au-delà, vous courrez le risque de ne pas être remboursé ou de l'être partiellement : respectez donc les délais pour vous éviter des ennuis.

Enfin, si vous ne vous affiliez pas de vous-même, vous le serez de force par l'organe cantonal de contrôle de l'assurance maladie, ce qui n'est pas souhaitable dans la mesure où vous ne le serez pas forcément auprès de la caisse maladie la moins coûteuse.

B• Une couverture des soins limitée et fixée par la loi

L'assurance de base obligatoire (LAMal) couvre :

– les traitements et soins effectués par le médecin et les médicaments prescrits ;

– les analyses effectuées par le médecin ou dans un laboratoire d'analyse spécialisé ;

– les frais de traitement et séjours en division commune dans un hôpital de votre canton de résidence ;

– les frais de maternité[3] ;

– d'autres prestations, sous certaines conditions (vaccins, soins à domicile, frais de cure precrits par un médecin, etc[4].

Les traitements dentaires ne sont pas pris en compte, sauf pour certains cas particuliers (problèmes lourds de la mastication…). Les soins d'optique sont pris en charge de façon très limitée.

---

3. Ils incluent sept examens de contrôle, 2 échographies, une prise en charge des frais de préparation à l'accouchement, l'accouchement, et un examen de contrôle après l'accouchement.

4. Il s'agit des soins et traitements effectués par des infirmiers, physiothérapeutes, orthophonistes, logopédistes, ergothérapeutes et diététiciens, sur prescription médicale du médecin.

Cette couverture est la même, quelle que soit la caisse maladie auprès de laquelle vous souscrivez l'assurance de base obligatoire.

Où trouver des informations complémentaires ?

Vous pouvez consulter la liste des 2 500 médicaments remboursés par l'assurance maladie obligatoire sur le site de l'Office fédéral de la santé publique : « www.bag.admin.ch », Rubrique « Assurance maladie », puis « bases légales et exécution ».

C• Couverture géographique des soins : limitée à votre canton de domicile

D'un point de vue géographique, l'assurance obligatoire (LAMal) ne couvre que les traitements effectués dans le canton de votre domicile. Cependant, dans des cas de force majeure (urgence par exemple…), les prestations sont tout de même couvertes dans d'autres cantons.

Si lors d'un déplacement dans un pays de l'Union européenne (ou de l'AELE) vous avez des dépenses de santé liées à une situation d'urgence, vous serez en partie remboursé.

Concernant l'avancement des frais, il existe une procédure propre à chaque pays : soit le montant est avancé par vous, et remboursé ensuite par votre caisse d'assurance maladie, soit il est réglé par une institution d'entraide du pays.

Si un traitement d'urgence intervient dans un pays qui ne fait pas partie de l'Union européenne ou de l'AELE, l'assurance maladie obligatoire prendra en charge également une partie des frais.

Pratique

Dans tous les cas, nous vous conseillons de demander à votre assureur une carte européenne d'assurance maladie. C'est cette carte que vous présenterez en cas d'hospitalisation ou de traitement d'urgence dans un pays de l'Union européenne ou de l'AELE. Cette démarche, gratuite, est indispensable.

D• Une assurance qui fait contribuer financièrement l'assuré aux dépenses

L'assurance obligatoire se caractérise par une franchise annuelle, un montant de prime d'assurance et une participation aux frais médicaux :

– ***la franchise annuelle :*** c'est le montant que vous décidez de prendre à votre charge pour vos dépenses de santé dans l'année à venir.

Son montant dépend du type de contrat que vous avez souscrit avec votre caisse d'assurance maladie. Plus la franchise, est importante, plus la prime d'assurance est faible.

Si vous avez plusieurs enfants et que ceux-ci sont assurés auprès de la même caisse-maladie, la franchise annuelle maximum que vous aurez à payer est de 700 francs suisses pour tous les enfants. Pour les adultes, les montants de franchises possibles sont : 500, 1 000, 1 500, 2 000 et 2 500 francs suisses[5] ;

– ***le montant de la prime d'assurance*** varie selon la formule choisie. Il dépend du montant de la franchise, de votre âge (moins de 18 ans, entre 18 et 25 ans, plus de 25 ans), et de votre commune d'habitation. Il ne dépend en revanche pas de votre état de santé ;

– par ailleurs vous devrez vous acquitter d'une ***quote-part*** (participation supplémentaire de l'assuré) de l'ordre de 10 % des frais remboursés par la compagnie dans l'année (elle s'applique donc au différentiel entre les frais réels engagés et la franchise). Cette quote-part s'applique pour les frais relatifs aux consultations médicales, aux prescriptions de médicaments ou aux frais d'hospitalisation. Les frais de maternité ne sont pas concernés par cette participation[6]. La quote-part maximale que peut prendre en charge un adulte est de 700 francs suisses annuels et de 350 francs suisses pour un enfant.

Pratique : une aide financière pour les plus démunis

Si malheureusement vous deviez vous trouver dans une situation financière difficile, Le canton peut, dans certains cas et sous conditions de ressources,

5. Les montants des franchises et le montant de participation aux frais sont fixés par le Conseil fédéral : ils sont donc identiques pour toutes les compagnies d'assurances.
6. La LAMal inclut les prestations suivantes : cours de préparation à la naissance, examens de contrôles, accouchement, et conseils pour l'allaitement. En revanche, dans le cas de complications (césarienne par exemple), la franchise et la quote-part sont appliqués.

verser une aide aux familles (les subsides) pour alléger le coût de l'assurance maladie obligatoire.

La prise en charge peut être quasi intégrale, mais plus souvent elle représente un pourcentage de la prime.

Cette aide dépend des revenus de la famille et de la situation familiale, et en général, c'est votre caisse de pension qui vous informera si vous avez droit à cette aide.

E• Des primes qui dépendent de l'âge, du canton et de la zone d'habitation

Contrairement à ce qui est pratiqué dans de nombreux pays, le montant de la prime de l'assurance maladie obligatoire ne dépend pas du revenu des assurés ou de leur état de santé, mais de trois facteurs :

– votre âge : on distingue 3 tranches : moins de 18 ans, entre 18 et 25 ans, plus de 25 ans ;

– votre canton ;

– la zone d'habitation de votre canton : les cantons sont divisés en 2 ou 3 zones par l'Office fédéral de la santé publique. Chaque commune appartient ainsi à une zone bien définie.

Les caisses maladie proposent pour leur part des tarifs qui tiennent compte de ces 3 critères, mais chaque établissement possède ses propres tarifs : comme les prestations sont toutes les mêmes (niveau de franchise et couvertures), vous **avez donc intérêt à choisir la caisse maladie qui propose l'assurance de base la moins coûteuse**.

Pratique : Quelques exemples de primes pour l'assurance de base

Les données ci-dessous sont indicatives, basées sur les tarifs 2008 pour des personnes habitant la ville de Genève et seront probablement amenées à augmenter dans les années à venir, compte tenu des tendances de la politique fédérale en matière d'assurance maladie. Elles indiquent les meilleures et moins bonnes offres (en terme de montant de la prime) des compagnies d'assurances.

Montant des primes (meilleure et moins bonne offre) pour un adulte habitant la ville de Genève (données 2008) :

Âge	Franchise mensuelle (en francs suisses)					
	2 500	2 000	1 500	1 000	500	300
Plus de 25 ans	de 193 à 337	de 218 à 367	de 244 à 437	de 271 à 468	de 298 à 499	de 308 à 511
Entre 18 et 25 ans	de 155 à 297	de 166 à 328	de 184 à 359	de 209 à 390	de 234 à 421	de 244 à 433

Montant des primes (meilleure et moins bonne offre) pour un enfant habitant la ville de Genève (données 2008) :

Âge	Franchise mensuelle (en francs suisses)						
	600	500	400	300	200	100	0
Moins de 18 ans	de 45 à 109	de 45 à 96	de 48 à 103	de 52 à 124	de 57 à 124	de 62 à 106	de 67 à 143

Pratique : Comment réduire le coût de son assurance obligatoire ?

Adaptez le montant de votre franchise à votre état de santé

La première chose est de bien choisir le montant de votre franchise. En effet, plus la franchise est faible, plus le montant de la prime d'assurance est élevé.

Si vous êtes habituellement en bonne santé, il n'est peut-être pas forcément intéressant pour vous de choisir une franchise faible qui risque d'augmenter de façon significative le montant de votre prime. Si vous faites le choix d'une franchise élevée, vous devrez en outre être financièrement en mesure de payer la franchise en cas de coup dur.

Ne souscrivez pas d'assurance accident avec votre caisse maladie

Sauf si vous êtes indépendant, vous n'aurez pas besoin de souscrire une assurance accident, car vous êtes assuré par votre employeur si vous y travaillez un minimum de 8 heures hebdomadaires. Les caisses maladies le proposent systématiquement, ne prenez pas cette option !

Choisissez un modèle d'assurance

Certaines caisses maladie proposent des modèles d'assurance qui, par exemple, vous obligent à aller voir le même médecin généraliste (médecin de famille) ou encore à aller consulter des médecins dans une liste proposée par la caisse maladie (HMO[7]).

Ces modèles ne sont pas forcément proposés par toutes les caisses et réduisent en principe le montant de la prime d'assurance.

7. HMO : *Health Maintenance Organisation.*

***Vous pouvez enfin prendre une assurance avec bonus :** la prime de départ est majorée de 10 % par rapport à la prime ordinaire pour les personnes qui n'ont pas demandé de remboursement à leur caisse d'assurance maladie pendant un an. Après un an, le rabais accordé est de 15 %, puis 25 % l'année suivante et ainsi de suite jusqu'à 45 %. À chaque fois que vous tombez malade, vous remontez d'un pourcentage. Cette option est évidemment destinée aux personnes en très bonne santé.*

Où trouver des informations complémentaires ?

Si vous souhaitez davantage d'informations concernant l'assurance de base obligatoire LAMal, consultez le site du Guide Social Romand « www.guidesocial.ch » ou le site de l'Office fédéral de la Santé publique (OFSP « www.bag.admin.ch » : vous trouverez sur ce dernier un excellent guide « L'assurance maladie obligatoire en bref : Vos questions, nos réponses ».

F• Les formules de remboursement des prestations : tiers payeur et tiers garant

Il existe deux formules de remboursement pour les prestations liées à la santé. Ces formules dépendent avant tout du contrat passé entre votre compagnie d'assurance maladie et les prestataires de santé (médecins, pharmacies…) :

– ***tiers garant :*** vous avancez l'argent des soins et la compagnie d'assurance vous rembourse ensuite ;

– ***tiers payeur :*** la compagnie d'assurance avance l'argent des soins et vous facture ensuite.

Pratique

La formule de remboursement tiers garant

Lorsque vous irez chez un médecin pour la première fois, celui-ci vous demandera de remplir une fiche d'information comportant notamment la mention de votre caisse d'assurance maladie.

Après la consultation, la plupart du temps vous ne payerez qu'à réception de la facture qui sera envoyée à la maison (certains médecins vous feront néanmoins payer directement sur place).

La caisse d'assurance maladie vous aura dans la plupart des cas fourni des étiquettes autocollantes comportant vos références d'assurance et votre nom que vous devrez coller sur la facture, que vous enverrez ensuite à cette dernière.

Si vous n'avez plus de franchise à payer, la caisse d'assurance maladie vous remboursera, soit sous forme de chèque postal que vous devrez encaisser à la Poste (déconseillé car payant et peu pratique), soit sous forme de virement directement sur votre compte bancaire.

Entre le moment où vous aurez posté votre facture et le remboursement, il peut s'écouler entre 2 à 4 semaines.

Dans l'intervalle, vous pouvez soit payer le médecin par anticipation, soit attendre que l'assurance vous rembourse, cela dépendra de la rapidité de remboursement de votre compagnie d'assurance et du délai que votre médecin vous demande pour régler la facture.

Lors du remboursement, vous recevrez de la part de la caisse d'assurance un décompte indiquant l'état de votre franchise, ainsi que le montant à votre charge et à la charge de la compagnie d'assurance (la participation aux frais sera indiquée).

Attention, dans tous les cas vous devez impérativement envoyer les factures à votre caisse d'assurance maladie, même si le montant de la facture ne dépasse pas votre franchise, pour que justement le décompte tienne compte de votre franchise (sauf indications spécifiques de certaines caisse d'assurance maladie qui vous demanderont de tout garder et de ne transmettre les documents que lorsque vous aurez dépassé la franchise, dans un souci d'économies de frais de gestion).

Cette formule de remboursement concerne la plupart des soins ambulatoires (médecins, physiothérapeute,...)

La formule de remboursement tiers payant

Cette formule est appliquée dans le cas de soins dispensés dans les hôpitaux par exemple. Dans ce cas, l'hôpital envoie la facture directement à votre caisse d'assurance maladie qui se chargera ensuite de vous facturer.

Le remboursement des médicaments

À la pharmacie, les deux formules de remboursement sont possibles. La plupart des caisses d'assurance acceptent le tiers payant dans le cadre de paiements en pharmacie. Vous pourrez en effet faire payer directement vos médicaments par votre caisse d'assurance maladie en présentant simplement votre carte d'assurance.

Vous pouvez également opter pour la formule de remboursement « tiers garant » et avancer l'argent pour vous faire rembourser ensuite.

Les pharmacies vous factureront la plupart du temps des frais de dossier qui s'élèveront à quelques francs suisses. La chaîne suisse de pharmacie « Sun Store », est pour sa part la seule à ne pas percevoir ces frais et à proposer une remise sur vos achats si vous optez pour la formule de remboursement « tiers garant ».

Quelques exemples de remboursements

Franchise	1 000	2 500	1 000	1 000
Frais réels engendrés	1 000 (médecin) 500 (médicaments)	1 000 (médecin) 500 (médicaments)	1 000 (médecin) 500 (médicaments) 8 000 (frais maternité)	1 000 (médecin) 500 (médicaments) 10 000 (frais d'hospitalisation)
Quote part	10 % × (1 500 – 1000) = 50	0 (car franchise supérieure aux dépenses donc pas de participation de la compagnie d'assurance)	10 % × (1 500 – 1000) = 50 (car les frais de maternité ne sont pas inclus	700 (car 10 % × (11 500 –1 000) = 1 050 est supérieur à la quote-part maximum possible de 700 francs suisses)
Total à la charge de l'assuré (participation aux frais)	1 000 (franchise) + 50 = 1 050	1 500	1 000 (franchise) + 50 = 1 050	1 000 + 700 = 1 700
Total remboursé par l'assurance	1 500 – 1 050 = 450	0 (car franchise supérieure aux dépenses)	9 500 – 1 050 = 7 950	11 500 – 1 700 = 9 800

Tous les chiffres sont en francs suisses

La nouvelle carte d'assuré Suisse

En 2009, l'Office fédéral de la santé publique (OFSP) introduira pour tous les assurés au régime suisse une carte d'assurée qui permettra de simplifier le processus de facturation entre les assureurs et les professionnels de santé. Cette carte incluera notamment des informations personnelles et médicales, et fera office la plupart du temps de carte européenne d'assurance-maladie.

G• Une résiliation qui dépend de l'assurance choisie

Dans la plupart des cas, les assurances maladies sont valables pour l'année civile.

Si votre franchise est de plus de 300 francs suisses, ou si vous contrat inclut un modèle d'assurance (HMO,…), vous ne pourrez annuler votre assurance qu'à une seule date anniversaire, le 31 décembre de l'année en cours. Votre compagnie d'assurance devra recevoir de votre part une lettre en recommandée au plus tard le 30 novembre de la même année[8]. Dans les autres cas (si votre franchise est de 300 francs suisses), vous avez deux possibilités pour résilier votre assurance maladie : le 30 juin ou le 31 décembre. Votre assureur devra recevoir dans les deux cas votre lettre, soit le 31 mars, soit le 30 novembre.

Pratique

Si vous déménagez d'un canton à un autre, vous ne pourrez résilier votre contrat qu'à la seule condition que votre compagnie d'assurance ne soit pas présente dans le nouveau canton. Dans le cas contraire, vous devrez attendre les délais légaux de résiliation.

En cas de départ définitif de Suisse, la résiliation est immédiate si vous fournissez à la compagnie d'assurance l'attestation de départ fournie par le service de la population de votre commune (voir chapitre 16, « Quitter la Suisse : check-list » p. 421).

Si des factures de soins vous parviennent après votre départ, la compagnie d'assurance à l'obligation de les prendre en charge.

Où trouver des informations complémentaires ?

Vous pouvez consulter le site de l'Office fédéral de la santé publique (OFSP) « www.bag.admin.ch ») sur lequel vous trouverez des informations pratiques : Rubrique « Thèmes », puis « Primes » puis « Primes conseils ».

Sur le site « www.expatwire.ch », vous trouverez des informations pédagogiques et pratiques sur l'assurance maladie obligatoire, ainsi que des comparateurs permettant de choisir l'assurance la moins chère : ce site a été spécialement conçu pour les travailleurs étrangers, et possède une bonne approche pédagogique.

Le site « www.comparis.ch » propose également des informations intéressantes, mais il s'adresse principalement aux personnes qui sont déjà «sur place» depuis plusieurs années et qui ont donc une bonne compréhension du sujet.

8. En Suisse, c'est la date de réception de la lettre en recommandé qui fait référence, pas la date d'envoi.

Des assurances complémentaires coûteuses relevant du droit privé

A• Des assurances qui viennent compléter les couvertures de l'assurance obligatoire

L'assurance obligatoire n'ayant qu'une couverture limitée, vous pourrez, selon votre état de santé, souscrire une assurance complémentaire, couvrant par exemple une partie des soins dentaires, des soins d'optique, etc.

Contrairement à l'assurance maladie obligatoire, les assurances complémentaires dépendent du droit privé.

Toutes les compagnies d'assurances maladie qui proposent l'assurance obligatoire proposent aussi des assurances complémentaires.

On distingue deux catégories d'assurances complémentaires :

– **les assurances complémentaires ambulatoires**, qui peuvent couvrir les médicaments non remboursés par l'assurance obligatoire, la médecine alternative, les séances chez le psychologue, l'optique, le dentaire, certaines vaccinations, les soins à domicile ;

– **les assurances hospitalières**, qui couvrent en général les frais relatifs aux interventions faites dans les hôpitaux. Plusieurs formules existent, mais les plus fréquentes sont les suivantes :

• la division privée dans toute la Suisse : cette formule vous permettra de choisir votre médecin n'importe où en Suisse et de bénéficier d'une chambre individuelle ;

• la division semi-privée dans toute la Suisse : cette formule vous permettra de choisir votre médecin n'importe où en Suisse et de bénéficier d'une chambre à deux personnes uniquement ;

• la division commune dans toute la Suisse : avec cette formule, vous pourrez vous faire soigner dans n'importe quel hôpital, y compris ceux qui ne se trouvent pas dans votre canton de résidence. Vous bénéficierez alors dans ce cas d'une chambre dans la division commune (avec d'autres patients).

B• Couverture géographique des soins : pas de prise en charge pour l'étranger

La plupart des assurances maladie complémentaires ne prennent pas en charge les frais de traitements à l'étranger, y compris dans le cadre de situations d'urgence, et même si l'assurance obligatoire les prend en charge : soyez donc extrêmement vigilant. N'hésitez pas à demander des précisions à votre caisse maladie complémentaire sur le sujet.

C• Une prime calculée selon votre état de santé, votre âge et votre sexe

Si vous souscrivez une telle assurance, vous devrez répondre à un questionnaire de santé, car c'est avant tout le risque que vous représentez qui va déterminer le coût de la prime que vous aurez à payer.
Les éléments pris en compte par les caisses d'assurances sont l'état de santé, l'âge et le sexe.
À la lumière de ces éléments, et si votre état de santé le justifie, la caisse maladie peut soit refuser de vous assurer, soit fixer des conditions ou réserves sur les prises en charge (en refusant par exemple, de rembourser les frais de traitement liés à l'hypertension d'une personne qui le déclare dans le questionnaire médical), soit vous imposer des délais de carence pour certaines prestations[9]. Il n'est par ailleurs par rare que les caisses d'assurance maladie refusent d'assurer les personnes de plus de 55-60 ans.

Pratique

Vous n'êtes pas obligé de souscrire votre assurance obligatoire et votre assurance complémentaire auprès de la même caisse d'assurance maladie. Ainsi, certaines caisses peuvent être intéressantes pour l'une et pas pour l'autre. En séparant les deux, vous optimiserez peut-être votre dépenses en assurance maladie.

Dans ce cas, renseignez-vous auprès de la compagnie d'assurance chez qui vous avez (ou voulez) souscrire votre assurance complémentaire : elle pourra, dans certains cas, vous faire payer une taxe qui peut s'avérer très coûteuse si vous faites ce choix.

9. Par exemple, il est assez courant que les jeunes femmes souscrivant une assurance maladie complémentaire se voient imposer un délai de carence de un ou deux ans pour les remboursements liés aux prestations de maternité non prises en compte par l'assurance obligatoire (comme des frais relatifs à une césarienne).

En pratique, avoir deux compagnies d'assurance pose parfois quelques soucis « logistiques » dans le remboursement des soins. En effet, vous devrez, si vous êtes dans ce cas, envoyer tout d'abord vos factures à la compagnie qui vous assure pour l'assurance de base, qui vous retournera alors le décompte, avec un éventuel remboursement. Vous devrez donc ensuite envoyer ce décompte et la facture à la compagnie qui vous assure pour l'assurance complémentaire, qui se chargera alors de vous rembourser ce qui reste.

Pratique : Faut-il dire la vérité dans le questionnaire médical ?

Il est impératif de ne rien cacher ou oublier dans le questionnaire médical. En effet, en cas de pathologie ou problème médical avéré que vous n'auriez pas déclaré, la caisse d'assurance maladie aura le droit de refuser la prise en charge des soins.

D• Résilier son assurance maladie complémentaire

En général, les contrats sont signés pour une durée de un à cinq ans, et font ensuite l'objet d'une tacite reconduction tous les ans.

Il n'existe pas de délai de résiliation homogène : chaque caisse d'assurance maladie applique sa propre règle, qui varie en général entre trois et six mois.

Lorsque la caisse d'assurance maladie augmente sa prime, vous pouvez résilier votre contrat d'assurance[10].

Pratique

Avant de résilier votre contrat en cours, assurez-vous d'avoir la confirmation que la nouvelle caisse d'assurance maladie vous assurera bien, avec des conditions qui vous conviennent, en vérifiant bien les éventuels délais de carence et restrictions.

Méfiez-vous également du délai de résiliation de votre assurance maladie actuelle, de sorte à éviter, en cas de retard et d'engagement avec une autre caisse d'assurance, d'être assuré deux fois.

10. Attention, ceci n'est pas valable dans le cas où la prime augmente à cause d'un changement de tranche d'âge.

L'assurance maladie pour les étudiants

Les étudiants étrangers qui résident en Suisse sont soumis à des règles particulières concernant l'assurance maladie et qui dépendent principalement de leur nationalité.
Pour en savoir plus, vous trouverez sur le site du CRUS (Conférence des recteurs des universités suisses) « www.crus.ch », rubrique « Étudier en Suisse » puis « Assurance-maladie » un aide-mémoire très complet sur le sujet.

2. L'assurance maladie pourles frontaliers

Dans le présent chapitre, nous ne nous intéresserons qu'à l'assurance maladie pour les frontaliers qui souhaitent s'installer en France, qui réprésente le cas le plus fréquent pour les lecteurs francophones.

Des frontaliers qui peuvent s'assurer en Suisse ou en France

En tant que travailleur frontalier, vous avez le choix de vous assurer soit sous le régime d'assurance suisse, soit sous le régime français (CMU ou assurance maladie privée).
Ce choix, appelé **droit d'option**, est irrévocable (une fois que vous aurez choisi le régime d'assurance d'un pays vous ne pourrez pas en changer). Il doit intervenir dans un délai de 3 mois suivant la prise de poste. Il y a cependant quelques nuances :

– les personnes qui ont choisi une assurance privée en France peuvent à tout moment basculer leur assurance vers la CMU, mais l'inverse n'est pas possible ;

– les personnes qui ont choisi le système d'assurance maladie obligatoire Suisse (LAMal) peuvent changer, à la date anniversaire, de caisse d'assurance maladie, mais ne peuvent revenir sur le régime français[11].

Enfin, c'est le membre de la famille qui travaille en Suisse qui va déterminer pour le reste de sa famille le droit d'option : si vous optez pour le régime d'assurance maladie obligatoire suisse (LAMal), toute votre famille sera obligatoirement affiliée au régime suisse, sauf si un des membres relève obligatoirement du régime de sécurité social en France (par exemple, si votre conjointe travaille en France et vous en Suisse, elle ne sera pas obligée de s'assurer en Suisse même si vous optez pour la LAMal pour frontaliers).

Les critères de choix de l'assurance maladie pour les frontaliers

Les principaux critères dont il faut tenir compte pour votre choix sont les suivants :

– ***votre état de santé général et votre âge :*** si vous ou l'un des membres de votre famille possède une santé fragile qui risque d'occasionner de nombreuses interventions ou hospitalisation, le système d'assurance maladie suisse risque de vous coûter cher et de ne pas couvrir totalement les frais ;

– ***la nécessité de bénéficier de soins particuliers*** non couverts par l'assurance obligatoire (LAMal) : si par exemple votre vue nécessite de changer de paires de lunettes relativement souvent, ou si vous avez besoin de soins dentaires, les assurances complémentaires suisses ne couvrent que très mal ce type de soins ;

– ***votre statut familial :*** les assurances maladie suisses ainsi que les assurances maladies privées sont nominatives, et vous devrez par exemple souscrire quatre assurances maladie pour les quatre membres de votre famille. *A contrario*, la CMU (Couverture Maladie Universelle) française est souscrite pour l'ensemble de la famille, ce qui peut représenter un avantage tarifaire intéressant ;

– ***le lieu où vous pensez être soigné le plus souvent :*** l'assurance obligatoire LAMal pour les frontaliers, la CMU et les assurances privées

11. Si par exemple votre statut change (vous étiez frontalier affilié au régime Suisse, quittez la Suisse pendant quelques années puis retournez y travailler) alors dans ce cas il vous est possible de reprendre votre droit d'option.

ne proposent pas toutes les mêmes souplesses ni possibilités selon que vous voulez être soigné en France ou en Suisse.

Pratique

Si vous avez des enfants, il sera la plupart du temps plus intéressant en terme de coût et de couverture de s'assurer en France (d'ailleurs 90 % des travailleurs frontaliers optent pour l'assurance maladie privé).

En tant que célibataire, le choix est moins catégorique et il dépendra notamment de votre état de santé. Si vous n'êtes pas souvent malade, il pourrait être intéressant de souscrire une assurance obligatoire suisse avec une franchise élevée et une prime réduite, sans assurance complémentaire.

Le tableau suivant résume les différents cas qui sont détaillés par la suite :

	Assurance suisse LAMal pour frontaliers	**CMU**	**Assurance maladie privée**
Conditions d'adhésion liées à l'état de santé, l'âge ou au sexe	Non	Non	Oui
Couverture des soins particuliers (optique, dentiste…)	Non ou très mauvaise couverture	Très limitée avec la CMU (peut être améliorée avec une assurance complémentaire)	bonne (à définir dans votre contrat)
Système de cotisation	Individuel	Familial	Individuel
Soins possibles en Suisse	oui	Oui, mais demande préalable à effectuer, sauf pour les soins nécessaires	Selon contrat
Soins possibles en France	Oui, pour tous les soins, au titre de la résidence.	Oui	Oui

→

(suite)

	Assurance suisse LAMal pour frontaliers	CMU	Assurance privée
Commentaires	Tous les membres de la famille doivent être assurés dans la même compagnie (sauf si un des membres de la famille relève obligatoirement du régime de Sécurité sociale en France)		Plus possible de s'assurer auprès de ces compagnies dès le 1er juin 2014 (les assurés « basculeront » alors à la CMU)

L'assurance maladie suisse pour les frontaliers : la LAMal pour frontaliers

A• Une assurance de soins identique à celle de l'assurance obligatoire pour les résidents (pour la prise en charge des soins) mais avec des tarifs pouvant être différents

Le régime d'assurance maladie obligatoire suisse (LAMal) peut être une solution pour les travailleurs frontaliers : aussi bien les non-Suisses que les Suisses qui vivent dans la plupart des pays de l'Union européenne et de l'AELE peuvent en bénéficier.

L'assurance maladie obligatoire UE / AELE (LAMal), est identique, dans son fonctionnement, à l'assurance maladie obligatoire pour les résidents en Suisse. Nous vous invitons donc à consulter la page 209 « Une assurance de base obligatoire (LAMal) réglementée » pour en connaître les modalités.

Cependant :

– toutes les compagnies d'assurance maladie en Suisse ne proposent pas ce type d'assurance à l'étranger[12] ;

12. Environ un tiers des compagnies suisses d'assurance maladie proposent des assurances aux personnes qui ont le statut de frontalier, mais toutes ne proposent pas d'assurances dans tous les pays.

– vous ne pourrez bénéficier des différentes franchises disponibles ;
– les modèles d'assurance spéciaux comme « HMO », « médecin de famille » ne sont pas proposés dans ce cadre.
Les assurances sont individuelles, et tous les membres de votre famille doivent être assurés dans la même caisse d'assurance maladie que vous (sauf pour ceux qui sont obligatoirement assurés en France).

B• Couverture géographiques : des soins pris en charge en France et en Suisse

L'assurance maladie obligatoire pour frontalier vous permet de bénéficier des soins indifféremment en Suisse et en France.
Elle vous permet d'accéder librement aux soins en Suisse, avec les restrictions en terme de remboursement qui sont liées aux caractéristiques de l'assurance que avez souscrite.
Pour une bonne couverture des soins en Suisse, une assurance complémentaire peut aussi être indispensable.
Pour bénéficier des soins en France, vous devrez demander à votre caisse maladie suisse le formulaire E 106, que vous devrez remettre à la CPAM (Caisse Primaire d'Assurance Maladie) de votre lieu de résidence pour accord. Dans ce cas, les prestations vous seront remboursées sur la base des taux de remboursement de la Sécurité sociale française, c'est-à-dire des taux qui sont en général assez faibles. Et ne comptez pas sur votre assurance complémentaire suisse, celle-ci ne prendra en général pas les frais engagés à l'étranger.
La plupart des personnes qui ont fait le choix de l'assurance maladie obligatoire pour les frontaliers sont des Suisses qui se sont installés en France, et qui possédaient leurs habitudes et leur médecin traitant en Suisse.

Où trouver des informations complémentaires ?

Nous vous invitons à consulter le paragraphe *infra*, « Une assurance de base obligatoire (LAMal) réglementée », p. 209 pour plus d'informations concernant le système de santé suisse et l'assurance maladie obligatoire (LAMal).

Vous pouvez consulter la liste des caisses d'assurance maladie suisses proposant l'assurance obligatoire (LAMal) pour les frontaliers sur le site de l'Office fédéral de la Santé publique (OFSP), « www.bag.admin.ch », rubrique « Thèmes », puis « Assurances maladie », puis « Primes » puis « Primes UE/AELE ».

Enfin, vous pouvez télécharger un formulaire E 106 directement à partir du site de l'Institution commune LAMal (www.kvg.org), rubrique « Documents » puis « Formulaires ».

Les assurances maladie françaises pour les frontaliers : la CMU et les assurances privées

Si vous décidez de vous assurer en France plutôt qu'en Suisse, vous devrez impérativement faire la demande d'exemption à l'administration cantonale dans les 3 mois qui suivent votre premier jour de travail. Vous devrez pour cela apporter aux autorités la preuve de votre résidence en France.

Vous aurez alors obligation de vous assurer soit à la CMU (Couverture maladie universelle), soit avec une compagnie d'assurance privée.

A• La Couverture maladie universelle (CMU)

1) Une couverture des soins identique à celle proposée par le régime général de la Sécurité Sociale française

La CMU vous permet d'être immatriculé au régime général français d'assurance-maladie (la Sécurité Sociale). Ses modalités et fonctionnement sont donc les mêmes que celle-ci.

Les actes et traitements faisant l'objet d'une couverture par la CMU sont définis et fixé par la loi française.

À chaque soin est associée une **base de remboursement** (qui servira de base au calcul du remboursement, et encore parfois appelée « tarif de convention) représentant le montant qui servira de base au calcul du remboursement) et un **taux de remboursement** (qui est appliqué à la base de remboursement).

Enfin, la CMU est une assurance familiale : en la souscrivant, tous les membres de votre famille en bénéficient.

2) Une assurance complémentaire ou une mutuelle sont indispensables pour une meilleure couverture

En plus de la CMU, une **assurance complémentaire ou une mutuelle** est souvent indispensable pour vous garantir une bonne couverture des soins, en France et en Suisse.

Certaines de ces assurances complémentaires proposent des formules qui couvrent « correctement » les frais médicaux en Suisse, mais ce n'est pas le cas de toutes.

Pratique : l'affiliation à la CMU ne dépend pas de votre état de santé

La CMU propose un avantage qui peut être déterminant pour ceux d'entre-vous dont la santé est fragile : vous pourrez y être assuré, quel que soit votre état de santé.

L'acceptation de l'assurance complémentaire ou la Mutuelle (que vous souscrirez en complément de la CMU) ne sera pas aussi systématique : selon votre provenance (si vous êtes ou non « connu » d'une assurance française), on vous demandera ou non de remplir un questionnaire médical.

Assurances complémentaires et Mutuelles dépendent du droit privé, aussi le questionnaire est-il en principe obligatoire. Dans la pratique, beaucoup de compagnies ne le font pas remplir.

Ce qu'il faut savoir, c'est que si on ne vous demande pas d'en remplir un, il ne pourra jamais vous être reproché par la suite d'avoir telle ou telle pathologie que vous n'auriez pas déclaré.

3) Couverture géographique : une bonne couverture en France et des soins possibles en Suisse

Dans son fonctionnement, la CMU prévoit que les soins soient effectués principalement en France.

Dans ce cas, tous les actes et traitements prévus par le régime général sont pris en charge.

Pour certains types de soins un peu particuliers (kinésithérapie, orthodontie…), le professionnel de santé vous demandera d'effectuer une demande de prise en charge, qui se fait directement auprès de votre caisse locale d'assurance maladie. En principe, vous ne devrez commencer les soins qu'une fois la réponse accordée.

Pour des traitements et soins effectués en Suisse, cela dépend du type de soin :

– pour des soins urgents et/ou nécessaires, vous n'avez pas de demande particulière à effectuer pour que la prise en charge soit effective ;

– pour des soins programmés, vous devrez demander une autorisation préalable à la CPAM dont vous dépendez. Vous devrez alors :

- demander le formulaire E 112 délivré par la CPAM,
- remettre ce formulaire à l'établissement hospitalier en Suisse.

Attention cependant à vérifier les montants des soins et traitements pris en charge dans ce cas, aussi bien par la CPAM que par votre assurance complémentaire si vous en avez une.

Où trouver des informations complémentaires ?

Vous trouverez la liste des caisses locales d'assurance maladie sur le site « www.ameli.fr », rubrique « votre caisse ».

4) Un montant de la prime qui dépend principalement du revenu net fiscal de vote foyer

Le mode de calcul de la prime est simple et dépend principalement des revenus du foyer :

Prime CMU = (revenu net fiscal du foyer – 8 644 euros) × 8 %[13].

Si votre demande d'affiliation à la CMU intervient avant le 1er octobre de l'année, la prime sera calculée sur la base de vos revenus d'il y a 2 ans. Si votre demande intervient après le 1er octobre de l'année en cours, la prime sera calculée sur la base de vos revenus de l'année passé.

Si vous n'avez pas déclaré de revnus en France dans les années précédentes (ce qui pourrait être le cas de certains étrangers qui s'installent en France par exemple), les services de la Sécurité Sociale se référeront soit à vos fiches de paye étrangères, soit, en cas de doute, vous demanderont

13. Remarques :
– si le revenu net fiscal de votre foyer est inférieur à 8 644 € annuels, votre prime sera donc gratuite ;
– ces chiffres changent chaque année, le 1er octobre. En particulier le plafond de 8 644 €, est valable pour la période du 1er octobre 2007 au 30 septembre 2008.

d'effectuer une déclaration auprès du fisc français, qui prévoit ce type de cas.

Pratique : une loi qui prévoit une augmentation du taux... jamais appliquée

Un décret d'application visant à faire passer le taux de 8 à 13,5 % existe mais n'a jamais été appliqué : il existe donc un risque qu'il le devienne un jour, majorant d'autant le montant de la prime.

5) Un tiers payant possible dans certains cas en France

Avec la CMU, vous pouvez bénéficier pour les soins effectués en France du tiers payant si vous avez souscrit une assurance complémentaire qui le permet. Le tiers payant vous évite par exemple de régler directement à la pharmacie les médicaments prescrits par votre médedin. En enregistrant votre carte d'assuré social (appelée « carte vitale »[14]), la pharmacie se chargera elle-même de se faire payer par la CPAM et votre assurance complémentaire. Vous n'avez rien à débourser (ou un faible pourcentage de la valeur réelle de l'acte ou du soin), ce qui peut être très intéressant dans le cas de soins coûteux (séjour hospitalier par exemple).

Pratique : respectez le parcours de soins

En souscrivant à la CMU, vous devrez respecter le parcours de soin de la Sécurité Sociale, qui consiste à obligatoirement passer par votre médecin généraliste pour toutes les consultations d'ordre médical que vous aurez. Selon la pathologie, c'est donc lui qui vous orientera vers l'éventuel médecin spécialiste ou vers des analyses complémentaires.

Le respect de ce parcours de soin est important pour vos remboursement : si vous ne le respectez pas, les règles et parfois les taux de remboursement varieront en votre défaveur.

14. La carte vitale est attribuée à toute personne de plus de 16 ans et qui bénéficie de la couverture maladie de la Sécurité Sociale française. Véritable carte d'identité de votre santé, elle doit être présentée aux praticiens lors de chaque soin.

Par exemple, si vous allez voir directement un spécialiste sans passer par l'intermédiaire de votre médecin généraliste, vous serez donc hors du parcours de soin et donc moins remboursé[15].

Enfin, vous n'êtes pas obligé de respecter le parcours pour les spécialistes suivants : pédiatre, chirurgien dentiste, gynécologue et ophtalmologue.

6) Comment sont calculés vos remboursements ?

Les remboursements interviennent à deux niveaux : la CMU et l'assurance complémentaire / mutuelle (si vous en avez une).

La CMU fixe ses remboursements sur la « base de remboursement », auquel elle applique un taux de remboursement de convention.

Pour un soin donné, les remboursements de la CMU sont donc les suivants :

Montant remboursé = Base de remboursement pour ce soin × Taux de remboursement de ce soin.

Pour ce même soin, le remboursement de l'assurance complémentaire est le suivant :

Montant remboursé = Base de remboursement × Taux de remboursement de la mutuelle - Montant remboursé par la CMU.

Dans tous les cas, un euro est retranché, il s'agit de « l'euro responsable »[16].

Pratique : un exemple de remboursement

Pour une meilleure compréhension des mécanismes de remboursement, nous vous soumettons ici l'exemple d'une consultation chez un médecin généraliste :

15. Certains médecins peuvent également pratiquer des tarifs plus élevés, et si votre assurance complémentaire ne le prévoit pas, vous serez également moins remboursé.

16. Depuis 2005, un euro forfaitaire est automatiquement déduit de certains remboursements (consultation chez le généraliste, les spécialiste, examens de radiologie et biologie. Le montant cumulé ne peut dépasser 50 €/an).

	Frais médicaux payés lors de la consultation (Frais Réels)	Base de rembourse-ment (BR) ou tarif de convention	Rembourse-ment de la Sécurité sociale (RSS) Taux = 70 %	Rembourse-ment avec une assurance complé-mentaire (exemple 1) 100 % BR	Rembourse-ment avec une assurance complé-mentaire (exemple 2) 150 % BR
Consultation généraliste conven-tionné à honoraire libre (secteur 2)	30 €	22 €	70 % × 22= 15,4 € RSS = 14,40 € (15,4 – 1 euro responsable)	RSS + Compl.= 14,4 + (100 % × 22 – 15,4) = 21 € Reste à votre charge : 1 + 8 = 9 € (1 € = Euro respon-sable, 8 € = 30 – 22 de dépassement d'honoraires)	RSS + Compl.= 14,4 + (30 – 15,4) = 29 € 150 % de 22 € = 33 €) mais ne peut dépasser les frais réellement engagés (Frais réels de 30 €) donc est fixé au maximum à 30 € Reste à votre charge : l'euro responsable.

Pratique : privilégiez les médecins conventionnés de secteur 1

Les tarifs pratiqués par les médecins et le montant utilisé comme base de remboursement dépendent de la discipline du médecin (généraliste / spécialiste) et de son secteur d'activité (secteur 1 / secteur 2).

Le médecin conventionné de secteur 1 : il applique le tarif conventionnel. Un dépassement d'honoraires n'est autorisé que dans de rares cas (si par exemple le médecin rend visite à un patient). Que vous soyez ou non dans le cadre du parcours de soin, ces dépassements ne sont pas remboursés par la CMU.

Le médecin conventionné de secteur 2 : il pratique des honoraires libres, et est autorisé à pratiquer des dépassements d'honoraires dans une certaine mesure. Le montant du dépassement n'est pour sa part non remboursé par la CMU (mais peut l'être par une mutuelle ou une assurance complémentaires).

7) Le remboursement des soins effectués en Suisse

Pour les soins effectués en Suisse, vous avez deux possibilités de remboursement :

– soit vous demandez les remboursements côté français à la CPAM. Dans ce cas, les montants pris en charge seront conforme au taux du régime général ;

– soit vous demandez les remboursement côté suisse, à l'institution commune LAMal. Pour cela, vous devez être titulaire de la carte européenne d'assurance maladie. Vous devrez alors transmettre à l'institution commune LAMal les documents suivants :

• les différents factures et ordonnances relatives à votre séjour ou votre traitement ;

• un RIB (Relevé d'identité Bancaire).

Un montant de franchise sera néanmoins retiré de votre remboursement. Ce montant s'élevait en 2008 à 92 francs suisses par adulte et 33 francs suisses par enfant.

Pratique

Si vous avez bénéficié de soins en Suisse, nous vous recommandons d'adresser vos demande de remboursement à l'institution commune LAMal : les taux de remboursement y sont souvent plus intéressants.

Où trouver des informations complémentaires ?

Pour avoir plus d'informations sur le remboursement des soins effectués en Suisse pour les personnes soumises au régime de la CMU, vous pouvez consulter le site de l'institution commune LAMal : « www.kvg.org »

8) Une affiliation à la CMU impossible à résilier tant que vous conservez votre statut

Dès lors que vous avez choisi la CMU et exercé votre droit d'option, vous ne pouvez pas vous assurer sous un autre régime (assurance maladie privée ou régime suisse) tant que votre statut de frontalier est maintenu. En revanche, vous pourrez changer d'assurance complémentaire ou de mutuelle autant de fois que vous le voudrez, en prenant soin bien sûr de respecter les conditions d'annulation de ces contrats.

9) Où et comment bénéficier de la CMU ?

Pour souscrire à la CMU, vous devrez prendre contact avec la caisse d'assurance maladie de votre département, et remplir le document adéquat.

Où trouver des informations complémentaires ?

Le site du Ministère de la Santé français « www.ameli.fr » rassemble toutes les informations que vous devez savoir sur l'assurance maladie en France. Vous y trouverez :

– les coordonnées de votre caisse locale d'assurance maladie : Rubrique « votre caisse ». Une fois dans l'espace de votre caisse, vous trouverez, pour la plupart des départements frontaliers, des informations complémentaire (rubrique « la protection sociale des frontaliers ») ;

– les principaux documents à remplir en téléchargement, rubrique « Soins et remboursements », puis « CMU et complémentaire santé » ;

– un document d'information, le « guide du frontalier Suissse », édité par l'Assurance Maladie de Haute-Savoie (sélectionnez « votre caisse » Haute-Savoie, puis « En ce moment », puis « La protection sociale des frontaliers »).

B• Les assurances maladie privées françaises

1) Des assurances fortement plébiscitées par les frontaliers et possibles jusqu'en 2014

Dernière alternative possible à l'assurance maladie pour les frontaliers : l'assurance maladie privée.

Ce type d'assurance, dont les travailleurs frontaliers sont les seuls à pouvoir bénéficier, ne sera possible que jusqu'en 2014[17].

À cette date, les personnes assurées avec ces assurances passeront donc automatiquement sous le régime de la CMU (voir page 227 « Les assurances maladies françaises pour les frontaliers : CMU et assurances maladie privées).

Ces assurances, qui sont souscrites par plus de 90 % des frontaliers, sont commercialisées par certaines compagnies d'assurance, associations d'assurés, mutuelles et établissements bancaires.

Étant de droit privé, le fonctionnement et les modalités de ces assurances sont en général différents d'une compagnie à l'autre, mais nous vous apporterons les éléments caractéristiques qui vous permettront de vous y retrouver.

2) Les principaux critères de choix d'une assurance maladie privée

Compte tenu de la profusion d'offres en matière d'assurances maladie privée, et des différences significatives de prestations, nous vous proposons dans le tableau ci-dessous les principaux critères dont il faut tenir compte pour choisir son assurance (toutes les informations de ce tableaux sont détaillées dans la suite) :

Critère	Commentaire
Etendue des soins couverts	Les différentes formules d'assurances proposent des couvertures, en terme de soins, qui sont très différentes. Aussi, avant toute souscription, vous devez vous interroger sur vos besoins, qui dépendent notamment de votre état de santé actuel. Soyez attentif aux couvertures de soins pour les domaines « chers » que sont l'optique et les soins dentaires (prothèses et orthodontie).

→

17. Le 26 octobre 2006, suite à une action de plusieurs associations de frontaliers menée par le Groupement transfrontalier européen, l'Assemblée nationale française a adopté un amendement permettant aux travailleurs frontaliers de pouvoir bénéficier de ces assurances privées jusqu'en 2014 (alors que la loi prévoyait un arrêt en 2009).

(suite)

Critère	Commentaire
Couverture géographique des soins	Pratiquement toutes les formules d'assurances maladie privée couvriront vos soins en France, mais pas forcément dans n'importe quel établissement. En particulier, les assurances font souvent la différence entre les établissements conventionés et ceux qui ne le sont pas. Pour les soins en Suisse, certains contrats couvriront vos soins programmés, alors que d'autres ne couvriront que les cas d'urgence. Il est important de bien connaître la prise en charge en Suisse en cas d'urgence (et qui doit être au moins égale à la prise en charge de la LAMal), de sorte à éviter les mauvaises surprises (surcoût) en cas de soins.
Délais de carence	Certains types de soins (en général l'optique et le dentaire, parfois les soins de maternité) ne sont pris en charge qu'après un certain nombre de mois de cotisation. Ces périodes peuvent varier d'une compagnie à l'autre.
Montant et mode de calcul de la prime d'assurance	Les critères rentrant dans le calcul de votre future prime d'assurance maladie privée sont presque toujours les mêmes d'une compagnie à l'autre, et dépendent notamment de votre état de santé. En revanche, il faut porter une attention particulière au mode de réévaluation annuelle de cette prime, qui peut varier considérablement d'une compagnie d'assurance à l'autre. Le montant de la prime de dépendra donc de la politique tarifaire de la compagnie, des couvertures de soins que vous aurez sélectionnées, de votre sexe et de votre âge.
Le mode de remboursement des frais	Beaucoup de compagnies d'assurances proposent, pour certains types de soins, le tiers payant (règlement des frais par la compagnie, ce qui évite à l'assuré de sortir des fonds). On distingue en général le tiers payant pour les dépenses de pharmacie, d'hospitalisation et d'optique.

3) Une couverture des soins plus ou moins complète selon l'option choisie

Les compagnies d'assurance maladie privée proposent de nombreuses formules avec une couverture plus ou moins importante des soins. Cette diversité a pour objectif de répondre à des besoins différents (par exemple, selon votre âge et votre état de santé, vous souhaiterez une couverture plus ou moins importante en optique ou frais d'hospitalisation).

Pour analyser la couverture de soins d'une assurance, il faut examiner deux paramètres : la nature des dépenses (ou l'étendue des soins couverts) et le taux de remboursement qui lui est associé.

En général, la liste des **soins couverts** se calque sur la nomenclature de la liste des soins remboursés par la Sécurité sociale française, ce qui permet, sur ce critère, de pouvoir comparer les compagnies d'assurance entre-elles. Certaines compagnies d'assurance étendent leur couverture à d'autres types de soins (par exemple, les médecines douces).

Chacun de ces soins est assorti d'un **taux de remboursement**, exprimé en pourcentage du BRSS (Base de Remboursement de la Sécurité Sociale). Ce taux, et sa base de référence (le BRSS) sont communs à toutes les compagnies d'assurance maladie privées.

Selon les formules proposées, la compagnie d'assurance vous proposera un taux de remboursement plus ou moins important, exprimé en pourcentage du tarif de convention ou base de remboursement de la Sécurité Sociale. Par exemple, un taux de 100 % pour les frais médicaux de type « petite chirurgie » indique que la compagnie d'assurance vous remboursera 100 % du tarif de remboursement de la Sécurité Sociale française.

Ainsi, plus le taux de remboursement est élevé, plus vous aurez de chance de couvrir vos dépenses effectives.

Certaines compagnies proposent, pour certains soins, un remboursement dit « **aux frais réels** » : cela signifie dans ce cas que l'intégralité de vos dépenses, pour ce type de soin, sera remboursée.

Enfin, les taux sont exprimés pour chaque type de soin, en France et en Suisse.

Les grandes familles de soins sont les suivantes :

– les consultations chez le médecin ;

– la pharmacie ;

– les soins d'hospitalisation en établissement conventionné ;

– les soins d'hospitalisation en établissement non conventionné ;

– les traitements dentaires, en distinguant les soins, les prothèses, et l'orthodontie ;

– les traitements d'optique ;

– les traitements non pris en charge par le régime général (osthéopathie, médecines douces…).

Ainsi, les différentes formules vont jongler, en terme de couverture, sur ces familles de soins : plus votre couverture sera large, plus votre prime sera élevée. De même, plus les taux de remboursement seront élevés, plus la prime le sera également.

Où trouver des informations complémentaires ?

Vous pouvez consulter le tarif de convention de la Sécurité Sociale française qui sert de base de calcul pour les soins en France des compagnies privées sur le site « www.ameli.fr ».

Pratique : portez une attention particulière aux délais de carence, exclusions et limites de prises en charge

Ces trois éléments ne seront pas forcément mis en avant par l'agent ou le courtier qui vous vendra l'assurance. Nous vous recommandons de leur poser la question ou de consulter les conditions générales.

Les délais de carence : *certaines des couvertures de soins seront assorties d'un délai de carence : pour certaines prises en charge, en général les plus coûteuses (optique et dentaire notamment), le contrat peut prévoir dans ce cas une prise en charge différée de la couverture. Par exemple, l'assurance peut décider de vous couvrir pour les soins dentaires 6 mois après votre souscription. Si vous avez des dépenses de santé de ce type avant ce délai de carence de 6 mois, ils seront à votre charge. N'hésitez pas à comparer ces délais entre les compagnies, et assurez-vous que vous pourrez assumer financièrement ces dépenses en cas de soins pendant la période non couverte.*

Enfin, si vous voulez changer d'assurance maladie privée, et que vous n'êtes plus soumis à aucun délais de carence, la compagnie d'assurance maladie privée vous reprendra en général aux mêmes conditions, c'est-à-dire sans délai de carence. N'oubliez pas de le faire spécifier à votre interlocuteur avant de signer le contrat !

Les exclusions : *elles concernent toutes les situations qui ne vous permettront pas de faire valoir vos droits à la prise en charge des soins. Par exemple, la plupart des compagnies ne vous rembourseront pas les frais médicaux relatifs à des prises de drogue.*

Les limites de prise en charge : *certains soins ont des limites de prise en charge dans le temps, imposées contractuellement. Par exemple, il n'est pas rare, pour des frais liés à des soins en Psychiatrie, que la limite de prise en charge soit de 6 mois au maximum. Au-delà, vous ne serez plus couvert par votre assurance maladie et les frais seront à votre charge.*

4) Une couverture géographique qui peut couvrir les soins dans les deux pays

Les assurances maladie privées ne proposent pas toutes la même couverture de soin en France et en Suisse.

En France

Dans la plupart des cas, vos soins seront couverts, sous réserve des conditions de votre contrat et de l'établissement où les soins sont effectués (établissement conventionné ou non).

En Suisse

Globalement, les soins en Suisse sont pris en charge sous certaines conditions :

– si vous êtes traités médicalement dans le cadre d'une urgence et sous certaines restriction quant à l'établissement où vous serez traité ;

– si votre contrat prévoit explicitement le remboursement des soins **programmés** dans certains établissements hospitaliers en Suisse.

Il existe donc en matière de couverture géographique et de liberté de soin entre les deux pays pratiquement autant de possibilité qu'il y a de formules d'assurance maladie privée.

Certaines compagnies vous proposeront des formules de prise en charge dans les deux pays (pour des soins programmés), d'autres en France uniquement. Vous devez donc, avant d'aller voir un assureur, déterminer vos besoins et attentes en la matière.

Par ailleurs, les soins sont plus ou moins bien couverts selon que l'établissement est conventioné ou non conventioné par la compagnie d'assurance, que ce soit en France ou en Suisse. Ce point est également un critère important à vérifier avec votre assureur, car les remboursements peuvent être très faibles si vous vous faites par exemple soigner dans un établissement Suisse non conventionné.

5) Les primes d'assurances maladie privées : des modes de calcul très différents selon les compagnies d'assurance

Avant de vous expliquer les principaux mécanismes de calcul des primes, il nous semble important de vous rappeler sommairement le fonctionnement d'une compagnie d'assurance maladie :

Pour établir leurs tarifs, les compagnies d'assurances maladie privées observent simultanément deux paramètres : ce que leur coûtent leurs clients (ce sont les soins que vous vous faites rembourser) et ce qu'ils leur rapporte (la prime d'assurance maladie que vous leur versez).

Il est important pour ces compagnies que ces deux paramètres soient équilibrés pour l'ensemble de leurs clients, et que les primes payées par tous les clients couvrent au moins les dépenses occasionnées par ces mêmes clients, sinon la compagnie d'assurance perd de l'argent.

Suivant les compagnies d'assurance, les augmentations de primes sont soit répercutées sur l'ensemble des assurés (on parle alors de mutualisation), soit répercutées sur les individus individuellement, en prenant en compte leurs propres dépenses de santé.

Pratique : les formules d'assurance sous forme de franchise

L'association Alptis propose une formule d'assurance hybride inédite sous forme de franchise : en acceptant une franchise[18] de 1000 €€, la société vous accordera une réduction de la prime de plus de 20 %. Cette formule nous semble adaptée aux personnes en bonne santé et dont historiquement les dépenses de santé sont faibles. En revanche, le tiers payant n'est pas possible avec cette formule.

Dans votre choix, il est important de ne pas tenir compte uniquement de la prime qu'on vous proposera en tant que nouveau client, mais des risques d'augmentation de celle-ci, qui ne sont pas les mêmes dans toutes les compagnies et qui représente souvent la partie immergée de l'iceberg en terme de risque d'augmentation.

Pratique : anticipez les augmentations de prime

En 2007, certaines compagnies d'assurance ont procédé pour certains clients à une augmentation des primes d'une année à l'autre pouvant aller jusqu'à 70 %... Mais heureusement, cette pratique « sauvage » reste rare.

Dans le cas d'une tarification mutualisée, le risque de voir ses primes augmenter existe également mais est dilué car il dépend des soins occasionnés par l'ensemble des clients, qui sont alors répercutés sur ce même ensemble (et pas uniquement sur vous seul).

18. Une franchise de 1 000 € signifie que vous prendrez en charge financièrement les 1 000 premiers euros de vos dépenses de santé, l'assurance commençant à vous prendre en charge au-delà (fonctionnement similaire à l'assurance maladie obligatoire LAMal, voir page 208).

Il reste difficile de prévoir l'avenir sur ce sujet, mais vous pouvez vous faire une première idée de la politique tarifaire des compagnies en leur posant deux questions :

« En cas d'important souci sur ma santé occasionnant de grosses dépenses à votre charge (une hospitalisation de 3 semaines par exemple), quel en serait l'impact (en pourcentage) sur ma prime annuelle d'assurance ? »

S'ils ne peuvent répondre à cette question ou si elle ne vous satisfait pas, vous pourrez vous faire une idée la politique tarifaire de la compagnie en lui demandant simplement de vous indiquer, en moyenne sur l'ensemble de leurs clients frontaliers, l'augmentation des primes d'assurances de l'année passée[19]*, d'une part pour les nouveaux clients qui souscrivent un contrat, et d'autres part pour les anciens : si la différence est moindre, les risques de voir votre prime augmenter de façon significative dans l'avenir seront réduits (mais pas forcément inexistants).*

6) Les critères qui ont une influence sur le montant de votre prime

Comme nous vous l'avons indiqué, il existe un lien direct entre le risque que vous représentez en terme de soins médicaux et le montant de votre prime d'assurance maladie. Les critères qui caractérisent ce risque sont pratiquement identiques dans toutes les compagnies d'assurance :

– **l'âge :** plus vous êtes agé, plus votre prime d'assurance sera elevé car le risque d'être malade ou hospitalisé augmente naturellement avec l'âge ;

– **le sexe :** dans la plupart des compagnies d'assurance, il existe une différence de tarifs liée au sexe. En général, les femmes après 18 ans doivent payer une prime plus importante que les hommes au même âge[20] ;

– **l'état de santé et le questionnaire médical :** les compagnies d'assurance sont plus ou moins dures et sélectives sur ce critère. La quasi majorité d'entre-elles vous feront remplir un questionnaire de santé avant toute scouscription d'assurance. Ces questionnaires sont propres à chaque compagnie d'assurance, et doivent être remplis de façon précise et exacte. Les réponses à ce questionnaire auront les conséquences suivantes :

19. Les professionnels de l'assurance maladie appellent ce critère « l'indexation ».

20. Statistiquement, les compagnies d'assurance ont observé que les femmes dépensaient plus en soins de santé que les hommes, différence qui est répercutée sur le montant de la prime.

• si vous n'avez aucun problème de santé (selon les critères du questionnaire) : on vous appliquera le barème standard, et les conditions cadres prévues dans le contrat (délais de carence notamment) ;

• si vous avez un problème de santé : la compagnie peut soit vous refuser de vous assurer, soit vous proposer des périodes de carence plus longues, soit vous majorer la prime.

Certains formules d'assurance vous permettront de conserver votre contrat même si votre statut change (si par exemple vous étiez frontalier puis revenez travailler en France) : l'avantage dans ce cas, c'est que vous n'aurez pas à repasser un questionnaire médical, qui peut être handicapant, selon que votre état de santé a changé ou non pendant cette période.

– **les options choisies :** comme nous vous l'avons indiqué précédemment, le montant de votre prime dépendra aussi des couvertures (en termes géographique, d'établissement, de soins, de pays) : par exemple, plus vous choisirez un taux de remboursement élevé pour certains soins, plus la prime sera importante. De même, si vous choisissez une couverture des soins en Suisse, votre prime sera également plus élevée que si ce n'est pas le cas.

– **le nombre de produits d'assurance ou de services que vous avez dans la compagnie d'assurance :** certaines compagnies d'assurance appliquent des réductions sur les primes d'assurances maladie pour les clients qui possèdent d'autres assurances, produits ou services. Par exemple, certaines banques qui proposent des assurances maladie privées appliquent des réductions aux assurés qui sont également clients bancaires. N'hésitez donc pas à négocier si vous êtes dans cette situation ;

– **le nombre de personnes de votre famille qui sont assurées :** ces assurances sont individuelles, mais certaines compagnies proposent des tarifs dégressifs selon le nombre de personnes assurées composant la famille.

Par ailleurs, il existe une nouvelle génération de contrats qui permettent d'assurer les membres d'une même famille, quel que soit leur statut (frontalier ou travailleur assuré en France ou non actif).

Pratique : faut-il répondre honnêtement au questionnaire médical ?

Le questionnaire médical a l'avantage d'établir un bilan relativement détaillé de votre état de santé, ce qui permet aux compagnies de décider de vous assurer en toute connaissance de cause.

Répondez scrupuleusement à toutes les questions posées.

Le but est ici d'éviter les malentendus par une non prise en charge de la compagnie pour une pathologie que vous auriez par exemple avant la signature du contrat.

En cas d'erreur ou d'ommission, les conséquences peuvent être importantes : dans le cadre d'un traitement lourd conséquent à une pathologie que vous aviez avant la souscription de votre assurance et que vous n'auriez pas déclarée, la compagnie d'assurance a alors le droit de refuser la prise en charge des soins.

Enfin, il existe, selon la compagnie d'assurance, une prise en compte ou non de certaines antériorités : par exemple, dans certaines compagnies d'assurance on vous demandera si vous avez eu dans les x dernières années telle ou telle maladie ou pathologie, alors que d'autres vous poseront la même question sans limite de temps.

7) Le remboursement des prestations : un critère très variable selon les compagnies

La plupart des compagnies d'assurance maladie privée vous proposeront le tiers payant. Ce mode de paiement des soins vous évitera de devoir avancer les frais relatifs à certains soins, le prestataire médical et votre compagnie d'assurance s'arrangeant pour le règlement.

Il concerne très souvent les frais de pharmacie, et parfois les frais d'hospitalisation, mais pas forcément tous les types de frais.

Enfin, les compagnies sont plus ou moins regardantes dans le remboursement des soins : pour connaître la politique de la compagnie d'assurance sur ce point, nous vous conseillons de prendre contact avec des clients de cette compagnie. Internet, et les forums spécialisés sur le sujet peuvent vous permettre de vous mettre en relation avec de ces personnes.

Où trouver des informations complémentaires ?

Nous vous conseillons de consulter le forum dédié à la Suisse de la Maison des Français de l'Etranger (www.mfe.org) : c'est un bon moyen de demander l'avis de frontaliers sur une compagnie d'assurance à laquelle ils sont assurés.

8) Le remboursement de soins « sensibles » : les soins d'optique et dentaires

Selon le contrat d'assurance, le remboursement de ces soins peut s'exprimer :

– comme les autres soins en pourcentage de la base de remboursement ;

– en pourcentage de la base de remboursement et avec un forfait (qui limite le montant) ;

– uniquement sous la forme d'un forfait.

Pratique : reportez votre forfait d'une année à l'autre

Certains contrats permettent de reporter partiellement les forfaits non consommés d'une année à l'autre pour les soins d'optique et dentaires, ce qui peut être très pratique. Demandez aux assurances que vous démarchez si le contrat prévoit ou non cette possibilité.

9) La résiliation de votre contrat d'assurance maladie privée

Il existe deux types de résiliations possible selon les contrats :

– **l'échéance à date anniversaire :** vous devrez indiquer votre intention de résilier votre contrat au plus tard 60 jours avant la date anniversaire de la signature de votre contrat.

– **l'échéance au premier janvier :** dans ce cas, l'échéance du contrat est fixée au premier janvier. Vous devrez donc indiquer votre intention de résilier votre contrat au plus le 31 octobre.

Dans les deux cas, vous devrez signifier cette résiliation à votre compagnie par l'envoi d'une lettre en recommandé avec avis de réception.

Certaines compagnies imposent un minimum d'un an d'ancienneté dans la contrat pour pouvoir le résilier. Nous conseillons d'éviter les contrats qui imposent cette condition.

Pratique : avant de résilier votre contrat, assurez-vous que vous serez repris par votre nouvelle compagnie d'assurance aux mêmes conditions

Comme pour l'assurance maladie complémentaire pour les résidents en Suisse, nous vous conseillons de vous assurer que vous serez effectivement bien repris par la nouvelle compagnie, et aux mêmes conditions de couverture, avant de résilier votre ancienne assurance.

10) Quelques questions à poser pour votre recherche d'une assurance maladie

Pour vous aider dans vos démarches de recherche d'une assurance maladie privée, nous vous proposons ici une liste de questions que vous pourrez poser aux professionnels :

– Quelle est la rapidité des remboursements (une semaine semble être un délai raisonnable) ?

– Puis-je consulter librement en Suisse et en France ?

– Quelle a été l'augmentation de vos cotisations d'assurance l'année dernière ?

– Le contrat que vous me proposez me permet-il de bénéficier d'un tiers payant pharmaceutique et optique ?

– Puis-je reporter ou non le forfait non consommé en dentaire et optique ?

– Suis-je pris en charge pour les médecines douces ?

– Pouvez-vous assurer les autres membres de ma famille (y compris ceux qui travillent en France et qui sont assurés sur le régime général ?)

– …

Où trouver des informations complémentaires ?

De nombreuses compagnies d'assurance, mutuelles, banques ou associations d'assurés proposent des assurances maladie privées. Parmi elles, nous citerons : AGF, Alptis Assurance, Amicale des frontaliers, Aviva, Axa, Crédit Agricole, Crédit Mutuel, Generali, MMA, La Mutuelle des Frontaliers, Repam, Swisslife.

Vous pourrez également souscrire une de ces assurances maladie privée auprès de courtiers en assurances, qui ont en général un large éventail de solutions à vous offrir.

Enfin, vous trouverez sur le site « expatwire.ch » un comparateur d'assurances maladies privées pour les frontaliers, ainsi qu'un outil d'estimation en ligne de votre prime annuelle en cas d'adhésion à la CMU.

Les conseils aux travailleurs frontaliers d'une juriste experte en droit social

Guylaine Riondel Besson est juriste spécialisée en droit social européen et international et possède son propre cabinet à Genève. Elle conseille les entreprises sur les questions sociales et fiscales de leurs collaborateurs migrants, détachés, expatriés ou frontaliers (Cabinet Juriste Conseil Entreprise, +41 (0)22 312 18 65). Elle est également en charge du Service Études et Recherches Juridiques de l'association du Groupement transfrontalier européen (www.frontalier.com).

En particulier, c'est elle qui intervient pour défendre les dossiers de certains travailleurs frontaliers dans le cadre de conflits avec leur compagnie d'assurance. C'est également elle qui, soutenue par son équipe, « décortique » les textes de loi et qui a pour mission de négocier les dossiers relatifs aux législations transfrontalières auprès des institutions et ministères concernés en France en Suisse ainsi que de la Comission de l'Union européenne. Nous lui devons notamment le report de la limite d'assurance maladie de 2009 à 2014.

En marge de ces activités, elle prépare une thèse de doctorat auprès de l'Université de Genève sur le thème de la prise en charge des soins de santé transfrontaliers en Europe et dans la région franco-valdo-genevoise.

Conseil n° 1 : Pensez à l'évolution de votre situation lorsque vous choisirez votre régime d'assurance

Les frontaliers bénéficient d'un droit d'option entre le régime fédéral (LAMal), le régime français (CMU) et les assurances privées françaises. Toute la difficulté consiste à faire un choix qui sera définitif à un instant « T » alors que votre situation même de frontalier, notamment dans vos charges familiales, sera amenée à évoluer.

Ce choix n'est définitif que dans la mesure où il est exercé entre le régime LAMal et CMU. Si vous souscrivez un contrat auprès d'une assurance privée vous pouvez, tout en continuant à travailler en Suisse, résilier votre contrat à tout moment en faveur de la CMU. Cette formule, qui me paraît la plus souple, est à privilégier si votre état de santé le permet.

Conseil n° 2 : Ne regardez pas que le coût

Votre choix ne doit pas uniquement être guidé par des questions relatives au coût des assurances mais doit tenir compte en premier lieu de vos besoins en matière de soins de santé. C'est bien le critère à regarder en tout premier lieu.

Conseil n° 3 : Affiliés à la CMU et à la LAMal, n'oubliez pas l'entente préalable

Un frontalier assuré auprès de la LAMal peut se faire soigner en France (lieu de résidence) ou en Suisse pour tout type de soins pris en charge au titre de la législation du pays dans lequel il se fait soigner. Lorsqu'il se fait soigner en France il est remboursé par la CPAM qui se fera elle-même rembourser par la caisse suisse compétente dans le cadre de la procédure d'entraide. Ce même frontalier assuré auprès de la CMU peut se faire soigner en France pour tout type de soins et en Suisse uniquement pour les soins nécessaires pendant son séjour en Suisse. Dans le cadre de l'entraide, la Suisse se fera rembourser par la France. De fait, tout soin programmé ne peut se réaliser en Suisse qu'avec l'autorisation préalable du médecin conseil de la Sécurité sociale.

Conseil n° 4 : Assurés privés : portez une attention particulière à la base de remboursement des soins en Suisse

Il est primordial, si vous optez pour le système d'assurance maladie privé, de vous préoccuper de la base sur laquelle les frais de soins engagés en Suisse vous seront remboursés : en fonction des coûts réellement engagés (les frais réels) ou en fonction de ce que l'assurance aurait été amené à rembourser si les prestations s'étaient déroulées en France : compte tenu des coûts de traitement en Suisse, la différence, en cas de soins, peut être significative et déséquilibrer votre budget.

Conseil n° 5 : Assurés LAMal, vous ne pouvez bénéficier des franchises à option

Si vous optez pour l'assurance LAMal pour frontalier, vous ne pourrez pas bénéficier des assurances maladies suisses à franchise qui ont pour objectif de baisser le coût de la cotisation moyennant l'acceptation d'une franchise à option. Les frontaliers ne sont donc soumis qu'à la franchise obligatoire (300 francs suisses pour les adultes, aucune franchise pour les enfants).

3. L'assurance maladie pour les travailleurs détachés

Selon le droit communautaire auquel ils sont soumis, les travailleurs détachés ressortissants de l'Union européenne restent affiliés au système d'assurance de leur pays d'origine.

Cependant, si vous êtes dans cette situation, pour être pris en charge par les établissements et professionnels de soin en Suisse, vous devrez être en possession de votre carte européenne d'assurance maladie et de votre formulaire E101, qui est la preuve formelle de votre attestation dans votre pays d'origine.

Par exemple, en tant que ressortissant français et en cas d'hospitalisation en Suisse, vous serez remboursé sur la base de soins remboursés en France dans un hôpital de proximité, et la différence de coût peut être très importante : nous vous conseillons donc de souscrire une assurance complémentaire qui vous couvrira correctement pour les soins effectués en Suisse, et qui sont en général beaucoup plus coûteux.

Pratique : faites prendre en charge la surprime par votre employeur

En cas de détachement en Suisse, demandez à votre employeur la prise en charge de la surprime liée à l'assurance complémentaire pour la Suisse.

Où trouver des informations complémentaires ?

Pour la situation des travailleurs détachés vis-à-vis de l'assurance maladie, nous vous copnseillons de consulter le site du Cleiss (www.cleiss.fr).

Les points essentiels à retenir

- Résidents et frontaliers doivent obligatoirement souscrire une assurance-maladie. Les travailleurs détachés sont pour leur part maintenus sur le régime d'origine du pays de provenance.
- Les résidents doivent souscrire une assurance de base obligatoire suisse.
- L'assurance de base obligatoire (LAMal) couvre les actes suivants :
  - les traitements effectués par le médecin et les médicaments prescrits ;
  - les frais de traitement de l'hôpital en division commune ;
  - les frais de maternité ;
  - d'autres prestations soumises à conditions.

  Cette couverture est la même, quelle que soit la caisse maladie auprès de laquelle vous souscrivez l'assurance de base obligatoire (LAMal) : vous avez donc intérêt à sélectionner la moins chère.
- Les soins dentaires ne sont pas pris en compte sauf cas exceptionnels.
- Les soins ne sont couverts que s'ils sont effectués dans votre canton de domicile (sauf en cas de force majeure).
- Ces assurances sont nominatives, il n'existe pas de formules familiales.
- L'assurance de base se caractérise par :
  - *la franchise annuelle :* c'est le montant que vous décidez de prendre à votre charge

pour vos futures dépenses de santé. La compagnie d'assurance ne commencera à prendre en charge vos dépenses de santé qu'au-delà de cette franchise. Les montants de franchises sont communs à toutes les compagnies d'assurance car fixés par le Conseil fédéral. Plus la franchise est élevée, plus la prime d'assurance que vous aurez à payer sera faible ;

- *le montant de la prime,* qui dépend du niveau de franchise choisi, de votre âge et de votre commune d'habitation ;
- *une quote-part de 10 %,* qui représente une participation financière supplémentaire de votre part sur les frais qui vont au-delà de la franchise.

- Les assurances complémentaires doivent être souscrites en Suisse. Elles complètent l'assurance de base obligatoire, en permettant notamment le remboursement de certains actes non pris en charge par l'assurance de base. Elles ne sont pas obligatoires, ne couvrent pas les soins effectués à l'étranger, et sont en général très coûteuses. La prime de ces assurances dépend de votre état de santé, de votre âge et de votre sexe.
- Les frontaliers ont le choix de s'assurer soit soit sous le régime d'assurance suisse, soit sous le régime français (CMU ou assurance maladie privée). Ce choix doit intervenir dans les 3 mois qui suivent le premier jour de travail, et il est irrévocable (sauf pour l'assurance maladie privée qui permet ensuite d'être couvert par la CMU).
- La LAMal pour frontalier propose une couverture de soins identique à celle de l'assurance obligatoire pour les résidents mais avec des tarifs différents. Les franchises ne sont pas disponibles dans ce cas, et permettent de bénéficier des soins indifféremment en Suisse et en France, sous certaines conditions.
- Pour s'assurer en France, les frontaliers peuvent adhérer à la Couverture maladie universelle (CMU), qui propose une couverture de soins identique à celle proposée par le régime général de la Sécurité sociale française. Elle permet de bénéficier des soins en France et en Suisse sous certaines conditions. Le montant de la prime est calculé en fonction du revenu net fiscal du foyer de

l'année précédente. Une assurance complémentaire ou mutuelle sont fortement recommandées en complément de la CMU pour bénéficier d'une bonne couverture des soins.

- Les frontaliers peuvent aussi opter pour des assurances privées françaises : 90 % des frontaliers qui résident en France ont fait ce choix.

  Ces produits sont commercialisés par des compagnies d'assurances, courtiers et banques : les conditions de prises en charge, les couvertures, et les tarifs peuvent être très différents d'une compagnie à l'autre. Il est donc important que vous soyez au clair dans vos critères : voulez-vous une bonne couverture des soins ? En France et en Suisse ? Quels sont les délais de carences, exclusions etc...

- Concernant le coût de ces primes d'assurance, il ne faut pas uniquement regarder le coût à la souscription, mais l'évolution probable du coût, en vous basant sur les évolutions passées, qu'il faut demander aux compagnies. Contrairement à la CMU, une compagnie d'assurance peut refuser de vous assurer si votre état de santé n'est pas bon.

Chapitre 11

Comprendre les impôts et les optimiser

Avant-propos : la fiscalité, en Suisse ou en France, est une mine inépuisable de cas particuliers, que ce soit pour les étrangers qui résident en Suisse ou pour les travailleurs frontaliers. Aussi, n'avons-nous ici pas la prétention de les traiter tous, mais tout au plus les principaux.

1. Résidents et frontaliers : dans quel pays payer ses impôts ?

Le lieu de paiement de vos impôts dépend de votre lieu d'habitation, de votre lieu de travail mais également de certaines conditions particulières. Les principaux cas, que nous développerons dans la suite, sont synthétisés dans le tableau ci-dessous :

Type d'activité	Lieu d'habitation	Lieu de travail	Conditions spéciales	Lieux de paiement de l'impôt
Salarié	France	Canton de Genève	–	Genève
Salarié	France	Canton de Genève	Conjoint(e) travaillant en France ou dans les cantons de Bâle ville, Bâle campagne, Berne, Jura, Neuchâtel, Soleure, Valais, Vaud	Genève pour les revenus perçus à Genève France ou autres cantons pour les revenus perçus en France ou dans ces cantons
Salarié	France	Bâle ville, Bâle campagne, Berne, Jura, Neuchâtel, Soleure, Valais, Vaud	Retour en France quotidien	France
Salarié	France	N'importe quel canton	Retour en France une fois par semaine (frontaliers « semainiers »), résidence en Suisse le reste du temps	Suisse
Indépendant	France	Bâle ville, Bâle campagne, Berne, Genève, Jura, Neuchâtel, Soleure, Valais, Vaud	–	Suisse

→

(suite)

Type d'activité	Lieu d'habitation	Lieu de travail	Conditions spéciales	Lieux de paiement de l'impôt
Salarié ou indépendant	Suisse	N'importe quel canton	L'administration fiscale considère qu'une personne a séjourné en Suisse lorsque : – la personne a résidé pendant au moins 30 jours sans interruption notable et y a exercé une activité lucrative, – la personne a résidé au moins 90 jours sans interruption notable sans y avoir exercé d'activité lucrative.	Suisse

2. La fiscalité pour les résidents

Des étrangers résidents inégaux devant l'impôt

Les étrangers qui possèdent leur résidence principale en Suisse ne sont pas tous concernés par les mêmes règles en matière d'impôts.
Certains seront soumis au barème d'impôt à la source, d'autres au barème ordinaire ou standard (le même que les Suisses et étrangers déjà sur place qui sont dans la même situation).
C'est avant tout votre canton d'habitation et votre revenu qui vont déterminer ces critères. Le tableau ci-dessous résume les principaux cas :

Canton d'habitation	Conditions	Barème	Déclaration d'impôt sur le revenu à remplir ?
Genève	Revenu brut annuel individuel inférieur à 500 000 francs suisses	À la source	Non
Genève	Revenu brut annuel individuel supérieur à 500 000 francs suisses ou propriétaire d'une résidence principale à Genève	Ordinaire	Oui
Autres cantons que Genève	Revenu brut annuel individuel inférieur à 120 000 francs suisses	À la source	Non
Autres cantons que Genève	Revenu brut annuel individuel supérieur à 120 000 francs suisses ou propriétaire d'une résidence principale dans le canton	Ordinaire	Oui

Pratique : ne confondez pas « impôt à la source » et « barème d'impôt à la source »

L'impôt à la source concerne tous les étrangers titulaires d'un permis B ou L, et certains titulaires d'un permis G. Il est prélevé directement du salaire par l'employeur, qui le reverse ensuite à l'administration fiscale.

Le barème d'impôt à la source ne concerne qu'une partie des étrangers titulaires d'un permis B ou L, et tous les étrangers titulaires d'un permis G travaillant à Genève ainsi que les frontaliers « semainiers ».

Contrairement au barème ordinaire, le barème d'impôt à la source ne tient pas compte de l'impôt communal qui diffère d'une commune à l'autre (en réalité, le barème d'impôt à la source l'intègre de façon globale). Tous les étrangers soumis à ce barème payent, pour un salaire équivalent, le même impôt, quelle que soit leur commune d'habitation.

Enfin, les étrangers soumis au barème d'impôt ordinaire devront effectuer une déclaration d'impôt, ce qui n'est pas obligatoirement le cas de ceux soumis au barème d'impôt à la source.

Les principaux types d'impôts directs en Suisse

Il existe trois grands types d'impôts en Suisse :

– les impôts sur le revenu et la fortune (les impôts directs) ;

– les impôts de consommation (TVA…) ;

– les impôts sur la possession et la dépense (impôts sur les véhicules à moteur, les chiens…).

Une fois prélevés, les impôts sont ventilés entre la Confédération, le canton et la commune, selon des proportions régies par différentes lois. Cette perception multiple est une des particularités fiscales de la Suisse dont nous parlerons en détail un peu plus loin.

Nous évoquerons, ci-dessous, principalement les différents types d'impôts directs.

L'impôt sur le revenu, la plus grosse charge pour la plupart des contribuables

L'impôt sur le revenu se calcule chaque année à partir du revenu imposable acquis au cours de l'année fiscale de l'année précédente.

Revenu imposable = Revenu brut – Déductions

– le revenu brut : ce sont les gains issus d'une activité salariée ou indépendante, des rentes ou retraites, ainsi que ceux issus de certains gains sur le capital (revenu de la fortune mobilière ou immobilière), et tout autre source de revenu (gains de loterie par exemple) ;

– les déductions : elles représentent toutes les dépenses qui ont permis l'acquisition du revenu. Elles sont de différents types (frais d'acquisition du revenu, déductions générales, déductions sociales, déductions sur la fortune). Leur mode de calcul et leur montant varient d'un canton

à l'autre, et dépendent de votre situation. Vous trouverez plus de détails sur les déductions dans le chapitre « Les déductions, un moyen de réduire ses impôts » ci-dessous.
Le revenu imposable fait alors l'objet d'un taux d'imposition calculé par palier[1].
Le taux est plafonné, et varie selon votre situation familiale (célibataire, marié sans enfant, marié un enfant…).

Les déductions, un moyen de réduire ses impôts

Selon la philosophie et les lois de l'imposition en Suisse, un certain nombre de charges et de frais peuvent être déduits de vos revenus. Selon votre situation (imposé au barème standard ou à la source), vous ne bénéficierez pas de toutes ces déductions, mais nous vous présentons l'ensemble de celles-ci.
Les déductions sont de plusieurs types :

– ***déductions liées à l'acquisition du revenu :*** vous pourrez indiquer dans votre déclaration les dépenses professionnelles ou frais liés à l'exercice de votre activité, comme par exemple les frais de déplacement de votre domicile à votre lieu de travail. Ces déductions sont soumises à certaines conditions ;

– ***déductions générales :*** il s'agit ici de déduire tout ce qui a trait à votre participation sociale, telles que vos cotisations à un éventuel 3e pilier A, vos rachats de prévoyance professionnelle (voir *infra*, page 382, « La prévoyance professionnelle (2e pilier) : pour compléter la couverture de l'AVS).
Ces types de cotisations représentent de bonnes sources de réduction d'impôt possibles (pour les situations les plus courantes).
Les déductions générales concernent ainsi les cotisations aux assurances maladie (qui sont plafonnées), les pensions alimentaires versées, les dons aux personnes morales d'intérêt public qui ont leur siège en Suisse, et dans certains cas les intérêts des emprunts contractés à titre privé. Elles

1. Sauf dans le canton d'Obwald où le peuple a voté en décembre 2007 un système fiscal où tous les contribuables seront imposés sur la base d'un impôt unique (flat tax rate) de 1,8 % : ce cas, unique en Europe occidentale, est adopté dans quelques rares pays : Russie, Slovaquie, Ukraine…

ont un impact sur l'impôt sur le revenu et l'impôt sur la fortune. D'autres déductions générales relatives à des situations particulières existent, mais nous ne les mentionneront pas ici ;

– ***déductions sociales*** : elles concernent les enfants mineurs, en étude ou en apprentissage qui sont à votre charge, ainsi que les personnes à votre charge et qui ne travaillent pas (en de hors du conjoint inactif et des enfants) ;

– ***déductions liées à la structure familiale :*** si vous êtes marié, vous bénéficierez d'une déduction particulière. Si les deux conjoints travaillent, vous bénéficierez également d'une déduction[2] ;

– ***déductions liées à la fortune :*** si vous êtes propriétaire, vous pouvez notamment faire déduire les frais d'administration de vos biens. D'autres déductions sont possibles pour les propriétaires d'immeubles.

Enfin, la plupart des déductions sont communes à tous les cantons, mais leurs modalités varient (montants, conditions d'applications…).

Pratique : les déductions ne sont pas le mêmes pour tout le monde !

Selon votre statut fiscal (soumis ou non au barème d'impôt à la source), et votre canton d'habitation (ou de travail pour Genève) les déductions possibles ne sont pas les mêmes. Le tableau ci-dessous résume quelques cas :

Déduction	Barème à la source	Barème ordinaire
Primes et cotisations versées dans le cadre d'un 3e pilier A	Oui	Oui
Rachat d'années d'assurances pour la prévoyance professionnelle (2e pilier)	Oui	Oui
Pension alimentaire	Possible dans beaucoup de cantons	Oui
Déduction pour personne à charge	Possible dans certains cantons	Oui
Frais de garde d'enfants	Possible dans certains cantons	Oui
Déduction de frais de transport entre domicile et lieu de travail	Possible dans quelques rares cantons, à partir d'un certain montant	Oui

2. La loi a changé sur le sujet à la fin de l'année 2007 : auparavant, il était plus avantageux d'être concubins que mariés, ces déductions permettent de réduire l'écart.

Les travailleurs frontaliers soumis au barème d'impôt à la source peuvent également faire valoir ces déductions (cela peut être particulièrement intéressant pour les travailleurs frontaliers du canton de Genève – imposés dans le canton).
Enfin, certains contribuables salariés (les cadres supérieurs bénéficiant d'excellentes conditions de salaires) peuvent, dans certains cantons, négocier un certain nombre de déductions supplémentaires :

Déductions pour règlements de frais, déduction pour frais de scolarisation des enfants principalement. Ces déductions sont accordées en fonction du revenu, et sont à négocier avec les autorités fiscales cantonales.

Pratique

Quel que soit votre statut (résident soumis au barème d'impôt à la source ou ordinaire), vous pouvez réduire le montant de votre impôt en souscrivant un 3e pilier A ou en rachetant des années d'assurances pour la prévoyance professionnelle (2e pilier).

Les conditions et modalités de retrait diffèrent entre ces 2 formules de prévoyance, mais elles restent tout de même intéressantes fiscalement si vous pouvez faire cet effort d'épargne (voir page 377 « La prévoyance en Suisse » pour plus d'informations).

Pour un 3e pilier A, la somme maximum que vous pouvez verser et donnant droit à réduction est de 6 365 francs suisses annuels en 2007.

Par exemple, un célibataire gagnant 130 000 francs suisses annuels (revenu imposable), habitant Genève et ayant versé 6 365 francs suisses sur un 3e pilier en 2007 économisera un peu plus de 2 400 francs suisses d'impôts.

Où trouver des informations complémentaires ?

- Vous trouverez sur le site de la plupart des banques un simulateur vous permettant de calculer l'économie d'impôt selon la somme investie dans le 3e pilier. Rendez-vous page 311, « Une offre bancaire quasi-identique mais une présence inégale dans le pays » pour consulter la liste des sites web des banques.
- Les administration fiscales des cantons mettent à disposition sur leur site la liste des déductions admises pour les personnes soumises au barème ordinaire et celles pour les personnes soumises au barème d'impôt à la source.
- Vous trouverez la liste complète des administrations cantonales sur le site de l'Administration fédérale des contributions (AFC) « www.estv.admin.ch », rubrique « Documentation », puis « Liens », puis « Administrations cantonales des contributions ».

L'impôt fédéral anticipé, une incitation à déclarer des revenus annexes

L'impôt fédéral anticipé est un impôt perçu à la source par la Confédération sur des placements ou opérations générant des intérêts ou des dividendes (revenu de la fortune mobilière ou immobilière). Son principe de prélèvement « par anticipation » a pour principal objectif d'inciter les citoyens à déclarer les revenus qui sont à l'origine des intérêts déclarés, seul moyen pour « récupérer » le prélèvement. Cet impôt ainsi prélevé est ensuite restitué sous certaines conditions lors de la déclaration d'impôt.

En pratique, le prélèvement s'opère directement lors de la transaction ou du calcul des intérêts sur le compte.

L'impôt sur la fortune, une ponction sur la valeur vénale des actifs

Il est prélevé uniquement par la commune et le canton, et le taux d'imposition varie par palier selon la fortune et le canton.

La fortune est calculée comme la différence entre la valeur vénale des actifs (qui inclut les placements financiers, le mobilier au-delà d'une certaine valeur, la valeur vénale de vos véhicules, ainsi que tous les biens dont vous êtes usufruitiers, etc.), et les passifs (les prêts principalement, appelées dettes).

Les étrangers résidents soumis au barème d'impôt à la source doivent effectuer une déclaration sur la fortune (le cas échéant), bien qu'ils n'effectuent en général pas de déclaration d'impôt sur le revenu.

Ce taux d'imposition est la plupart du temps inférieur à 1 % de la valeur vénale, et ne concerne que les personnes ayant une fortune supérieure ou égale à 50 000 francs suisses.

L'impôt sur les possessions et dépenses

Le plus répandu d'entre eux est l'impôt sur les véhicules à moteur (ou taxe automobile, voir *infra*, Chapitre 12, « Conduire en Suisse : ce qu'il faut savoir », p. 295 pour plus de détails). Vous devrez par ailleurs vous acquitter d'un impôt si vous possédez un chien.

Des impôts prélevés par une entité administrative et qui la redistribue aux autres organismes

Il n'existe pas de règle uniforme pour l'ensemble des cantons, mais plutôt 4 types de perceptions différents pour 26 cantons et demi-cantons. C'est le plus souvent l'office cantonal qui se charge de la perception des impôts. La redistribution vers les différentes entités (Confédération et communes) est ensuite à la charge de cet organisme, et la plupart du temps vous n'aurez de relation administrative qu'avec une seule entité. Le tableau qui suit vous présente les principaux impôts qui concernent les personnes physiques, ainsi que l'entité (la Confédération, les cantons ou les communes) qui en bénéficie.

		Confédération	Cantons	Communes
Impôts directs	Impôts sur le revenu	oui (Impôt Fédéral Direct)	oui	oui
	Impôt fédéral anticipé	oui	–	–
	Impôt sur la fortune	–	oui	oui
	Taxe personnelle / sur les ménages	–	oui	oui
	Impôts directs divers[3]	–	oui	oui
Impôts sur possessions et dépenses	Impôts sur les véhicules à moteur	–	oui	–
	Impôts sur les chiens	–	oui	oui
	Impôts divers[4]	–	oui	certains

3. Impôts sur les successions et donations, gains de loterie, gains immobiliers, sur les immeubles.
4. Impôts sur les divertissements, droits de timbre, impôts sur les loteries, impôts sur les forces hydrauliques.

Où trouver des informations complémentaires ?

Pour mieux comprendre le système fiscal suisse et les différents types d'impôts, consultez le site www.ch.ch rubrique « Particuliers », puis« État et droit » puis « Système fiscal suisse ». Vous y trouverez également en téléchargement un document intitulé « Les grandes lignes du système fiscal suisse ».

Les résidents étrangers qui gagnent plus d'un certain montant annuel sont soumis au barème d'impôt ordinaire

Si vous êtes résident en Suisse et que vous gagnez individuellement plus de 120 000 francs suisses bruts annuels (500 000 francs suisses pour le canton de Genève), vous serez soumis au barème d'impôt standard pour l'impôt sur le revenu (pour les autres cas qui relèvent de ce barème, voir le tableau p. 254).

Dans ce cas, vous payerez donc l'impôt fédéral direct, l'impôt cantonal et communal.

Les communes appliquent des taux d'imposition qui leurs sont propres : l'impôt communal sera donc différent selon votre commune d'habitation, et à ce titre, vous constaterez qu'il existe parfois des différences significatives entre les communes fiscalement « attractives » et celles qui le sont moins.

En règle générale les communes qui proposent un taux fiscal moindre possèdent les loyers les plus élevés, et inversement.

Seul l'arc lémanique (région qui s'étend de Genève à Lausanne) déroge à cette règle, car l'emplacement est ici tellement prisé que les prix des loyers restent élevés malgré un taux fiscal important dans beaucoup de communes.

En terme de déduction, vous bénéficiez de l'intégralité des déductions possibles, au même titre que les locaux.

Pratique : La déclaration d'impôt pour les étrangers soumis au barème ordinaire

En tant que nouveau résident étranger en Suisse, l'impôt sera prélevé par anticipation directement de votre salaire : c'est l'impôt à la source. Votre employeur vous remettra en fin d'année un décompte de l'impôt payé que vous devrez transmettre à l'administration fiscale.

Seuls les étrangers bénéficiaires du permis C (autorisation d'établissement) ou mariés à un(e) Suisse ne sont pas prélevés à la source.

Vous devrez néanmoins remplir une déclaration comme tout citoyen suisse.

Vous la recevrez en principe en début d'année, et devrez la renvoyer entre février et mars (selon les cantons) à l'administration fiscale. Si en mars ou avril vous n'avez pas de nouvelles, manifestez-vous auprès de l'administration, certains oublis surviennent parfois temporairement pour les nouveaux arrivants.

En fin d'année, vous recevrez un décompte final indiquant ce que vous devez payer effectivement (et qui a été calculé sur la base de votre déclaration), déduit de ce que vous avez déjà payé tout au long de l'année au titre de l'impôt à la source. Si la différence joue en votre défaveur, vous devrez vous acquitter de la somme, dans le cas contraire l'administration vous fera un crédit d'impôt pour l'année suivante, et plus rarement procédera à un remboursement sur votre compte bancaire (si la différence est significative). La plupart du temps, le calcul de l'impôt anticipé est plutôt bien fait, et la différence sera faible et souvent en votre faveur.

Pour que l'impôt à la source soit pris en compte, vous devrez dans certains cantons transmettre à l'administration fiscale un document détaillant mois par mois les impôts prélevés sur votre salaire au titre de l'impôt à la source. Ce document vous sera remis par votre employeur.

Sachez enfin qu'un éventuel crédit d'impôt fera l'objet de versement d'intérêts de la part de l'administration fiscale.

Enfin, vous aurez en principe trente jours pour faire une réclamation après réception d'un document de l'administration fiscale.

L'administration fiscale en Suisse, et plus généralement le service public, sont particulièrement à l'écoute et au service des habitants. En cas de problème ou de litige, l'ouverture est de rigueur et il est souvent possible de s'arranger si vous faites preuve de bonne volonté. Enfin, dans la mesure où l'impôt est prélevé à la source, une certaine souplesse existe quant à la date de remise de la déclaration, et si vous avez quelques jours de retard, l'administration fiscale ne vous en tiendra pas rigueur si vous les prévenez à l'avance.

Contrairement aux pratiques courantes de certains pays, il n'y a pas de majoration systématique de l'impôt en cas de retard, bien qu'il soit quand même fortement conseillé de respecter les délais.

Si dans l'année en cours un changement important dans votre situation survenait (par exemple divorce, mariage ou naissance), nous vous recommandons d'avertir votre employeur qui se chargera alors de tenir compte de votre nouvelle situation pour le calcul de l'impôt. Le montant d'impôt prélevé mensuellement à la source sera alors adapté. Cette démarche vous permettra de vous prévaloir contre les mauvaises surprises de fin d'année, période pendant laquelle l'administration fiscale procède à la régulation entre ce que vous avez versé au titre de l'imposition à la source et ce que vous devez payer en fonction de votre situation.

Les résidents étrangers qui gagnent moins d'un certain montant annuel sont soumis au barème d'impôt à la source

Si vous êtes résident en Suisse et que vous gagnez moins de 120 000 bruts annuels (500 000 pour le canton de Genève), vous serez soumis au barème d'impôt à la source pour l'impôt sur le revenu.

Dans ce cas, vous payerez un impôt qui ne tient pas compte de l'impôt communal, et contrairement aux étrangers soumis au barème standard, votre lieu d'habitation n'aura aucune influence sur le montant de votre impôt (dans ce cas, un impôt communal « moyen », identique à toutes les communes, est appliqué).

À chaque situation de famille (célibataire, marié sans enfant, marié avec un enfant…) correspond un barème spécifique.

En terme de déductions, vous ne bénéficierez pas de la palette complète de déductions possibles, contrairement aux personnes soumises au barème ordinaire (voir page 257 pour plus d'information).

Pour maintenir une certaine équité, les barèmes d'impôt à la source tiennent compte d'un certain nombre de déductions : frais professionnels, primes et cotisations d'assurances, et les charges de famille du contribuable sont notamment intégrés dans les barèmes, à partir d'informations moyennes et de bases forfaitaires. Pour ces raisons, on peut quand même admettre que le barème d'impôt à la source est plutôt moins favorable au contribuable que le barème standard.

Très souvent, les étrangers soumis au barème d'impôt à la source ne savent pas qu'ils peuvent bénéficier de déductions. Or, les déductions qui possèdent la plus grande influence sur le montant de l'impôt (le rachat d'années d'assurance pour la prévoyance professionnelle – 2e pilier, et les primes et cotisations versées dans le cadre d'un 3e pilier A) peuvent être déduites. Dans ce cas, vous devrez effectuer une déclaration simplifiée, qui tient souvent sur 1 ou 2 pages.

Pratique : la déclaration d'impôt pour les étrangers soumis au barème d'impôt à la source

En tant qu'étranger soumis au barème d'impôt à la source, votre déclaration sera facile : vous n'en aurez pas ! En effet, l'impôt que vous aurez à payer sera prélevé de votre salaire tous les mois, et sera calculé par votre employeur, sur la base des informations que vous lui aurez transmises (notamment familiales).

En revanche, vous pourrez bénéficier de certaines déductions, différentes selon les cantons (voir le chapitre « les déductions, un moyen de réduire ses impôts »). Dans ce cas, vous devrez impérativement faire une déclaration simplifiée au service des impôts pour qu'elles soient prises en compte. Ces déclarations simplifiées vous demanderont pour la plupart d'indiquer vos revenus, ceux de votre conjoint(e), les déductions que vous souhaitez appliquer et leur justificatif. Si vous respectez la date limite (en général la fin du mois de mars pour la déclaration de l'année passée), l'administration fiscale vous remboursera la différence (soit sous forme de crédit d'impôt, soit sous forme de virement sur votre compte bancaire).

3. Le certificat de salaire

À la fin de chaque année civile ou en cas de départ de l'entreprise, votre employeur suisse vous remettra un certificat de salaire.

Ce document très important résume le montant du salaire (brut et net) que vous avez perçu dans l'année ou pendant la période travaillée, les cotisations sociales versées (AVS, Prévoyance professionnelle 2e pilier), le montant d'impôts retenu à la source…

Depuis le 1er janvier 2007, les entreprises ont obligation d'utiliser un certificat de salaire normalisé pour tous les cantons, qui est plus complet que le précédent, ce qui permet à l'administration fiscale d'avoir un meilleur « contrôle » des différents avantages (en terme de salaire et en nature) dont bénéficie l'employé…

Ce nouveau certificat inclut également des prestations salariales dites accessoires telles que la mise à disposition d'un véhicule ou d'un appartement de fonction, et que l'entreprise doit aujourd'hui valoriser et déclarer à l'administration fiscale suisse. On y trouve enfin toutes les dépenses de voyage et les frais de représentation.
Ce document sera à joindre obligatoirement à votre déclaration d'impôt le moment venu.

Où trouver des informations complémentaires ?

Pour plus d'informations sur le certificat de salaire, vous pouvez consulter :
– le site de la Conférence Suisse des impôts « www.steuerkonferenz.ch », rubrique « Certificat de salaire » ;
– le site de PricewaterhouseCoopers Suisse : « www.pwc.ch », rubrique « Vos défis », puis « Faire face aux nouvelles réglementations ».

4. Des résidents étrangers qui bénéficient d'exonérations sur certaines opérations dans leur propre pays

Suivant la législation de votre pays, et selon la convention fiscale passée avec la Suisse, vous pourrez bénéficier d'avantages liées à certaines opérations effectuées dans votre pays d'origine.
Ces avantages varient d'un pays à l'autre.
Par exemple, pour les Français, le statut de non-résident fiscal en France vous octroie quelques avantages fiscaux sur les différentes opérations effectuées en France :

– l'exonération de l'impôt sur les plus-values de cessions d'actions (ainsi que certains OPCVM) ;

– l'exonération de l'impôt sur les intérêts de certains produits d'épargne traditionnels ;

– l'exonération de droits de succession sur les produits d'assurance vie souscrits pendant votre période d'expatriation, sous certaines conditions.

Seuls les revenus de source française seront imposés en France (par exemple si vous percevez un loyer pour un appartement que vous louez). Pour avoir plus de détails concernant la politique fiscale de votre pays en la matière, nous vous invitons à prendre contact avec les services fiscaux.

5. Les idées reçues concernant la fiscalité suisse

Paul Coudret est l'auteur de « **Demain j'arrête de payer trop d'impôts** » (Georg éditeur). Cet ouvrage, qui s'adresse au grand public, vous apprendra tout ce que vous devez savoir sur ce sujet pas toujours facile à comprendre. L'auteur nous livre ici quelques informations très intéressantes sur le système fiscal suisse et sur certaines idées reçues.

En terme de fiscalité, existe-t-il des différences significatives entre les cantons ?

Paul Coudret : Depuis la loi sur l'harmonisation fiscale mise en place il y a quelques années, il y a de moins en moins de différences.

Avant cette harmonisation, les cantons faisaient ce qu'ils voulaient sur pratiquement tous les points de la fiscalité (montants et types de déductions, barèmes…).

Aujourd'hui, c'est la Confédération qui édicte les grands principes et les cantons ont peu de marges de manœuvre.

Les déductions sont aujourd'hui communes à tous les cantons, mais il existe certaines spécificités qui leur sont propres (par exemple les montants pour les déductions sociales peuvent changer suivant les cantons), et dans tous les cantons la déclaration d'impôt se fait sur la base des revenus de l'année précédente.

Enfin, chaque canton possède ses propres barèmes d'impôts. Ils sont complétés par des barêmes communaux, basés sur les précédents.

Certains cantons proposent-ils des barèmes plus intéressants pour les familles,ou les célibataires ?

Certains cantons proposent effectivement plus de déductions pour ceux qui sont mariés, mais cette différence n'est pas assez significative entre les différents cantons pour pouvoir affirmer qu'ils proposent des barèmes fiscaux plus avantageux pour les familles.

Les règles de la fiscalité en Suisse changent-elles souvent d'une année à l'autre ?

En théorie, la fiscalité pourrait changer chaque année. Les barèmes sont légèrement révisés annuellement, mais le fonctionnement et les principes de la fiscalité suisse ne changent pas très souvent.

Il existe cependant des projets qui sont actuellement discutés à l'Assemblée fédérale, telle que l'imposition des personnes mariées pour que ces contribuables ne soient plus défavorisées par rapport aux personnes qui vivent en concubinage.

On dit souvent que la déclaration d'impôt pour le contribuable, c'est avant tout un jeu de déduction. Etes-vous d'accord ?

Avant 2008, il était effectivement possible d'utiliser à plein les différentes possibilités en termes de déductions. À partir de 2008, la Confédération a imposé le nouveau certificat de salaire sur lequel l'employeur est tenu d'indiquer toutes les dépenses pour l'employé faites à titre professionnel. En normalisant les dépenses, il devient ainsi difficile pour les contribuables de « tricher », c'est-à-dire de continuer à jouer sur ce type de déduction.

Les seules personnes qui peuvent encore profiter du jeu des déductions, ce sont les travailleurs indépendants : en mélangeant leur activité professionnelle et privée, ils peuvent encore bénéficier d'un certain « flou ».

Quels sont les risques, en Suisse, en cas de mauvaise déclaration ?

L'administration fiscale fera la distinction entre ce qu'elle juge être un oubli ou une ommission involontaire, et la volonté de tricher.

Dans le permier cas, elle peut être en général compréhensive, et un arrangement à l'amiable (sans amende ou majoration) est souvent possible.

Dans le second cas, plus grave, un redressement aura lieu, avec des peines d'amendes, et dans les cas les plus graves, de la prison.

Comment jugez-vous les relations entre les contribuables (Suisses et étrangers) et l'administration fiscale ?

En général, on peut dire que les relations sont bonnes, la plupart du temps contribuables et administrations fiscales discutent. Ces dernières ont également fait beaucoup d'effort de vulgarisation et d'explication.

Enfin, pour les étrangers qui ont des questions, la méthode la plus simple aujourd'hui est de les contacter par le biais des sites Web. Les préposés dans les administrations fiscales cantonales répondent en général très bien et surtout très vite.

6. L'imposition à la dépense ou forfait fiscal : une solution réservée aux plus riches

Ce chapitre a été écrit avec l'aimable collaboration de Maître Philippe Kenel.

S'il est un impôt qui fait parler de lui, c'est bien l'imposition à la dépense, plus connu sous le nom de « forfait fiscal » ou « imposition forfaitaire ».

Cette notoriété a été véhiculée notamment par des stars du showbusiness et des sportifs de haut niveau qui ont décidé de s'installer dans le pays : Phil Collins, Michael Schumacher, Charles Aznavour ou plus récemment Johnny Halliday.

Paradoxalement, cet impôt très médiatisé reste pourtant très mal connu, et souffre encore de croyances qui tiennent plus du mythe que de la réalité.

Si vous souhaitez vous délocaliser en Suisse pour bénéficier de meilleures conditions fiscales, ou si vous voulez simplement en savoir plus sur le sujet, ce chapitre est fait pour vous.

L'impôt au forfait : un régime fiscal pour les riches étrangers

L'idée maîtresse de l'imposition d'après la dépense, qualifiée également d'imposition forfaitaire ou à forfait, est que le bénéficiaire paie un impôt non pas sur ses revenus et sa fortune, mais en fonction de ses dépenses. Plus précisément, l'impôt forfaitaire est calculé en fonction des frais annuels occasionnés par le train de vie du contribuable et des personnes à sa charge vivant en Suisse.

Ce régime fiscal ne bénéficie de fait qu'à des personnes qui ont un niveau de vie élevé. Il possède également la particularité de ne concerner sur le long terme que les non-Suisses, et est assorti d'un cadre légal très précis.

Les conditions minimales pour en bénéficier

Si vous souhaitez bénéficier du forfait fiscal, vous devez satisfaire a minima aux conditions suivantes :

– ne pas être de nationalité suisse ;

– prendre domicile ou séjourner en Suisse pour la première fois (ou avoir été absent du territoire pendant au moins dix ans) ;

– ne pas exercer d'activité lucrative en Suisse.

Le « plus » de l'expert : je travaille hors de Suisse : puis-je bénéficier du forfait fiscal en Suisse ?

Selon Philippe Kenel, « exerce une activité lucrative qui exclut le droit à l'imposition d'après la dépense, la personne qui pratique en Suisse une profession principale ou accessoire de quelque genre que ce soit et en retire, en Suisse, ou à l'étranger, des revenus au sens de l'article 17 ou 18 de la Loi fédérale sur l'impôt fédéral direcet (LIFD) *(Circulaire n° 9 ch. 1.3.2).* Le Tribunal fédéral a précisé qu'une activité lucrative exercée à l'étranger n'empêche pas l'imposition d'après la dépense, peu importe que l'activité soit exercée pour une entreprise suisse ou étrangère (RDAF 2002 p. 114, 117). »

Un mode de calcul de l'impôt effectué en deux temps

En tout premier lieu, l'administration fiscale estimera le montant de vos frais annuels et de ceux de votre famille vivant en Suisse : ce montant déterminera la **base de dépense imposable**.

Cependant, le montant des frais occasionnés par le train de vie ne doit pas être inférieur à un certain montant variant selon votre situation :

– si vous êtes locataire, le montant des frais occasionnés par le train de vie ne devra pas être inférieur au quintuple du loyer annuel ;

– si vous êtes propriétaire de votre habitation, le montant des frais ne devra pas être inférieur au quintuple de la valeur locative du logement ;

– si vous vivez en pension (hôtel, pension, et autres établissements analogues), le montant des frais occasionnés par votre train de vie ne devra pas être inférieur au double du prix de la pension pour le logement et la nourriture.

Ces frais comprennent : les frais de logement et de nourriture, les frais de véhicules (voitures, bateaux et avions), les frais d'habillement, les frais de formation et de scolarité des enfants, les frais de personnel, les chevaux, collections d'art, les tableaux…

Sont également pris en compte dans le calcul les frais de vacances et de loisir, ainsi que les frais de voyage.

Dans un second temps, une fois l'impôt calculé sur la base du montant des dépenses estimées selon les principes mentionnés ci-dessus, il y a

lieu de comparer cet impôt avec celui calculé sur un certain nombre d'éléments, le montant le plus élevé étant dû.
Ce calcul, qualifié de **calcul de contrôle,** prend en considération un certain nombre de revenus de source suisse et hors de Suisse :

– les revenus de source suisse sont notamment ceux issus de la fortune mobilière et immobilière en Suisse, ainsi que les retraites, rentes et pensions de source suisse ;

– les revenus de source étrangère qui sont pris en considération dans le calcul de l'impôt de contrôle sont ceux pour lesquels vous bénéficierez d'un dégrèvement partiel ou total d'impôt à l'étranger, en application d'une convention fiscale entre la Suisse et un état tiers en vue d'éviter les doubles impositions.

L'impôt au forfait que vous payerez en définitive sera alors le plus grand des montants entre la base de dépense imposable et le calcul de contrôle. Dans les deux cas, le montant sera calculé à partir du barème ordinaire.
Compte tenu du mode de calcul de l'impôt au forfait, les conventions de double imposition ont une influence sur l'imposition forfaitaire à double titre :

– tout d'abord, les revenus pour lesquels vous demanderez un dégrèvement partiel ou total d'impôt étranger en application d'une convention de double imposition entrent en considération dans le cadre du calcul de contrôle, comme nous l'avons indiqué précédemment ;

– en second lieu, les conventions de double imposition conclues entre la Suisse et certains États (Allemagne, Autriche, Belgique, Canada, États-Unis, France, Italie et Norvège) soumettent la reconnaissance de la qualité de résident (au sens de la Convention de double imposition) des personnes imposées à forfait en Suisse à certaines exigences. Par exemple, concernant la France, pour que le domicile suisse d'une personne imposée à forfait soit reconnu par les autorités françaises au sens de la convention de double imposition le montant de l'imposition forfaitaire doit être majoré de 30 %.

Des différences cantonales parfois importantes

La Suisse est un pays fédéral qui cultive ses différences, et les différences entre cantons sur le sujet de l'impôt forfaitaire peuvent être significatives.

La différence essentielle entre les cantons réside dans l'existence ou non dans les lois cantonales d'un montant minimum de dépenses.

En Suisse romande, certains cantons, comme le Valais, n'ont pas fixé de montant minimum d'imposition, alors que d'autres ont prévu un tel minimum dans leur législation. Par exemple, dans le canton de Vaud, le montant imposable doit être supérieur à 120 000 francs suisses pour un contribuable célibataire, veuf, divorcé ou imposé séparément, et à 150 000 francs suisses pour des époux vivant en ménage commun. Pour le canton de Genève, ce montant minimum est fixé en principe à 300 000 francs suisses.

Pratique : des cantons plus ou moins pointilleux

Au-delà de ces montants fixés par les lois cantonales, dans la pratique, ces minima sont d'un montant bien supérieur : environ 500 000 francs suisses pour Genève, 250 000 francs suisses pour le canton de Vaud, et 200 000 francs suisses pour le canton du Valais.

Ce sont les cantons de Vaud et de Genève qui semblent attirer le plus d'étrangers soumis au régime forfaitaire. Pour sa part, la canton du Valais, un peu éloigné des grandes villes et des grands aéroports pratique une politique assez souple pour attirer les contribuables.

Sur le plan pratique, tout candidat étranger qui souhaite bénéficier de ce régime fiscal entre en négociation avec les cantons. Ensuite, selon les cantons, les administrations fiscales demandent plus ou moins d'informations et plus ou moins de garanties : Genève fait remplir un questionnaire détaillé des dépenses prévues. Les cantons de Vaud et du Valais ne réclament rien de tout cela.

Enfin, l'âge est un paramètre qui peut compter : le niveau de dépense minimum imposé sera parfois plus élevé pour des étrangers de moins de 55 ans. Là encore, cela dépend des cantons, certains étant plus souples que d'autres.

Comme vous avez pu le voir dans le chapitre 1 « Pourquoi venir travailler en Suisse ? », le pays dispose de promotions économiques dynamiques dont l'objectif est d'attirer des entreprises étrangères : nous constatons, avec l'impôt au forfait, que les riches étrangers sont aussi courtisés.

Ce régime spécial d'imposition permet à ces ressortissants fortunés « d'économiser » beaucoup d'impôts par rapport à leur pays de provenance. Le manque à gagner que la Suisse perd en impôt sur le revenu et la fortune, le pays le récupère sur la consommation, en général forte,

occasionnée par ces ressortissants, ainsi que sur la TVA et les impôts sur la succession payés par leurs héritiers, ces éléments contribuant de façon significative à la croissance économique du pays.
Si ce mode d'imposition vous intéresse, nous vous conseillons de prendre contact avec un professionnel, en raison de différences cantonales qui peuvent être importantes.

Où trouver des informations complémentaires ?

– Le site du département fédéral des finances (DFF) « *www.efd.admin.ch* » propose quelques informations et communiqués de presse sur cet impôt.
– Vous trouverez également des informations sur certains sites des administrations fiscales cantonales. La liste complète des administrations cantonales est disponible sur le site de l'Administration fédérale des contributions (AFC) « *www.estv.admin.ch* », rubrique « Documentation », puis « Liens », puis « Administrations cantonales des contributions ».
– Pour en savoir plus, vous pouvez consulter l'article suivant : « L'imposition d'après la dépense : un outil essentiel de promotion économique pour la Suisse », in Mélanges publiés par l'Association des Notaires Vaudois à l'occasion de son centenaire, pp. 391-408, Genève 2005, disponible sur le site « *www.travailler-en-suisse.ch* ».

Les conseils d'un expert de l'impôt au forfait

Philippe Kenel (pkenel@pplex.ch) est avocat à Pully-Lausanne et Genève, et associé au sein du cabinet Python & Peter.
Docteur en droit spécialiste de la planification fiscale et Secrétaire Général de l'Association de Suisse romande des résidents étrangers imposés selon la dépense (ASREID), il accompagne depuis plus de 15 ans les riches contribuables étrangers dans leur démarche de délocalisation, que ce soit en Suisse ou dans d'autres pays. Il nous livre ici certains de ses conseils avisés, issus de son expérience.

Comment fonctionne, de manière générale, l'imposition à forfait ?

En vertu de ce système d'imposition, le contribuable ne paie pas un impôt sur ses revenus et sa fortune, mais sur ses dépenses. Le montant de ces dernières correspond aux frais annuels occasionnés, pendant la période de calcul, par le train de vie du contribuable et des personnes à sa charge vivant en Suisse. Le montant de ces dépenses ne doit pas être inférieur au quintuple du loyer annuel du contribuable locataire ou au quintuple de la valeur locative du logement qu'il occupe ou dont il est propriétaire. Par exemple, si un contribuable loue un appartement pour un loyer mensuel de CHF 5'000. –, le montant annuel de ses dépenses ne pourra pas être inférieur à CHF 300'000. – (5'000 × 12 × 5). Il convient de préciser que le montant de la base imposable, résultant du calcul des dépenses de l'intéressé, peut être augmenté dans le cadre d'un calcul de contrôle tenant compte, notamment, des revenus de sources suisses du contribuable de même que des revenus pour lesquels il fait usage des conventions de double imposition.

À quelles conditions un contribuable peut-il bénéficier de l'imposition à forfait ?

La possibilité de bénéficier de l'imposition forfaitaire est soumise à trois conditions. Tout d'abord, pour pouvoir être imposé à forfait à long terme, le contribuable doit être de nationalité étrangère. En second lieu, l'intéressé doit prendre domicile ou séjourner en Suisse au regard du droit fiscal pour la première fois ou après une absence d'au moins dix ans. Enfin, il ne doit pas exercer d'activité lucrative en Suisse.

Quels sont les avantages et les inconvénients de l'imposition forfaitaire ?

Les principaux avantages pour le bénéficiaire de ce système sont nombreux. Il paie un montant fixe d'impôt par année et maîtrise, dans une certaine mesure, son niveau d'imposition, puisqu'il dépend de ses dépenses et du bien immobilier qu'il loue ou qu'il achète. Par ailleurs, sous réserve des éléments nécessaires pour le calcul de contrôle, le contribuable ne doit pas déclarer, sauf dans certains cantons, ses revenus et sa fortune. En revanche, ce mode d'imposition est contraignant dans la mesure où son bénéficiaire ne peut pas exercer d'activité lucrative en Suisse.

En pratique, comment se passe la délocalisation d'une personne fortunée ?

Le processus de délocalisation d'une personne fortunée se divise en trois phases. La première consiste à s'informer et à prendre la décision de se délocaliser. La seconde est celle de l'exécution des démarches en vue de la délocalisation. Il s'agit essentiellement des démarches en vue de l'obtention d'une autorisation de séjour, de la location ou de l'achat d'un bien immobilier et de la négociation du montant de l'imposition à forfait. Quant à la troisième phase, elle consiste à déménager et à s'installer en Suisse.

Quels sont les principaux conseils que vous pourriez donner à une personne souhaitant se délocaliser ?

Le principal conseil que je donne toujours à mes clients est de se délocaliser en Suisse uniquement s'ils s'y sentent bien. En effet, l'expérience montre que si une personne se délocalise et n'apprécie pas le pays dans lequel elle prend résidence, elle ne quitte pas son ancien domicile et par conséquent court le risque d'être requalifiée par les autorités fiscales. Parmi les nombreux conseils qu'il y a lieu de donner en la matière, j'en retiendrais deux. D'une part, il importe dès la phase 1) mentionnée ci-dessus de contacter un spécialiste capable d'expliquer, de manière concrète et détaillée, à la personne qui souhaite se délocaliser s'il est mieux, pour elle, de se délocaliser en Belgique, en Grande-Bretagne, au Grand-Duché de Luxembourg ou en Suisse. D'autre part, une fois l'intéressé installé en Suisse, il y a lieu de régler un certain nombre d'éléments ayant trait au droit civil, notamment l'organisation de la succession, et d'entreprendre toutes les démarches nécessaires afin de couper les liens avec son pays d'origine.

Comme nous venons de le voir, la Suisse n'est pas le seul pays à proposer des offres fiscales intéressantes pour les personnes fortunées. Que pouvez-vous nous dire sur les principaux « concurrents » de la Suisse ?

La **Belgique** est un État où le revenu du travail est fortement taxé, mais où le capital et ses revenus le sont de manière très avantageuse. En effet, il existe ni impôt sur la fortune, ni impôt sur les gains en capital. Quant aux revenus de la fortune, il existe un précompte mobilier libératoire de 15 % sur les intérêts et de 25 % sur les dividendes. Ce précompte mobilier n'est pas prélevé si les actifs sont placés dans des SICAV de capitalisation, soit n'ayant pas le passeport européen, soit composé de moins de 40 % d'obligations. En revanche, le taux de l'impôt sur les successions est très élevé. Bien qu'il varie selon les régions, il est, en ligne directe, de l'ordre de 30 % dans chacune d'elle. Cependant, il sied de souligner que ce problème peut être résolu aisément, en matière mobilière, soit en ayant recours à des donations imposées à un taux de 3 % en ligne directe et de 7 % en ligne indirecte, soit en procédant à une donation n'engendrant aucune taxation si le donateur ne décède pas dans les trois ans suivant la donation.

Le **Grand-Duché de Luxembourg** offre un système comparable à celui proposé par la Belgique. Les principales différences sont les suivantes : les intérêts font l'objet d'une retenue libératoire de 10 %, la retenue effective concernant les dividendes est de 20 % ; il n'existe pas d'impôt sur les successions en ligne directe.

La **Grande-Bretagne** quant à elle connaît un système spécial qualifié de « resident, non domiciled ». En vertu de ce statut, le contribuable est imposable uniquement sur ses revenus de sources britanniques et sur sa fortune sise en Grande-Bretagne. Quant au droit de succession, il ne porte que sur les actifs anglais.

Quelles sont les principales motivations des ressortissants étrangers fortunés qui décident de venir en Suisse ?

Comparé à la Belgique, la Grande-Bretagne et le Grand-Duché de Luxembourg, la Suisse offre l'avantage de la stabilité et de la sécurité juridique et politique. Par ailleurs, bien que la Suisse ne connaisse pas de grandes villes comparables à Londres ou à Bruxelles, elle offre, en revanche, plusieurs modes de vie possibles. L'intéressé a notamment le choix entre une vie urbaine à Genève ou à Lausanne, ou une vie dans une station de montagne comme Crans-Montana, Verbier ou Villars.

7. La fiscalité pour les frontaliers

La Suisse a signé avec les pays limitrophes des conventions fiscales de double imposition qui permettent de déterminer, en fonction de certains critères, comment les travailleurs frontaliers seront imposés. Selon le droit international, c'est bien le pays qui emploit qui détermine le lieu de paiement de l'impôt. Dans la pratique, et selon les diverses interprétations de ce même droit, les travailleurs frontaliers se voient imposés de façon différente suivant trois situations que nous décrivons ci-dessous.

Différentes catégories de frontaliers considérés de façon différente sur le plan fiscal

Comme nous l'avons vu dans le tableau p. 252, tous les travailleurs frontaliers ne sont pas traités de la même manière sur le plan fiscal.

C'est en tout premier lieu le canton de travail et votre situation (retour quotidien ou hebdomadaire) qui vont déterminer l'endroit où vous payerez votre impôt.

On distingue 3 catégories de frontaliers :

Situation du frontalier	Canton où est exercée l'activité professionnelle	Barème d'impôt et lieu de paiement	Déclaration à remplir ?
Retour quotidien en France	Genève	Barème d'impôt à la source, impôt payé à Genève	– En France – En Suisse, seulement si vous souhaitez faire valoir des charges légales à déduire (2e ou 3e pilier, dispositions identiques à celles des résidents soumis au barème à la source)
Retour quotidien en France	Bâle campagne, Berne, Jura, Neuchâtel, Soleure, Valais, Vaud	Impôt payé en France	– En France – En Suisse, peut être intéressant de faire valoir des charges à déduire (voir plus loin)
Frontalier semainier (retour une fois par semaine en France)	N'importe quel canton	Barème d'impôt à la source, impôt payé dans le canton de résidence la semaine	– En France – En Suisse, seulement si vous souhaitez faire valoir des charges légales à déduire (2e ou 3e pilier, dispositions identiques à celles des résidents soumis au barème à la source)

Si votre foyer fiscal perçoit des revenus dans la même année en Suisse et en France (par exemple, votre conjoint(e) travaille en France et vous en Suisse, ou alors vous avez travaillé la même année dans les deux pays), alors vous serez imposé imposés à la fois en Suisse et en France (seulement pour une activité dans le canton de Genève ou si vous êtes fiscalement considéré comme un frontalier « semainier »).
Certains travailleurs frontaliers possèdent un statut fiscal particulier : c'est le cas des personnes de nationalité suisse employées dans le secteur public. Elles sont toujours imposées en Suisse, quelle que soit leur situation. Nous ne traiterons pas dans la suite ces statuts spéciaux.

Les travailleurs frontaliers qui rentrent quotidiennement et qui travaillent dans le canton de Genève

Si vous êtes dans ce cas, vous payerez donc vos impôts à Genève, et serez soumis au barème d'impôt à la source.
C'est votre employeur, qui calculera et prélèvera l'impôt directement sur votre salaire : c'est l'impôt à la source, à ne pas confondre avec le barème du même nom auquel vous serez soumis. Il aura ensuite la charge de reverser l'argent à l'administration fiscale cantonale.
Certaines situations de famille (personnes seules ayant un ou plusieurs enfants à charge, couples concubins avec des enfants à charge...) donnent droit, sur demande justifiée, à des barèmes d'impôts plus « cléments ». Dans tous les cas, ces réclamations doivent parvenir à l'administration fiscale entre le 1er janvier et le 31 mars de l'année.
Pour plus de détail concernant les mécanismes des personnes soumises au barème d'impôt à la source (et notamment les déductions fiscales possibles), nous vous invitons à consulter la page 263 « Les résidents étrangers qui gagnent moins d'un certain montant annuel sont soumis au barème d'impôt à la source ».
Enfin, en tant que résident en France, vous devrez impérativement remplir une déclaration d'impôt en France (voir plus loin).

Pratique : attention à la première année !

Si dans votre foyer vous êtes deux travailleurs frontaliers dans le canton de Genève, vous serez imposés individuellement la première année suivant le barème réservé aux célibataires. Ce n'est qu'en fin d'année que l'Administration fiscale du canton procédera à une rectification. Or, les barèmes d'impôts étant plus favorables pour deux personnes célibataires que pour deux personnes mariées, nous vous invitons à prévoir la somme d'argent dans la mesure où vous devrez payer la différence : Suivant le montant de vos salaires, ces différences peuvent être significative.

Si vous avez un ou plusieurs enfants, la différence risque d'être, en fin d'année, soit neutre, soit en votre faveur. Si vous êtes dans ce cas, l'administration fiscale vous remboursera alors, ou vous accordera un crédit d'impôt, selon la somme.

Pour que votre situation familiale soit prise en compte pour les années suivantes, nous vous recommandons de vous signaler à l'administration fiscale du canton de Genève. Pour que ces modifications soient prises en compte pour l'anné suivante, vous devrez donc envoyer les attestations de vos employeurs.

Où trouver des informations complémentaires ?

– Si vous voulez en savoir plus sur l'impôt à la source dans le canton de Genève, vous trouverez des informations sur le site de l'administration cantonale des impôt du canton *(http ://etat.geneve.ch/df/impots)*.

Les travailleurs frontaliers qui rentrent toutes les semaines dans un pays de l'Union européenne et dorment la semaine en Suisse (quel que soit le canton)

Les personnes qui peuvent bénéficier de ce statut sont celles soumises à la loi sur la libre circulation des personnes (voir page 29 pour consulter la liste des pays concernées).

Si vous êtes dans ce cas, vous payerez donc vos impôts dans le canton qui vous accueille la semaine, et serez soumis au barème d'impôt à la source.

Les règles d'imposition sont les mêmes que pour les personnes soumises au barème d'impôt à la source (voir la page 263 « Les résidents étrangers qui gagnent moins d'un certain montant sont soumis au barème d'impôt à la source »). En revanche, à la différence des résidents, il n'y a pas de limite de salaire : quel que soit votre niveau de salaire, vous serez imposé selon le barème d'impôts à la source. Les barèmes d'imposition à la source sont bien sûr propres à chaque canton.

Les travailleurs frontaliers qui rentrent quotidiennement et qui travaillent dans l'un des cantons suivants : Bâle ville, Bâle campagne, Berne, Jura, Neuchâtel, Soleure, Valais, Vaud

Si vous êtes dans ce cas, vous devrez payer vos impôts en France, et serez soumis au barème officiel français qui est appliqué à tous les contribuables qui habitent dans le pays (que vos revenus soient de source française ou étrangère).
Vous devrez obligatoirement remplir une déclaration en France, et aucune en Suisse[5].

La déclaration fiscale en France

La loi fiscale française oblige ses contribuables à remplir une déclaration pour l'ensemble de leurs revenus, qu'ils soient de source française ou étrangère. Les travailleurs frontaliers sont de ceux-là, et devront donc effectuer une déclaration en France des revenus perçus de Suisse.
La déclaration en France est obligatoire pour tous les frontaliers, quelle que soit votre catégorie (retour quotidien ou hebdomadaire, travail dans le canton de Genève…).
Cette déclaration s'effectue à l'aide de plusieurs imprimés :

– l'un rassemble l'ensemble des revenus du foyer et fait office de document de référence (**l'imprimé 2042**). C'est sur celui-ci que vous devrez notamment déclarer vos revenus (vous pourrez éventuellement y faire figurer les revenus de source française de votre conjoint(e)), vos charges déductibles (pensions alimentaires par exemple), les réductions

5. Sauf situations très particulières.

d'impôts (dons, investissements pour des équipements en vue d'économie d'énergie...) et les éventuels crédits d'impôt. Toutes les informations figurant sur ce document doivent être en euro ;

– un autre document que vous devrez remplir a pour objectif de rassembler les salaires et autres revenus encaissés de Suisse (**l'imprimé 2047**) ;

– le dernier document que vous aurez à remplir (**l'imprimé 3916)** vous permettra de déclarer les comptes bancaire dans une banque suisse que vous avez (ou avez eu et fermé dans l'année). Vous devrez remplir un imprimé pour chaque compte[6], et tous les ans.

Suivant votre situation et la nature de vos revenus, vous pouvez être amenés à remplir d'autres imprimés fiscaux (par exemple, imprimé 2042 C pour les indépendants...). Nous ne vous donnerons ici que les principaux cas.

En plus de ces imprimés, vous devrez joindre à votre déclaration le **certificat de salaire** que vous aura remis votre employeur, ainsi qu'une **feuille annexe**, en général délivrée par l'administration fiscale française (qu'il faudra réclamer la première année), dont l'objectif est de détailler vos revenus issus de Suisse. C'est sur ce document que vous ferez notamment la transformation en euro de vos revenus suisses, sur la base d'un taux de change officiel fixé chaque année par la Direction Générale des Impôts[7].

Enfin, si vous êtes travailleur frontalier imposé en France et que vous travaillez pour la première fois en Suisse, vous devrez fournir à votre employeur une attestation fiscale de résidence (imprimé 2041 AS). Ce document vous sera délivré par le centre des impôts dont vous dépendez. Vous devrez vous y présenter avec une pièce d'identité et un justificatif de domicile.

Si vous ne le faites pas, vous serez également imposé en Suisse... Cette mesure est assez récente, mais votre futur employeur devrait tout de même vous le rappeler.

6. L'administration fiscale tolère cependant que cette déclaration soit faite sur une feuille libre. Vous n'êtes pas obligés d'indiquer les montants sur ces comptes, juste leur existence.

7. Par exemple, pour 2008 (pour la déclaration des revenus 2007) ce taux était de 0,61 €.

Pratique : et si vous oubliez de déclarer un compte ouvert à l'étranger ?

Nous ne vous le conseillons pas, car le fisc français prévoit une amende de 750 euros pour chaque compte non déclaré.

A• Le barème français : tranches, quotient familial, taux d'imposition et parts

Pour ceux d'entre-vous qui ne maîtrisent pas la façon dont est calculé l'impôt en France, nous vous proposons ici quelques explications.

Le montant d'impôt que vous devrez payer au fisc français est issu d'un barème qui est le même pour tous les contribuables.

Dans sa formule simplifiée, ce barème, appelé « barème à taux progressif », tient compte des élements suivants :

– le revenu net, duquel sont déduits les éventuels frais professionnels et charges déductibles, donne le **revenu net imposable** qui est la base des calculs ;

– le nombre de **parts** : un adulte représente une part, un enfant à charge une demie part. Par exemple, un foyer comprenant un couple marié ou pacsé avec un enfant a 2,5 parts ;

– le **quotient familial** : c'est le ratio entre le revenu net imposable et le nombre de parts ;

– le **taux d'imposition** : il est déterminé par le montant du quotient familial. Plus ce dernier est élevé, plus le taux l'est. On trouve 5 taux qui correspondent à 5 tranches différentes (0, 5,5 %, 14 %, 30 % et 40 %)[7].

Le montant de l'impôt ensuite calculé dépend de la tranche dans laquelle vous vous trouvez.

Ce calcul prend en compte : le revenu net imposable multiplié par le taux d'imposition auquel on soustrait un facteur qui dépend de la tranche

7. Ces données sont valables pour les revenus de l'année 2007, et peuvent être modifiées d'une année à l'autre. La stabilité du système de calcul n'est pas ce qui caractérise le plus le système d'impôts en France : ainsi, entre 2005 et 2006, le nombre de tranches est passé de 7 à 5.

multipliée par le nombre de parts. Si votre quotient familial est inférieur à 5 687 euros[8], vous n'aurez pas d'impôts à payer.
Nous vous proposons ci-dessous un exemple issu du barème simplifié[9] :

Situation	Revenu net imposable (en euros) (1)	Nombre de parts (2)	Quotient familial (1)/(2)	Taux d'imposition	Montant de l'impôt (en euros)
1 couple marié sans enfant	50 000	2	25 000	14 %	4 446
1 couple marié un enfant	70 000	2,5	28 000	30 %	5 156
1 couple marié deux enfants	50 000	3	16 667	14 %	3 169

Détail des calculs pour le dernier cas :
Montant de l'impôt = 50 000 × 0,14 – (1 277,03 × 3) = 3 169 euros
« 1 277,03 » est un chiffre constant fixé par le fisc français qui rentre en compte dans le calcul de l'impôt et qui correspond à la tranche du quotient allant de 11 345 à 25 195 €.

Pratique : est-il possible de défiscaliser les heures supplémentaires comme en France ?

La réponse à cette question dépend de votre canton de travail : pour Genève, ce n'est pas possible, pour les revenus imposés en France des autres cantons (voir page 275), vous pouvez déduire les heures supplémentaires dépassant la durée légale de travail en Suisse. Cette mesure ne concerne que les heures supplémentaires effectuées après le 1er octobre 2007.

8. Information valable pour la déclaration 2008 pour les revenus de l'année 2007.
9. Le calcul issu de ce barème simplifié n'est pas toujours aussi simple à appliquer et dépend de votre situation. Par exemple, si vous avez des revenus modestes, une «décote» s'applique. De même, l'avantage fiscal résultant de l'application du quotient familial est plafonné pour chaque enfant par exemple. Par ailleurs, ce montant peut varier selon votre situation de famille (parent isolé...). Le second exemple du tableau (un couple marié avec un enfant) donne un exemple. La formule fournie donne un montant de 7 729 euros, mais le plafonnement s'applique dans ce cas pour donner 8 156 euros. Pour simplifier, nous ne détaillons pas les calculs.

Vous devrez pour cela présenter une attestation de votre employeur suisse pour les heures supplémentaires effectuées.
Nous vous conseillons de ne déduire les heures supplémentaires de vos revenus que si vous avez effectivement tous les justificatifs. Dans le cas contraire, vous risqueriez un redressement fiscal…

B• Des déductions et charges déductibles qui viennent réduire le revenu net

Sur votre déclaration, vous pouvez réduire votre revenu net en appliquant certaines déductions de nature différente :

– les déductions pour frais professionnels liés à votre emploi (frais réels ou forfaitaires) ;

– les charges déductibles et déductions diverses : principalement les pensions alimentaires versées, le rachat de points de retraite, ou cotisations à une assurance maladie (privée française ou suisse[10]).

1) Les déductions pour frais professionnels

Au moment de remplir votre déclaration, vous pouvez choisir le type de déduction (frais réels ou forfaitaire).
Si vous faites le choix du forfait, vous bénéficierez d'une déduction de 10 % sur vos revenus nets déclarés. Cette déduction est en général plafonnée (elle était, en 2008 pour la déclaration des revenus 2007, fixée à 13 501 euros).
Si vous faites le choix des frais réels, vous devrez les justifier, et de ces justification dépendra la décision du fisc de les prendre ou non en considération.
En la matière, il n'existe ni règle, ni liste de frais établies : tous les frais que vous supportez dans le cadre de votre activité professionnelle peuvent être pris en compte. Voici quelques exemples courants : frais de transport domicile-lieu de travail, frais de double résidence, frais de repas, frais de permis de travail en Suisse…
Attention cependant à ne pas déclarer les frais professionnels déjà remboursés par votre entreprise : ces éléments vous ont été remboursés, vous ne devez donc pas les déclarer.

10. Information valable pour la déclaration 2008 pour les revenus de l'année 2007.

Pratique : les frais de transport domicile – travail : une limite fixée à 40 km

Le fisc français admet une déduction intégrale des frais de transport dès lors qu'ils ne dépassent pas 40 km (cette distance, exprimée pour un aller simple, ne se limite pas au seul territoire français)

Si votre distance domicile – travail est supérieure à 40 km, ce qui arrive parfois dans le cas de travailleurs frontaliers, vous pouvez tenter de le justifier auprès des autorités fiscales françaises. Cette justification sera plus ou moins difficile selon votre métier : vous pourrez en effet invoquer la difficulté de trouver un emploi à proximité, en particulier si vous occupez un poste de spécialiste. Si vous êtes marié et que votre conjoint(e) travaille en France, vous pourrez aussi invoquer cette situation pour justifier la distance.

2) Les charges déductibles et réductions diverses

Les pensions alimentaires que vous versez, à vos enfants, mineurs ou non (selon les cas), ainsi qu'aux ascendants (qu'ils soient sans ressources ou non) peuvent être déduites de vos revenus dans votre déclaration. Selon les cas décrits ci-dessus, les plafonds de déduction sont différents.

C'est également le cas des cotisations des assurances maladies privées française (ou assurance maladie suisse) qui peuvent être déduites de vos revenus. Si vous cotisez à la CMU, votre cotisation devra apparaître sur la déclaration de revenus (imprimés 2042).

Pratique : dans le couple, à chacun ses frais !

Si vous êtes mariés, vous ferez une déclaration d'impôt commune. Cependant, vous êtes libre de choisir séparément le type de déductions pour frais professionnels (frais réels ou forfaitaires) que vous souhaitez.

Dans les deux cas, ce choix devra être valable pour l'année complète : il n'est pas possible de choisir, pour une même personne, les frais réels une partie de l'année et les frais forfaitaires pour une autre partie.

C• Le crédit d'impôt : une incidence selon que vous avez des revenus de source française ou non

Comme nous l'avons vu, vos revenus de source suisse sont à déclarer en France. Si vous avez des revenus de source française (votre conjoint(e) ou vous même), vous devrez également les déclarer, en les faisant figurer dans l'imprimé 2042 avec les revenus suisses (voir page 278 « La déclaration fiscale en France »).

Dans ce cas, si les revenus de source suisse ont été imposés en Suisse (si vous travaillez à Genève ou êtes frontalier « semainier » par exemple) vous ne devrez pas repayer d'impôt en France (pour éviter la double imposition). Mais comme vous devrez déclarer ces revenus avec vos éventuels revenus de source française, alors l'administration fiscale française vous permet de l'inclure dans vos calculs : elle déduira la partie de l'impôt français qui correspond au revenu suisse, de manière proportionnelle : c'est ce qu'on appelle communément le crédit d'impôt.

Voici un exemple simple pour vous permettre de comprendre le calcul de l'impôt :

nous considérons un couple marié, un enfant, dont un travaille à Genève et l'autre en France.

- Revenu net imposable du conjoint travaillant à Genève : 50 000 €
- Revenu net imposable du conjoint travaillant en France : 25 000 €
- Impôt « théorique » correspondant au cumul des deux salaires (70 000 €), calculé sur la base du barème français : 8 156 €
- Impôt « théorique » français correspondant au revenu suisse (ou crédits d'impôt): 8 156 × 50 000 / (50 000 + 20 000) = 5 826 €
- Impôt réellement payé en France par le couple et qui tient compte de l'impôt déjà payé en Suisse : 8 156 – 5 826 = 2 330 €

Dans ce cas, le montant d'impôt réellement payé en Suisse (et calculé à partir des barèmes fiscaux suisses) n'a aucune incidence sur le montant du crédit d'impôt, et ne peut être déduit. Il est donc tout à fait normal, compte tenu des modes de calcul, qu'ils soient différents.

Pratique : L'intérêt de réduire son impôt en France pour les frontaliers qui payent leurs impôts en Suisse

Si vous êtes frontalier employé à Genève, vous payerez votre impôt sur le revenu en Suisse. Vous devrez dans le même temps effectuer une déclaration en France. Si vous n'avez aucun revenu de source française dans votre foyer, le crédit d'impôt français n'aura donc aucune incidence sur votre déclaration française, ni même les éventuelles déductions que vous pourrez appliquer. Il y a cependant une catégorie de frontaliers qui a intérêt à rechercher la réduction maximale de leur revenu fiscal : les fronta-

liers travaillant à Genève qui cotisent à la CMU (voir page 227 pour plus de détail sur cette assurance maladie). En effet, en appliquant le maximum de déductions, vous réduirez d'autant votre revenu net imposable, qui est la base de calcul de la cotisation de la CMU.

D• Les réductions d'impôts

Vous avez la possibilité d'appliquer des réductions d'impôts, appelées aussi « crédits d'impôts », à ne pas confondre avec le crédit d'impôts calculé précedemment. Ces réductions d'impôts sont identiques à celles que peuvent faire valoir les contribuables français qui travaillent en France. Elles viennent en réduction de l'impôt une fois calculé. Les réductions d'impôts que peuvent faire valoir les contribuables peuvent varier d'une année à l'autre et sont soumises à conditions. Pour l'année 2008 (déclaration des revenus 2007), ces réductions sont principalement les suivantes :

– **intérêts d'emprunt pour l'acquisition de sa résidence principale** : entre autres conditions, cette réduction n'est accordée que si vous avez souscrit un prêt bancaire auprès d'un établissement financier dans l'Union européenne ou l'AELE. Si vous souscrivez un prêt bancaire dans une banque suisse, cette réduction n'est pas possible ;
– **dépenses effectuées dans votre habitation principale** et ayant pour but de réaliser des économies d'énergie ;
– **emploi d'un salarié à domicile** pour : garde d'enfants, assistance aux personnes âgées, tâches ménagères…
– **frais de garde d'enfants de moins de 7 ans**.

Si vous remplissez les conditions permettant de bénéficier de ces réductions ou crédits d'impôts, celles-ci viendront directement se déduire des impôts que vous avez à payer. Ainsi, dans certains cas, si votre crédit d'impôt est supérieur à l'impôt que vous devez payer, le fisc vous remboursera la différence…

Les autres impôts à payer en France

Vous trouverez ci-dessous un panorama des principaux impôts dont vous devrez vous acquitter en France, en plus de l'impôt sur le revenu.

A• La taxe d'habitation

En plus de l'impôt sur le revenu, vous devrez vous acquitter de la taxe d'habitation, dont le montant dépend de la valeur locative cadastrale de votre logement, et des taux d'imposition qui dépendent des communes. Selon les communes, il existe des différences significatives pour les taux.
Cette taxe concerne aussi bien les locataires que les propriétaires, ainsi que les occupants à titre gratuit.

Pratique : la taxe d'habitation est un impôt qui ne se calcule pas

Du moins pas par les contribuables ! En effet, le mode de calcul est tellement compliqué que l'administration fiscale française ne peut le mettre à disposition, il ne vous sera donc pas possible de déterminer à l'avance le montant de cet impôt.

B• La redevance audiovisuelle

Elle est payée en même temps que la taxe d'habitation, et concerne tous les foyers qui ont au moins une télévision et la radio. En 2007, le montant de cette taxe était de 116 €.

C• La taxe foncière et l'ISF (impôt de solidarité sur la fortune)

Si vous êtes ou devenez propriétaire en France, vous devrez également payer une taxe foncière, et si votre fortune (mobilière et immobilière) dépasse 770 000 €, l'ISF fera partie de vos contributions fiscales au pays. L'ISF est un pourcentage au millième de la différence entre votre fortune et le seuil de 770 000 €[11]. Le taux est variable et dépend de la tranche de fortune dans laquelle vous vous situez.
Vous devrez inclure dans le calcul de vos biens les éléments suivants : immeubles, maisons, terrains, comptes bancaires, comptes d'épargne, placements financiers, bijoux, chevaux de course, voiture, meubles…

11. Information pour la déclaration 2008 des revenus perçus, en 2007.

La principale difficulté consiste ici à évaluer soi-même son patrimoine. Si vous êtes assujeti à l'ISF, nous vous invitons à prendre contact avec un professionnel de la fiscalité qui vous aidera dans vos différentes déclarations.

Pratique : vos relations avec l'administration fiscale française

Contrairement à l'administration fiscale suisse, plutôt ouverte et disposée à discuter en cas de problème (dans la mesure où vous faites preuve de bonne foi), l'administration fiscale française vous fera, en principe, payer la moindre erreur dans votre déclaration (redressement fiscal et pénalités de retard font partie des possibilités), même si elle est involontaire. D'ailleurs, le fisc français ne cherchera, la plupart du temps, pas à savoir si l'erreur est intentionnelle : s'il y a erreur, vous devrez payer.

En cas d'erreur avérée de la part du fisc, vous devrez de toute façon régler les sommes dues, le remboursement n'ayant lieu qu'après, le délai étant aléatoire et non garanti.

Si vous avez payé par erreur trop d'impôts et que les sommes sont importantes, vous pourrez demander le paiement d'intérêts, mais cela reste relativement rare.

Pour toutes ces raisons, nous vous invitons, si vous le pouvez, à vous faire assister par un professionnel pour remplir votre déclaration d'impôt.

Enfin, n'oubliez pas de signaler votre arrivée ou votre changement de domicile (si vous déménagez à l'intérieur du territoire français) à l'administration fiscale : car en cas de retard dans le paiement de vos impôts (si le courrier s'est perdu par exemple), leur montant sera automatiquement majoré de 10 %...

Ce changement d'adresse doit être effectué au centre des impôts dont vous dépendez (et qui est responsable du calcul de l'impôt), à ne pas confondre avec la Trésorerie Générale, chargée de prélever l'impôt. Si vous écrivez à cette dernière, elle ne transmettra en principe pas l'information au Centre des Impôts, même si les services sont dans le même bâtiment...

Où trouver des informations complémentaires ?

– L'association du Groupement transfrontalier européen *(www.frontalier.com)* aide ses adhérents à remplir leur déclaration d'impôt, en organisant des ateliers avec des spécialistes.

– Toujours pour ses adhérents, l'association édite à la même époque en mars un numéro spécial de leur magazine consacré à la déclaration d'impôt des frontaliers (travailleurs ou retraités). C'est une véritable mine d'informations très pratiques et détaillées, avec l'assurance d'avoir une information toujours à jour, et supervisée par des experts en fiscalité : c'est la référence pour ceux qui souhaitent être bien informés et ne pas faire d'erreurs.

– Le site de l'administration fiscale des impôts en France *(www.impots.gouv.fr)* propose des informations et outils intéressants : vous pourrez notamment estimer le montant d'impôt sur le revenu que vous devrez payer, et à partir de la valeur de vos biens, un simulateur vous proposera une estimation de votre ISF.

– Ceux d'entre-vous qu'en ont les moyens ou qui ont des situations particulières pourront s'adresser à un professionnel (fiduciaire) ayant une bonne compréhension des problématiques fiscales qui concernent les travailleurs frontaliers.

8. La fiscalité des travailleurs détachés

Si vous êtes travailleur détaché (voir page 148 « Le cas particulier des travailleurs détachés » pour les conditions de ce statut), votre fiscalité dépendra du nombre de jours où vous aurez résidé en Suisse : au-delà de 183 jours dans l'année, votre domiciliation fiscale change et vous devrez payer vos impôts en Suisse : nous vous invitons à consulter la page 253 « La fiscalité des résidents » pour plus d'informations.
Dans le cas contraire, vous serez soumis à la fiscalité de votre pays d'origine.

Pratique

Attention, certaines situations nécessitent une attention toute particulière : c'est par exemple le cas des personnes détachées, employées par une entreprise de l'Union européenne (par exemple). Si ces personnes sont détachées auprès d'une entreprise suisse qui elle-même « loue » cet employé à une autre entreprise suisse (cas courant dans les entreprises de services en informatique), l'employé détaché est alors redevable des impôts en Suisse même s'il a résidé moins de 183 jours en Suisse…

9. La fiscalité des entreprises en Suisse : l'essentiel à savoir

Pour ceux d'entre-vous qui souhaiteraient créer leur entreprise, nous vous proposons ici quelques informations de base concernant les différents impôts auxquels sont soumis les entreprises (indépendants et PME).
En matière d'impôt sur l'activité commerciale réalisée (les impôts directs), on distinguera avant tout les sociétés de personnes, dont les associés sont assujettis à l'impôt sur le revenu et la fortune, et les sociétés de capitaux qui devront s'acquitter de l'impôt sur les bénéfices et le capital social.

Les sociétés de personnes : des indépendants ou associés soumis à l'impôt sur le revenu et la fortune

Dans le cas des sociétés de personnes, indépendant et associés sont considérés comme des personnes physiques. Ils devront donc payer l'impôt sur le revenu et la fortune.
Le tableau ci-dessous vous résume le type d'impôt à payer si vous êtes dans ce cas.
Comme pour les particuliers, même si l'impôt est versé à plusieurs institutions, c'est en général avec le canton que vous communiquerez et à qui vous enverrez vos déclarations.

<table>
<tr><th></th><th>Confédération</th><th>Canton</th><th>Commune</th></tr>
<tr><td>Impôt sur le revenu</td><td>Impôt fédéral direct
Barème identique pour tous les contribuables</td><td rowspan="2">Impôt cantonal
Barème identique pour tous les contribuables d'un même canton</td><td rowspan="2">Impôt communal
Barème variable selon la commune.</td></tr>
<tr><td>Impôt sur la fortune</td><td>–</td></tr>
</table>

Vous devrez, selon les directives de l'administration fiscale, tenir une comptabilité commerciale incluant compte de résultat et bilan, que vous devrez inclure dans votre déclaration.

A• Base de calcul pour l'imposition : les éléments pris en compte

Pour le calcul de votre impôt sur le revenu, vous devrez tenir compte des revenus privés et commerciaux.
Pour les indépendants, les revenus commerciaux sont la différence entre les bénéfices bruts que vous réaliserez, et les frais d'exploitation, amortissements et provisions pour charge. Tous ces revenus et charges devront trouver une justification si l'administration fiscale vous le demandait.

Pratique : la limite pour une déclaration simplifiée pour un indépendant

Au-delà de 100 000 francs suisses de revenus commerciaux, vous devrez établir un état complet de votre fortune (et dettes), et déclarer toutes vos recettes et dépenses dans une liasse fiscale adéquate. Dans ce cas, vous devrez procéder à la clôture annuelle de vos comptes, et dresser un état des lieux plus ou moins complet de votre situation comptable.

Les revenus incluent : les bénéfices de la société de personne et/ou les salaires versés et/ou les intérêts perçus, ainsi que les éventuels autres revenus (il est par exemple possible de percevoir des revenus salariés et d'indépendant).
Pour les sociétés simples, en nom collectif ou en commandite simple, les revenus issus de l'activité sont calculés en fonction de la participation (quote-part) de l'associé.
Vous devrez également vous acquiter d'une déclaration sur votre fortune : fortune privée et commerciale sont à déclarer.
Pour les sociétés simples, en nom collectif ou en commandite simple, la fortune issue de l'activité est calculée en fonction de la participation (quote-part) de l'associé.

Pratique : les indépendants : l'intérêt des déductions

La situation d'indépendant présente par nature quelques risques mais sur le plan fiscal, il y a quelques avantages.

En particulier, les indépendants peuvent amortir certains biens (véhicule, matériel...), ce qui représente une déduction d'autant de leur valeur.

Le montant de l'amortissement des biens est fixé par un taux. Ce dernier est déterminé par la confédération et par les cantons, et s'applique à la valeur comptable ou d'achat du bien.
Suivant l'activité de l'indépendant, ces déductions seront très intéressantes, car elles permettront d'amortir des biens dont l'utilisation privée / porfessionnelle est parfois ambiguë.

Les impôts des sociétés de capitaux (SA, SARL...)

Vous trouverez ici des informations générales sur les mécanismes de la fiscalité des sociétés de capitaux en Suisse. Si votre objectif est d'implanter à partir de l'étranger votre entreprise, nous vous invitons, en plus de ce chapitre, à consulter le chapitre 4 « Créer ou implanter son entreprise en Suisse » p. 99 qui traite certains cas particuliers.

A• L'impôt sur les bénéfices nets

L'entreprise est soumise au paiement de l'impôt le premier jour de son inscription au registre du commerce.
Comme pour les particuliers avec l'impôt sur le revenu, l'impôt sur les bénéfices des sociétés est reversé à la Confédération, au canton et à la commune où la société a implanté son siège social, mais c'est en général le canton qui s'occupe du prélèvement de l'impôt.
Il existe deux principales méthodes de calcul de l'impôt sur les bénéfices, qui dépendent notamment des cantons et de certaines communes :

– **système d'impôt sur le bénéfice en tant que pourcentage du bénéfice :** dans ce cas, un taux fixe est simplement appliqué au bénéfice réalisé par l'entreprise.

Le taux de la Confédération est fixé à 8,5 %, alors que les communes et les cantons fixent ce taux entre 2 et 24 %[12] ;

– **système mixte d'impôt sur le bénéfice** tenant compte de l'intensité du bénéfice, du bénéfice net et du rapport entre le capital et les réserves.

12. Information pour l'année 2007.

Pratique : il existe des différences significatives entre les cantons

Tous les cantons ne sont pas égaux en matière d'impôt sur les bénéfices :

C'est le canton de Zug qui, traditionnellement, propose le taux d'imposition sur les bénéfices le plus bas aux entreprises qui se trouvent sur son sol.

À l'inverse, les cantons qui prélèvent les impôts sur les bénéfices le plus élevés sont : Genève, Zurich, Glaris, Bâle-ville, Bâle-campagne et Soleure.

Attention cependant, il existe, pour les entreprises étrangères qui s'installent en Suisse, des règles fiscales très particulières, qui dépendent de plusieurs paramètres et qui permettent de bénéficier de taux spéciaux parfois très compétitifs. Nous vous invitons à consulter la page 114 « La fiscalité des entreprises étrangères qui s'implantent en Suisse » pour plus d'informations.

B• L'impôt sur le capital social

Les cantons perçoivent également un impôt sur le capital social de l'entreprise, qui représente un taux fixe compris entre 3 et 9 pour mille.

Pratique : En Suisse, les impôts des sociétés sont déductibles

Les montants d'impôts versés à l'administration fiscale sont déductibles car considérés comme frais commerciaux liés à l'exploitation : si vous souhaitez implanter votre entreprise en Suisse, il est donc important que vos différents interlocuteurs vous communiquent un taux fiscal effectif qui tient compte de cette déduction. C'est en général sur cette base que les promotions économiques discuteront avec vous.

En revanche, les charges qui ne sont pas justifiées (par exemple des amortissements qui ne seraient pas expliqués) sont pour leur part soumis à l'impôt sur les bénéfice.

Où trouver des informations complémentaires ?

- Pour plus d'information sur les impôts des entreprises, vous pouvez consulter le site Portail PME de la Confédération (www.kmu.admin.ch), rubrique « Autres thèmes » puis « Impôts ».
- Vous pouvez également consulter le site Web des administrations fiscales de chacun des cantons dont vous trouverez la liste complète des sur le site de l'Administration fédérale des contributions (AFC) www.estv.admin.ch, rubrique

« Documentation », puis « Liens », puis « Administrations cantonales des contributions ».

- Vous trouverez des explications concernant le taux fiscal effectif, ainsi que les principaux cas particuliers d'exonérations ou d'allégements fiscaux sur les sites des promotions économiques (voir page 121 pour la liste de ces promotions).

Les points essentiels à retenir

- À chaque statut (résident, frontalier, détaché) correspond une fiscalité particulière.
- Le régime fiscal des résidents dépend du canton d'habitation et du salaire brut individuel (en dessous d'un certain seuil, vous serez soumis au barème d'impôt à la source, au-delà au barème d'impôt « ordinaire »).
- « Impôt à la source » et « barème d'impôt à la source » sont deux choses différentes : le premier indique la perception de l'impôt directement sur le salaire pour tous les travailleurs salariés étrangers, l'autre un barème réservé à certains étrangers.
- L'impôt sur le revenu fonctionne de la manière suivante : vous retirez de votre revenu brut les différents déductions auxquelles vous avez droit, ce qui donne le revenu imposable. C'est ce dernier qui indiquera quel taux d'imposition appliquer, selon le barème du canton.
- Les déductions ne sont pas les mêmes pour tout le monde : selon votre statut (soumis ou non au barème d'impôt à la source) et votre canton d'habitation, les déductions possibles ne sont pas les mêmes. Les personnes soumises au barème d'impôt à la source peuvent effectuer certaines déductions mais doivent faire une déclaration spécifiques à l'administration fiscale cantonale.
- L'imposition à la dépense (ou forfait fiscal) concerne les riches étrangers qui souhaitent s'établir en Suisse : c'est un impôt qui est très intéressant pour les personnes fortunées, mais qui est très réglementé. Comme pour les autres impôts, les cantons proposent des conditions qui peuvent être différentes.

- Le régime fiscal des frontaliers dépend principalement du canton de travail et de la fréquence du retour dans le pays d'habitation (quotidien ou hebdomadaire).
- Une des particularités des travailleurs frontaliers de Genève est qu'ils payeront leurs impôts en Suisse, mais devront faire leur déclaration en France.
- La fiscalité des travailleurs détachés dépend du nombre de jours où ils ont travaillé en Suisse : au-delà de 180 jours par an, la domiciliation fiscale est en Suisse.
- Pour les entreprises, les sociétés de personnes (indépendants par exemple) sont soumis à l'impôt sur le revenu et la fortune.
- Les sociétés de capitaux (SA ou SàRL) payent un impôt sur les bénéfices nets dont le taux varie selon les cantons. Elles payent également un impôt sur le capital social, compris selon les cantons entre 3 et 9 pour mille.

Chapitre 12

Conduire en Suisse : ce qu'il faut savoir

Que vous soyez résident ou frontalier, vous trouverez dans ce chapitre toutes les informations qui vous permettront de circuler dans de bonnes conditions sur les routes suisses.

1. Démarches pour l'importation de sa voiture

Si vous avez opté pour le statut de résident, et que vous décidez d'importer votre véhicule, vous devrez :

– effectuer les formalités de dédouanement ;

– assurer votre véhicule auprès d'une assurance en Suisse ;

– faire une demande d'immatriculation au service des automobiles de votre canton. Il vous sera alors fixé un rendez-vous pour une expertise (contrôle technique).

Formalités de dédouanement pour les véhicules

Elles se font dans tous les cas à la douane. Nous vous conseillons d'appeler les services de douane pour les prévenir de votre venue. À l'issue de cette formalité, il vous sera remis un document officiel attestant du dédouanement.

Les formalités diffèrent selon la date d'acquisition de votre voiture :

– ***vous l'avez acheté au moins 6 mois avant votre entrée en Suisse :*** lorsque vous déménagez, vous avez le droit, à titre d'effet de déménagement, d'importer la plupart de vos biens en bénéficiant de l'exonération des droits de douane. Le véhicule à usage personnel en fait partie. Vous serez dans ce cas exonéré de l'impôt sur les véhicules et de la TVA. Vous devrez cependant vous engager à ne pas vendre votre véhicule pendant un an. Si vous souhaitez néanmoins le faire, il vous faudra le déclarer aux douanes suisses et vous acquitter de la somme correspondante. Dans ce cas, vous avez un an pour immatriculer le véhicule. Vous devrez fournir les documents suivants :

- copie de la demande de dédouanement pour effets de déménagement (document téléchargeable sur le site des douanes suisses « www.douane.admin.ch »),
- carte grise,
- facture prouvant la date d'achat du véhicule ainsi que sa valeur,
- pièce d'identité,
- permis de séjour, autorisation d'établissement ou assurance d'autorisation de séjour (voir *supra*, Chapitre 5, « Les différents permis de travail : analyse », p. 127) ;

– ***vous l'avez acheté moins de 6 mois avant votre entrée en Suisse :*** dans ce cas il n'est pas possible de bénéficier du dédouanement à titre d'effet de déménagement. Vous devrez donc vous acquitter des différentes taxes :

- TVA de 7,6 %,
- impôt de consommation de 4 %,
- taxes et droits de douanes.

Dans ce cas, vous avez un mois pour immatriculer le véhicule. Vous devrez fournir les documents suivants :

- carte grise,
- facture prouvant la date d'achat du véhicule ainsi que sa valeur,
- pièce d'identité,
- permis de séjour, autorisation d'établissement ou assurance d'autorisation de séjour (voir *supra*, Chapitre 5, « Les différents permis de travail : analyse », p. 127).

L'assurance du véhicule : une RC pour véhicule suffit pour circuler

Pour importer votre véhicule, vous devrez l'assurer auprès d'une compagnie suisse. Une simple responsabilité civile « véhicule » suffit dans ce cas (voir *infra*, Chapitre 16, « Les différentes assurances à contracter », p. 395).

La demande d'immatriculation et l'expertise technique

Pour la demande d'immatriculation, vous devrez vous adresser au service des automobiles et de la navigation de votre canton.
La liste des documents à fournir est la suivante (chaque canton ayant son service des automobiles, la liste peut légèrement différer) :

– attestation de dédouanement et rapport d'expertise délivrés par la douane (formulaire 13.20 A) ;

– attestation d'assurance auprès d'une compagnie suisse ;

– un carnet anti-pollution à demander à un concessionnaire représentant la marque de votre voiture ;

– carte grise d'origine du véhicule ;

– manuel d'entretien indiquant les données techniques du véhicule ;

– certificat de conformité européen ;

– formulaire de demande d'immatriculation pour les véhicules non homologués, fourni au service des automobiles ;

– permis de séjour ou autorisation d'établissement ;

– l'original du BVR (attestation du paiement de la demande d'immatriculation).

Pratique

La procédure d'immatriculation vous coûtera environ 50 francs suisses pour l'obtention du permis de circulation (carte grise suisse), entre 50 et 100 francs suisses selon le type de plaque demandé et le canton, et entre 130 et 150 francs suisses pour l'expertise.

Si votre véhicule est récent, il ne devrait pas y avoir de trop de modifications à effectuer lors de l'expertise technique. Attention cependant aux véhicules anciens dont la mise aux normes peut induire des dépenses significatives. Il peut vous être demandé des :

– modifications basiques : il s'agit par exemple d'avoir un triangle en cas de panne, un autocollant CH, etc. ;

– modifications plus élaborées : il s'agit par exemple d'adaptations aux normes anti-pollution, sonores, etc. Si vous importez votre véhicule comme bien de déménagement, le contrôle technique demeure un peu plus souple.

2. Acheter une voiture en Suisse : la solution la plus simple

Si vous êtes résident et décidez d'acquérir votre véhicule en Suisse, vous devez savoir que la TVA est de 7,6 %, ce qui rend certains modèles plus intéressants que dans beaucoup de pays européens. À vous de faire la comparaison.
Pour se faire rapidement une idée du prix de la plupart des modèles du marché sans faire le tour de tous les concessionnaires, rendez-vous sur le site du Touring Club Suisse (www.tcs.ch) rubrique « Auto Moto ».

Pratique

Si vous souhaitez financer l'achat de votre véhicule par un prêt, les systèmes de leasing avec les garages sont très développés et relativement souples. Votre garagiste saura vous renseigner sur le type de leasing le plus adapté.

En général, la demande se fera par le biais du garagiste, mais, pour des raisons de confidentialité, vous pouvez tout à fait demander d'être en contact direct avec l'organisme financier.

Avant de signer le contrat d'achat du véhicule, nous vous conseillons de vous assurer que le financement a bien été accepté. Dans le cas contraire, vous devrez préalablement annuler la commande de la voiture, et le garagiste pourrait, en théorie, vous réclamer une compensation financière.

Selon la loi fédérale, vous pouvez annuler un contrat de leasing par écrit sans aucune justification dans un délais de sept jours.

Si vous résiliez le contrat de leasing avant son terme, vous devrez payer un montant supérieur à ce que vous auriez payé en allant au bout du leasing (qui dure en général quatre ans), notamment à cause d'une éventuelle majoration si vous avez parcouru plus de kilomètres que prévus par le contrat. Soyez donc raisonnables dans vos charges de leasing, dont la valeur est directement liée à la valeur du véhicule.

Pour un financement plus traditionnel par le biais d'une banque, sachez qu'il ne vous sera pas accordé de prêt tant que vous êtes dans votre période d'essai (ce qui n'est pas le cas pour le leasing). En revanche, et contrairement au leasing, les intérêts peuvent être fiscalement déduits de votre future déclaration d'impôt.

Pratique : Est-il préférable d'importer son véhicule ou d'en acheter un sur place ?

À moins d'être un amoureux inconditionnel de votre voiture, et si vous pouvez vous le permettre financièrement, nous vous conseillons fortement de vendre votre véhicule avant de vous installer en Suisse, vous vous faciliterez la vie. Dans le cas contraire, vous devrez en effet lui faire passer des tests techniques qui pourraient vous obliger à procéder à quelques adaptations techniques onéreuses, et les formalités administratives sont plus longues.

Par ailleurs, si votre véhicule a moins de 6 mois, vous devrez vous acquitter des diverses taxes et droits de douane.

3. Une taxe automobile qui dépend des caractéristiques techniques du véhicule

Il s'agit d'une taxe prélevée par votre canton de résidence ; elle est obligatoire pour tous les véhicules de tourisme immatriculés en Suisse.

Le calcul de la taxe dépend de chaque canton et de différents critères techniques du véhicule. Dans certains cantons, son coût est fonction de la cylindrée du véhicule, dans d'autres, le poids du véhicule et la puissance sont pris en compte.
En moyenne, cet impôt est d'environ 400 francs suisses par véhicule[1], avec des différences marquées entre les cantons : comptez environ 40 % de plus dans le canton le plus cher, et 35 % de moins dans le canton le moins cher.

Où trouver des informations complémentaires ?

Le site « www.asa.ch » est un portail qui rassemble l'ensemble des sites et des coordonnées des services des automobiles de tous les cantons. Vous trouverez dans bon nombre d'entre eux des informations concernant cette taxe (barème de calcul ou calcul en ligne).

4. La circulation sur les routes suisses : attention aux spécificités

Attention à la couleur des panneaux « autoroutes » et « routes »

Selon votre pays de provenance, les couleurs des panneaux « route » et « autoroute » peuvent être inversées. En Suisse, les autoroutes sont indiquées par un panneau vert, et les routes par un panneau bleu.

Des feux de signalisation indépendants pour chaque direction

Dans la plupart des croisements avec des feux, chaque direction (droite, gauche, tout droit) est régie par un feu de signalisation indépendant, et des présélections sur la route indiquée par des flèches au sol.

1. Information pour l'année 2007.

Il est donc recommandé de bien observer les présélections et les différents feux à un même croisement.
Dans certains cas, et particulièrement en ville, le feu de signalisation et l'endroit où vous devez vous arrêter (symbolisé au sol par un grand trait blanc) sont distants de plusieurs mètres. Il est donc important d'être extrêmement vigilant en agglomération.

Des limitations de vitesse restrictives

Sauf indications contraires particulière, les limitations de vitesse sont généralement les suivantes :

- en zone résidentielle : 30 km/h ;
- en agglomération : 50 ou 60 km/h ;
- sur les nationales : 80 km/h ;
- sur autoroute : 120 km/h.

Par temps de pluie, ces limitations restent les mêmes.

Pratique

Il faudra vous y habituer, les Suisses possèdent un sens civique au volant très développé. Sauf faute grave et grossière, il est plutôt rare de marquer son mécontentement par l'utilisation de l'avertisseur. Sur autoroute, si vous voulez dépasser un véhicule qui vous semble un peu lent, indiquez simplement votre intention de doubler par l'enclenchement de votre clignotant (appelé également « signofile » en Suisse romande).

Des amendes et des contrôles très dissuasifs

A• Les radars

Depuis plusieurs années déjà les conducteurs suisses doivent composer avec les radars fixes. Vous le trouverez la plupart du temps sur les autoroutes, et parfois sur les routes nationales.
En agglomération, il n'est pas rare de trouver des radars de détection de passage au rouge pour les feux de signalisation.

Enfin, des caméras de surveillance de la police contrôlent sur autoroute et dans les grandes villes le flux des véhicules et les éventuelles infractions. Vous l'aurez donc compris, il vaut mieux être discipliné au volant sur les routes suisses, d'autant que les amendes sont, selon l'infraction, franchement salées. Voici quelques exemples[2] :

– dépassement de la vitesse autorisée entre 21 et 24 km/h en agglomération : amende et retrait de permis ;

– dépassement sur nationale entre 11 et 15 km/h : 160 francs suisse d'amende ;

– dépassement de la vitesse autorisée sur autoroute d'au moins 31 km/h : retrait du permis de conduire pendant au moins un mois, 4 mois si c'est une récidive.

Pratique : les amendes sont-elles transfrontalières ?

Selon que votre plaque d'immatriculation est suisse ou européenne, vous n'aurez pas les mêmes poursuites :

– si vous avez des plaques suisses et que vous vous faites flasher en France, il y a plusieurs solutions possibles : soit vous êtes arrêté immédiatement, et devrez payer l'amende sur le champ, soit vous ne l'êtes pas, et la probabilité de voir arriver l'amende française en Suisse est très faible : sauf faute grave, les autorités françaises ne recherchent que très rarements les contrevenants ;

– si vous avez des plaques françaises et que vous vous faites flasher en Suisse, la probabilité de voir arriver l'amende est à l'inverse très forte. Et si vous ne payez pas, le centre de coopération police-douane (le CCPD) se chargera de vous rechercher, et vous pourrez être arrêté à la frontière. Vous risquez même jusqu'à la prison…

B• Quelques amendes et obligations routières

Principales obligations routières	Amende en cas de non-respect
Ceinture de sécurité obligatoire à l'avant et à l'arrière	Amende de 60 francs suisses
Ceinture de sécurité et rehausseur obligatoire pour les enfants de moins de 12 ans	Amende de 60 francs suisses

→

2. Informations à décembre 2007.

(suite)

Principales obligations routières	Amende en cas de non-respect
Interdiction d'utiliser un téléphone mobile au volant, sauf s'il est équipé d'un dispositif main-libre	Amende de 100 francs suisses
Taux d'alcoolémie maximum autorisé : 0,5 pour mille	Taux inférieur à 0,8 : avertissement et amende à payer (sans antécédents). Taux supérieur ou égal à 0,8 : retrait de permis pour au moins 3 mois, assorti d'une peine de prison et/ou d'une amende selon la gravité. Suivant la gravité et les antécédents (récidive ou non), l'amende peut aller jusqu'à 35 % du revenu net, et la peine de prison est ferme ou avec sursis.
Dégivrer le pare-brise et les deux vitres avant latérales	Amende de 150 francs suisses environ et retrait de permis de 1 à 3 mois

C• Quelques fautes graves à éviter absolument

La loi suisse fait la différence entre les fautes légères et graves. Commettre une faute grave est un délit passible d'une amende et / ou d'une peine d'emprisonnement. Vous trouverez ci-dessous une liste de fautes graves :

– dépasser de plus de 21 km/h la vitesse maximale autorisée en agglomération ;

– dépasser de plus de 26 km/h la vitesse maximale autorisée hors localité (ou semi autoroute) ;

– brûler un feu rouge, ne pas respecter un « stop » ;

– franchir une ligne blanche ;

– conduire en état d'ivresse (au-delà de 0,8 pour mille) ou sous l'influence de drogues.

Pratique : 3 mois de retrait de permis en cas de fatigue au volant

La loi suisse prévoit une amende et un retrait de permis de 3 mois pour toute personne qui prendrait à tort le volant alors qu'il est dans un état de fatigue qui manifestement ne lui permet pas de le prendre. Il n'est d'ailleurs pas nécessaire de provoquer une infraction ou un accident pour que cette loi s'applique : comme pour l'alcool, réfléchissez avant de prendre le volant.

Où trouver des informations complémentaires ?

- Pour plus de détails concernant l'ensemble des infractions, rendez-vous sur le site de la Confédération qui détaille le droit ainsi que les différentes infractions et leur coût : « www.admin.ch » rubrique « Documentation » – « Législation » – « Recueil systématique » – « Droit intenre » – « Travaux publics – Energie – Transports et communication » – « 741 031 ordonnance du 4 mars 1996 sur les amendes d'ordre (OAO) ».
- Pour plus de détails sur les règles de conduite en Suisse, rendez-vous sur le même site chapitre 741.11.

5. Des places de stationnement et des parking nombreux mais coûteux

Le parking sauvage n'existe pratiquement pas en Suisse, car il est rapidement sanctionné. Que ce soit en ville ou dans votre résidence, le respect des règles est important si vous ne voulez pas voir apparaître un papillon sur votre pare-brise.

Les types de places sont régis par des codes couleur :

– *places blanches :* elles sont libres sans limitation de durée de stationnement ;

– *places blanches avec numéros :* elles sont payantes, à l'horodateur ;

– *places bleues :* elles permettent une durée de stationnement limitée. Vous devrez placer un disque indiquant votre heure d'arrivée (arrondie à la demi-heure supérieure), et selon les endroits elle est limitée d'une à plusieurs heures.

Pratique

Les parking sont nombreux dans les grandes villes, mais restent très onéreux (il n'est pas rare de payer plus de 4 francs suisses pour 2 heures de stationnement).

Il existe également dans toutes les grandes villes et certaines communes des formule « P+R » qui permettent de déposer son véhicule pour utiliser ensuite les transports en commun.

Dans les zones résidentielles, certaines personnes sont habilitées à distribuer des amendes pour mauvais stationnement (si un véhicule gène une entrée d'immeuble par exemple).

6. Une vignette de circulation obligatoire pour circuler sur les autoroutes suisses

Elle donne accès à tout le réseau autoroutier en Suisse et peut être achetée dans les postes de douanes, les bureaux de tabac, à la Poste, les stations essence et certains commerces. Elle coûte 40 francs suisses et est valable 14 mois (du 1er décembre au 31 janvier de l'année suivante).
Elle est obligatoire pour tous les véhicules à moteur qui veulent circuler sur les autoroutes suisses.

Pratique

Si vous êtes arrêté par la police sur une autoroute sans vignette, vous devrez régler la vignette assortie d'une amende d'environ 100 francs suisses (cette somme peut varier selon les cantons). Attention, selon les années, la police intensifie ce type de contrôle au début du mois de février, date limite de validité des vignettes de l'année précédente.

7. Les pneus d'hiver : un équipement indispensable

Vous devrez prévoir, lors de l'achat de votre véhicule, un budget pour l'achat de pneus d'hiver si vous décidez de travailler en Suisse.

Compte tenu de la géographie du pays, il neige fréquemment sur une grande partie du territoire en hiver, et équiper votre véhicule de pneus neige est quasiment indispensable.

Pratique

L'équipement en pneus neige n'est pas obligatoire, mais est fortement recommandé car le fait de gêner la circulation sur une chaussée enneigée à cause d'un véhicule non équipé peut être passible d'une amende.

Si vous décidez d'équiper votre véhicule, nous vous conseillons d'acheter les roues complètes, il vous en coûtera moins cher à l'usage que de faire installer et désinstaller chaque année vos pneus. Par ailleurs, bon nombre de garages ou services automobiles proposent du services de gardiennage pour les pneus.

Enfin, demandez à votre assureur si des clauses particulières existent sur la responsabilité en cas de sinistre sur route enneigée en cas de non-équipement de votre véhicule. Beaucoup d'assureurs se retournent contre l'assuré dans ce cas et peuvent vous demander dans certains cas une participation aux frais pour les dommages occasionnés à votre propre véhicule.

Les points essentiels à retenir

- Selon la provenance et l'état de votre véhicule, les procédures d'importation peuvent être problématiques : l'achat d'un véhicule sur place peut être préférable si vous en avez la possibilité.
- La taxe automobile, prélevée annuellement par les cantons, est fonction de la cylindrée ou de poids et de la puissance du véhicule.
- Pour circuler sur les autoroutes suisses, vous devrez vous acquitter d'une vignette de circulation de 40 francs suisses annuels. Elle remplace les frais de péages qui n'existent pas dans le pays.
- La Suisse possède quelques spécificités en terme de conduite dont :
  - les couleurs des panneaux route / autoroute qui peuvent être différentes par rapport à votre pays,
  - des limitations de vitesses spécifiques (120 km/h sur autoroute par exemple),
  - un système de signalisation particulier (feux et présélections au sol).

- Les radars et autres contrôles routiers sont nombreux, stricts et les amendes plutôt dissuasives (certaines sont même calculées en fonction de vos revenus). Nous vous invitons donc à respecter scrupuleusement les règles de conduite.
- Les pneus d'hiver sont presque partout indispensables pendant les saisons froides.

Chapitre 13

La banque et les services bancaires

Vos besoins bancaires vont directement dépendre du pays où vous avez décidé de vous installer : de fait, résidents et frontaliers rechercheront des services et produits bancaires en général différents.

1. Les banques et les services bancaires pour les résidents

Le secteur bancaire en Suisse est une véritable institution, dont la notoriété a largement dépassé les frontières du pays.
On trouve environ 340 établissements financiers différents, couvrant des domaines aussi divers que la banque commerciale, la banque privée ou gestion de fortune, le trading en en ligne etc…

Les besoins bancaires des résidents

En tant que résident, vos besoins bancaire peuvent considérablement varier selon votre situation personnelle. Les services de banque au quoti-

dien (compte courant, cartes de débit et de crédit…) concernent en général tout le monde. Les placements et les solutions de trading (en ligne ou non) peuvent aussi faire partie de vos préoccupations. Vous pourriez également avoir besoin de conseils pour le financement de votre résidence principale si vous souhaitez devenir propriétaire d'un logement. Enfin, si vous possédez du patrimoine, vous pourriez avoir recours à la gestion de fortune privée, appelée aussi « private banking ». Le pays possède une offre bancaire développée et certains services sont innovants dans ce domaine.
Nous présenterons dans la suite un panorama de tous ces services.

Pratique

Ceux d'entre-vous qui rentreront fréquemment dans leur pays d'origine (pendant les vacances ou le week-end) auront peut-être intérêt, du moins au début, à garder leur service de banque au quotidien dans leur pays de provenance. Ainsi, il vous en coûtera moins cher d'utiliser des moyens de paiement sur un compte en euro, et la gestion des retraits en liquide sera plus pratique, même si la plupart des distributeurs de billets en Suisse proposent de retirer directement des euros.

Une offre bancaire quasi-identique mais une présence inégale dans le pays

Vous trouverez ci-dessous les principales enseignes bancaires présentes en Suisse pour les particuliers. Mieux qu'un long discours, nous vous invitons à prendre contact avec ces banques et à consulter leurs sites pour prendre connaissance de l'offre (qui est, pour les besoins bancaires « standards », relativement homogène) et des tarifs (qui eux varient significativement d'une enseigne à l'autre).

Établissement	**Nombre de points de vente**	**Nombre de distributeurs de billets**	**Site Web**	**Commentaire**
Banques Cantonales	808	1 250	www.kanto nalbank.ch	À chaque canton (ou presque) correspond sa banque canto-nale. Consultez le site web du groupe pour connaître les coordonnées de la banque du canton qui vous intéresse.
Banque Coop	env. 30	env. 100	www.banque coop.ch	Banque de la chaîne de grande distribu-tion Coop
Banque Migros	68 (45 succursales, 23 Finance shop)	env. 100	www.migros bank.ch	Banque de la chaîne de grande distribu-tion Migros
Crédit Suisse	env. 180	Non commu-niqué	www.credit-suisse.ch	
Postfinance	env. 30 centres de conseil	env. 700	www.postfi nance.ch	Filiale de la Poste suisse.
Raiffeisen	Env. 400[1]	env. 1 200	www.raiffei sen.ch	
UBS	301	env. 1 000	www.ubs.ch	
Swissquote Bank	–	–	www.swiss quote.ch	Services principa-lement axés sur les services boursiers.

1. Plusieurs guichets peuvent être rattachés à ces agences principales dans une même région.

La banque au quotidien

A• Les comptes courants ou comptes de gestion courante

La plupart des banques proposent des formules packagées qui incluent un certain nombre d'opérations et de services annuels prévus à l'avance (opérations aux guichets, carte de paiement etc.), les opérations hors forfait étant en général facturées en sus. Les offres des différentes banques sont élaborées de telle sorte qu'il est difficile de les comparer entre-elles. Plus la formule prévoit une utilisation « électronique » de la banque (virements par Internet plutôt qu'au guichet par exemple), plus son prix unitaire sera faible, voire nul pour certains établissements.

Le fait d'avoir des placements supérieurs à un certain montant dans la même banque peut avoir, pour certains établissements, l'effet de réduire le coût mensuel de la formule (c'est par exemple le cas de l'UBS).

Ces formules incluent, en général :

– **un compte courant ou compte salaire** : c'est le service de base proposé par toutes les banques. C'est sur ce compte que sera versé votre salaire, et sur lequel vous ferez la plupart de vos retraits et dépenses. Ces comptes courants bénéficient d'un taux d'intérêt rémunérateur, en général très faible (compris, suivant les banques, entre 0,125 % et 0,25 %)[2] ;

– une **carte de débit** (Maestro ou autre) qui vous permettra de retirer de l'argent liquide dans les distributeurs automatiques de billets et de régler vos achats chez les commerçants (voir plus loin dans ce chapitre pour plus d'explications) ;

– une **carte de crédit** qui vous permettra de payer vos achats chez les commerçants et d'être débité à la fin du mois. Toutes les offres packagées n'incluent pas cette carte ;

– un **compte d'épargne**, mieux rémunéré que le compte courant (suivant les banques et les conditions, entre 0,625 % et 1 %). Les retraits sur ces comptes sont en général soumis à conditions (montant et fréquence) ;

– un accès au service de **gestion de vos comptes sur Internet**. Dans la plupart des établissements, ce service permet de régler ses factures

2. Information délivrée pour fin 2007.

directement sur Internet (voir page 356 « Le bulletin de versement, une méthode pratique pour payer ses factures » pour plus d'informations), et d'effectuer des virements sur des comptes à l'étranger.

Dans certaines banques, les formules sont adaptées selon l'âge (formule pour les jeunes et les seniors par exemple), avec des tarifs et des conditions qui diffèrent.

Suivant l'établissement, d'autres services non mentionnés ici peuvent être inclus. Nous ne fournissons ici que les informations générales.

Sachez enfin que la plupart des banques proposent des comptes en euro (comptes d'épargne et comptes courants).

B• Les cartes de débit et de crédit : les spécificités suisses

En Suisse, les cartes de crédit et de débit sont distinctes :

– ***la carte de débit*** (appelée carte Maestro dans les banques et Card Direct chez Postfinance) permet d'effectuer des retraits aux distributeurs automatiques de billets (communément appelés bancomat ou postomat), ainsi que d'effectuer des paiements dans la plupart des commerces. Elle permettent en outre de régler ses achats à l'étranger dans beaucoup de commerces. Toutes les opérations sont alors directement prélevées sur votre compte courant.

Pratique

Que vous soyez frontalier ou résident en Suisse, la plupart des banques vous accorderont une carte de débit si votre salaire arrive sur le compte depuis au moins 3 mois. La limite des dépenses (montant maximum que vous pouvez retirer par jour, par mois) dépend de votre salaire et de vos avoirs. Cette limite ne dépend pas du montant que vous avez sur votre compte ; ainsi, il est tout à fait possible d'avoir l'argent sur son compte, d'avoir dépassé sa limite, et de se voir refuser un paiement. Soyez vigilant dans ce cas, et discutez bien avec votre conseiller financier de la meilleure limite à fixer.

La majorité des commerces sont équipés de terminaux de paiement pour les cartes de débit, mais il existe une vraie culture de l'argent liquide en Suisse, et beaucoup de gens préfèrent payer en cash.

Enfin, ne comptez pas obtenir de chéquier en Suisse, ils n'existent pratiquement pas (et sont même considéré comme un moyen de paiement « archaïque »).

– ***la carte de crédit*** a pour fonction principale de permettre à son détenteur d'effectuer des paiements dans de nombreux magasins en Suisse et à l'étranger. Toutes les opérations sont alors comptabilisées puis débitées en une seule fois sur le compte, en général à la fin du mois. Les cartes de crédits sont distribuées par les établissements financiers traditionnels, le sont également par des organismes financiers spécialisés tels que Corner ou Diners, mais aussi par des organismes qui n'ont rien à voir avec la finance : c'est par exemple le cas du Touring Club Suisse (TCS) ou d'Orange Suisse.

Pratique

Les critères d'attribution des cartes de crédit diffèrent d'une banque à l'autre. Généralement, l'attribution d'une carte de crédit est plus facile pour les titulaires d'un permis C, avec un montant minimum à avoir sur le compte. Pour un résident titulaire d'un permis B (séjour longue durée), il sera parfois demandé une somme de garantie bloquée sur le compte (20 000 francs suisses par exemple). Cependant, il semblerait que les établissements financiers soient de plus en plus souples dans leurs attibutions.

C• Trois moyens pratiques pour transférer des fonds de la Suisse vers d'autres pays

Si vous avez besoin de transférer des fonds de votre compte bancaire suisse vers votre compte bancaire d'un pays de l'Union européenne (ou vice-versa), voici les possibilités qui s'offrent à vous :

– **le virement international Swift ou IBAN : souple mais coûteux.** C'est l'équivalent d'un virement de compte à compte impliquant deux comptes d'un pays différent. Le virement Swift possède l'avantage d'être universellement reconnu, et l'inconvénient d'être assez coûteux, selon l'établissement financier (en pratique, soit les frais sont à la charge du donneur d'ordre, soit l'inverse, soit 50/50). Suivant l'établissement bancaire, ce type de virement peut également prendre du temps (parfois jusqu'à 4 jours) ;

– **le LSV[3] ou recouvrement direct : contraignant, peu répandu mais gratuit**. C'est un avis de prélèvement qui permet de virer à intervalle régulier une somme d'argent d'un compte sur un autre.

3. Acronyme du terme allemand « Lastschriftverfahren », voir le glossaire en annexe.

Le bénéficiaire, à travers le LSV, donne son accord pour le débit futur de son compte. Il concerne dans la plupart des cas des virements entre deux comptes de banques suisses, et les banques suisses le proposent gratuitement et sans frais. Ce système a été étendu pour des transferts entre banques suisses et certaines banques françaises[4] ;

– **passer physiquement l'argent à la frontière : risqué, peu pratique et limité.** C'est probablement la solution la moins sûre car il n'est jamais indiqué de transporter sur soi d'importantes sommes d'argent. Nous vous la déconseillons. En revanche, elle peut parfois dépanner si par exemple vous devez faire un transfert de fonds rapidement.

Attention cependant, vous avez obligation de déclarer au service des douanes tout transfert physique d'argent liquide supérieur à un certain montant (10 000 euros pour les douanes françaises)[5].

D• Les solutions de gestion de compte sur Internet

Ces services, qui font en général partie des offres packagées proposées par les banques sont plus ou moins les mêmes : consultation de compte, virement de compte à compte, virement à l'étranger, paiement de factures (BVR), alertes sms…

Vous pouvez opter dans certaines banques pour une gestion totalement électronique de vos documents bancaires, ce qui signifie que vous ne recevrez vos relevés de compte que par l'intermédiaire de ce service en ligne. Dans certaines banques, ce choix vous permet de réduire le coût de vos frais de tenue de compte.

Pratique : réglez vos factures avec le système de paiement Paynet

Toutes les banques commerciales permettent à leurs clients de régler leurs factures sur Internet via leur solution de gestion de compte en ligne. À réception de la facture, vous devrez néanmoins saisir toutes les informations que votre créancier vous aura envoyées par le biais du bulletin de versement (BVR).

4. Dans le cadre du SEPA (Single Euro Payments Area ou Espace unique de paiement en euro), il est prévu que les prélèvements automatiques soient informatisés entre les pays d'Europe mais aussi avec la Suisse, ce qui devrait avoir pour conséquence une amélioration de la facilité de transferts de fonds. En principe, ce service devrait être disponible dès 2008, et effectif au plus tard en 2010.

5. Cette déclaration concerne également les chèques, les titres (actions, obligation…).

Cette saisie peut être fastidieuse (il s'agit de saisir des numéros de série relativement longs et de numéros de comptes), surtout si vous recevez beaucoup de factures. Pour remédier à cela, les banques et certains prestataires de services se sont entendus pour proposer un service appelé Paynet. Dans cas, il suffira de demander à votre banque que vous souhaitez utiliser ce service, et de sélectionner dans une liste les émetteurs réguliers de factures avec qui vous êtes en relation (les téléphonistes, les fournisseurs d'accès à Internet...). Une fois enregistré, à chaque fois qu'une facture sera émise, vous recevrez un courriel vous indiquant que la facture est disponible sur le système de gestion de compte sur Internet de votre banque.

Vous n'aurez alors plus qu'à accepter (ou refuser) le paiement, après avoir sélectionné la date à laquelle vous voulez qu'il soit effectué.

Ce système de paiement est simple, pratique, et très sûr, car il s'opère dans l'environnement « protégé » de la solution de gestion de votre banque.

Avant d'ouvrir un compte dans une banque, demandez si ce service très pratique est proposé.

La gestion de fortune privée

Les plus fortunés d'entre-vous pourront bénéficier de services haut de gamme de gestion de fortune, appelés très souvent « private banking ». Ces services sont en général réservés à des personnes possédant une fortune d'un certain montant. Certaines banques traditionnelles proposent leurs services de gestion de fortune privée à partir d'un montant de 200 000 francs suisses, alors que pour d'autres ils commencent à plusieurs millions.

La Suisse est notamment connue à l'étranger pour la gestion de fortune privée : près de 30 % de la fortune privée dans le monde se trouve en Suisse, le pays occupant la première place mondiale (devant le Luxembourg, les Caraïbes, les Iles Anglo-Normandes).

Pratique : le secret bancaire et les comptes numérotés : mythes ou réalités ?

Le secret bancaire est un principe fort qui fait partie de la législation fédérale depuis 1934.

Les établissements bancaires, ainsi que leurs employés, doivent ainsi respecter un secret total concernant leurs clients. La banque doit ainsi faire en sorte, dans ses relations commerciales, que la sphère économique privée du client soit respectée : la discrétion est donc une véritable seconde nature chez les employés de banque, et tout employé qui contreviendrait à ce principe serait licencié séance tenante : on en plaisante pas avec le secret bancaire en Suisse. Pour l'anecdote, certaines banques recommandent à leurs employés de ne pas saluer leurs clients dans la rue, car cela pourrait laisser supposer aux yeux d'éventuels passants que la personne est cliente.

Ces mesures concernent tous les clients, qu'ils soient ou non fortunés, et qu'ils soient résidents ou non dans le pays.

Sauf en cas de poursuites pénales (notamment dans le cadre d'affaires graves tel que le blanchiment d'argent), le secret bancaire ne peut être levé, que ce soit par les administrations fiscales étrangères... ou suisses !

Vous pouvez également ouvrir dans une banque suisse un compte numéroté si vous souhaitez davantage de discrétion : ainsi, dans vos relations avec la banque, vous ne donnerez jamais votre nom mais ce numéro ou un nom de code. Au sein même de la banque, seules quelques personnes, dont en général votre conseiller, sauront faire le rapprochement entre vous et ce code ou numéro. Ces comptes sont en général assez coûteux. Enfin, pour ouvrir ce type de compte, vous devrez obligatoirement dévoiler votre identité à la banque.

Les prêts immobiliers pour l'achat d'un bien en Suisse

Compte tenu du coût relativement élevé des biens immobiliers, l'accession à la propriété est mécaniquement limitée par les revenus des particuliers. Cependant, le système de financement des banques suisses est adapté en conséquence (prêts qui peuvent aller jusqu'à 50 ans ou plus, avec une partie amortissable qui peut être très réduite).

En plus d'analyser votre bien, sa valeur d'achat et les éventuels risques, votre banque regardera :

– les revenus du ménages, de sorte que le taux d'endettement vous permette d'absorber la mensualité du prêt sans mettre en péril vos finances ;

– votre apport personnel pour le financement du bien. Une partie de l'argent accumulé par le système de retraite dans le cadre d'un 2e pilier (voir *infra*, « La prévoyance professionnelle (2e pilier) : pour compléter la couverture de l'AVS, p. 382) peut être mis à contribution pour l'acquisition de votre bien, c'est une pratique courante dans le pays et autorisée depuis quelques années.

La banque ou l'organisme prêteur vous demandera dans tous les cas au moins 20 % de fonds propres (et certaines imposeront que 10 % soient constitués en cash, le reste pouvant être complété par l'argent d'un 2e pilier).

Compte tenu des prix moyens annoncés (voir page 189 « Le prix élevé des biens immobiliers en Suisse »), et pour donner quelques repères, l'apport personnel devra être, en moyenne, de 150 000 francs suisses pour une maison individuelle, et de 110 000 francs suisses pour un appartement.

Sur le plan fiscal, il est dans la grande majorité des cas plus intéressant d'amortir une infime partie du bien : cette pratique est proposée et souvent encouragée par les banques suisses. Compte tenu du prix des biens, c'est aussi souvent la seule possibilité de pouvoir acheter pour beaucoup de ménages, pour que le taux d'endettement ne soit pas trop important. Ainsi, il est probable que votre mensualité de prêt soit composée en grande partie par les intérêts.

Une fois le bien acheté, et compte tenu du système de financement, la mensualité du crédit s'avère souvent plus faible que le montant d'un loyer. Le problème principal ici restant néanmoins la constitution des fonds propres.

Pour plus de détails concernant le financement de votre résidence principale, nous vous invitons à contacter votre banque en Suisse qui saura vous renseigner.

Pratique : retirer son 2e pilier pour financer l'achat de sa résidence principale

Ce retrait est, comme nous venons de le voir, possible pour l'achat d'une résidence principale en Suisse, mais il l'est également pour l'achat d'une résidence principale en France, ce qui est particulièrement intéressant pour les travailleurs frontaliers. Vous pouvez ainsi retirer intégralement votre 2e pilier avant 50 ans (au-delà, la loi fixe des limites), mais attention : si vous revendez votre bien, vous devrez « rembourser » les sommes prélevées par anticipation sur votre deuxième pilier.

2. Les banques et les services bancaires pour les frontaliers

Les besoins bancaires des travailleurs frontaliers

Remarque : les développements qui suivent concernent les frontaliers qui rentrent quotidiennement. Les frontaliers « semainiers » (qui rentrent une fois par semaine) peuvent avoir des besoins qui se rapprochent davantage de ceux des résidents. Nous vous invitons donc à vous référer aux chapitres précédents.

En tant que frontalier, vos besoins bancaires sont spécifiques : vous recevrez un salaire en francs suisses, mais vivant en France, une grande partie de vos dépenses se fera en euro.

La gestion au quotidien de votre argent tournera donc autour de trois facteurs :

– le **rapatriement** de votre salaire dans votre banque française : les solutions qui s'offrent à vous peuvent être plus ou moins souples et coûteuses ;

– le **risque de change** : si vous ne voulez pas vous ruiner en frais de change, ni subir les variations entre le franc suisse et l'euro qui pourraient déstabiliser votre budget, vous devrez choisir une solution bancaire adaptée et qui contourne au mieux ces contraintes transfrontalières ;

– la **gestion de vos factures et de vos paiements au quotidien** : vous devrez également tenir compte du fait que vous aurez des dépenses en euro mais aussi en francs suisses : vous aurez alors besoin de régler ou retirer aisément et sans trop de frais dans ces deux devises.

Entre les banques françaises et suisses, ce sont les banques françaises qui proposent les services les plus adaptés aux problématiques des travailleurs frontaliers : votre relation bancaire principale se fera donc avec l'une d'entre-elles, mais très souvent vous aurez aussi besoin d'avoir un compte dans une banque suisse. Nous détaillons ces points par la suite.

Les services dont vous aurez besoin pour la gestion de votre argent au quotidien

Avant toute chose, il est important de comprendre que les devises des comptes ne sont pas attachées à un pays. Ainsi, il est habituellement possible d'ouvrir un compte en euro dans une banque française ou ouvrir un compte en francs suisses dans une banque suisse, mais il est également possible d'ouvrir un compte en euro dans une banque suisse et un compte en francs suisses dans une banque française.
Le tableau ci-dessous résume, pour la banque au quotidien, les principaux services et types de comptes dont vous aurez besoin :

Type de service	Besoin d'avoir ce service dans une :	
	Banque française	**Banque Suisse**
Compte en euro	Oui	Non
Compte en francs suisses	Oui	La réponse dépend de la solution proposée par votre banque
Service de garantie de change	Oui, pour tout ou une partie des transferts d'argent	Non proposé par les banques suisses
Carte de paiement (internationale ou non, sur compte en euros ou en francs suisses)	Il est indispensable que vous puissiez régler vos achats dans les deux pays et retirer des liquidité dans les deux devises. Les possibilités dépendent de votre partenaire bancaire français et de vos choix. Voir ci-dessous pour plus de détails.	

A• Compte en euro

En tant que frontalier, vos principales dépenses seront en euros, et vous aurez besoin d'en ouvrir un dans votre banque française.

B• Comptes en francs suisses

Lorsque vous ouvrirez votre compte en euro dans une banque française, on vous proposera également d'y ouvrir un compte en francs suisses.

Ce compte aura pour objectif principal « d'accueillir » vos virements en francs suisses en provenance de Suisse, en attendant d'être changé en euros (entre autre grâce au service de garantie de change).
Un seul établissement, le Crédit Mutuel, propose une offre qui permet de se passer d'un compte en francs suisses dans une banque suisse, le salaire étant versé par votre employeur suisse directement en France.

C• Service de garantie de change (ou vente à terme)

C'est un service, sous forme de contrat, que vous passerez avec votre banque française, et qui vous permettra :

– de prévoir le taux de change que la banque appliquera lorsque vous déciderez de convertir vos francs suisses en euros : avec ce contrat, la banque s'engage à vous acheter des francs suisse à un taux déterminé à l'avance, et en contrepartie vous vous engagez à lui vendre : cette « manipulation » vous permettra de convertir vos francs suisses en euros à un taux connu à l'avance ;

– de prévoir la fréquence et le moment où se feront ces conversions.

Les taux de change sont fixés par les banques, et dépendent des conditions du marché.

En général, il n'est pas possible de souscrire ce type de service pour des durées supérieures à 1 an. De plus, les échéances sont fixées par l'établissement bancaire, et des montants minimum à changer (en francs suisses) sont imposées.

Pratique : la garantie de change est un service rassurant, mais modérez son utilisation

Souscrire un service de garantie de change, c'est avant tout réduire l'incertitude des fluctuations entre le franc suisse et l'euro.

Mais attention, selon la différence entre les conditions du marché le jour où vous faites la conversion et entre les conditions signées avec le service de garantie de change, cela peut-être plus ou moins intéressant pour vos finances.

Voici un exemple simplifié qui vous permettra de bien comprendre son utilisation (les chiffres et cours donnés sont fictifs) : le 10 janvier 2009, vous décidez de souscrire un service de garantie de change avec votre banque car vous souhaitez rapatrier tous les mois votre salaire de 5 000 francs suisses.

Vous vous engagez alors à changer vos francs suisses contre des euros au taux de change suivants :

	Cours (valeur en francs suisse de 1 euro)	**Pour 5 000 francs suisses échangés, vous recevrez en euro :**
10 février 2009	1,68121	2 974,04
10 mars 2009	1,67234	2 989,82
10 avril 2009	1,66123	3 009,82

Prenons l'exemple du 10 avril 2009.

Contractuellement, vous vous êtes engagé le 10 janvier à changer le 10 avril des francs suisses au cours de 1,66123. Est-ce une bonne ou une mauvaise opération ? Cela dépend du taux effectif (ou taux au comptant) observé le 10 avril :

***Cas n° 1 : le taux au comptant est de 1,60567** (1 euro = 1,60567 franc suisse) : l'euro a baissé*

Si vous changiez vos francs suisses au comptant (le cours du jour), vous auriez 3 113,96 euros : pour un même montant de francs suisses changés, vous avez plus d'euros : le service de garantie de change est moins intéressant (mais nous n'avez de toute façon pas le choix et devez honorer votre contrat).

***Cas n° 2 : le taux au comptant est de 1,70321** : l'euro augmente*

Si vous changiez vos francs suisses au comptant, vous auriez 2 935,63 euros : pour un même montant de francs suisses changés, vous avez moins d'euros : le service de garantie de change est plus intéressant (mais nous n'avez pas le choix et devez honorer votre contrat).

Cet exemple prouve bien que le seul véritable intérêt du service de garantie de change, c'est de réduire l'incertitude des fluctuations de l'euro face au franc suisse. Vous serez gagnant dans certains cas, perdant dans d'autres, et c'est la raison pour laquelle nous vous conseillons de ne pas changer l'intégralité de votre salaire avec ce service, mais une partie seulement. Ainsi, vous conserverez une chance de bénéficier d'une augmentation de l'euro, tout en limitant le risque de baisse.

D• Carte de paiement

Toutes les banques françaises mettent à votre disposition une carte de paiement, la plupart du temps internationale, reliée à votre compte en euro, ce qui vous permettra de retirer du liquide dans les distributeurs automatiques, de régler vos achats en France et en Suisse.

Le Crédit Mutuel propose pour sa part une carte de paiement sur votre compte en francs suisses sans frais en cas de retrait de liquidités dans les distributeurs automatiques en Suisse.
Selon les établissements bancaires, ces services seront disponibles séparément ou sous forme packagée (regroupement de plusieurs services avec un abonnement mensuel).

Pour les frontaliers, deux types de services bancaires s'opposent

Pour la gestion de votre argent, vous pouvez :

– soit conserver les services d'une banque suisse, en plus d'une banque française ;

– soit vous vous passer des services d'une banque suisse, la gestion complète étant assurée par votre banque française.

A• Choix 1 : banques suisse et française pour la gestion au quotidien et le rapatriement

Vous trouverez ci-dessous les principales étapes de la gestion au quotidien dans ce cas :

Étape	Commentaires
Versement du salaire par votre employeur	Votre salaire est versé sur votre compte en francs suisses dans une banque suisse.
Rapatriement de votre salaire de la Suisse vers la France	Votre salaire en francs suisses est transféré de la banque suisse vers la banque française. L'argent est versé sur le compte en francs suisses de votre banque française. Ce rapatriement peut se faire de différentes manières, plus ou moins coûteuses (voir page 312 « La banque au quotidien » pour plus de détail). Une des méthodes les moins coûteuses consiste à utiliser le LSV, accepté par quelques banques françaises (le Crédit Agricole, la Banque Populaire des Alpes).
Conversion de votre salaire (francs suisses → euros)	La conversion peut se faire par l'intermédiaire d'un service de garantie de change (voir précedemment) ou au comptant (conversion au cours du jour).

→

(suite)

Étape	Commentaires
Achats dans les commerces, retraits en liquide…	– Les achats et retraits en France se font à moindre frais avec vos moyens de paiement français. – Les achats et retraits en Suisse se font à moindre frais avec vos moyens de paiement suisses.
Gestion des factures	– Les factures de source française sont réglées grâce aux moyens mis à disposition par votre banque en France (TIP, chéquier…). – Les factures de source suisse (si vous en avez) sont réglées grâce aux moyens mis à disposition par votre banque en Suisse (paiement éléctronique des BVR) ou « physiquement » à la Poste.

Qui propose ce type de services ? Ce service de gestion est proposé par tous les établissements bancaires français proposant des services pour les travailleurs frontaliers (voir page 327 pour les coordonnées).

Pratique : toutes les banques ne proposent pas de services dédiés aux frontaliers

La majorité des banques françaises proposent des services dédiés aux travailleurs frontaliers mais pas toutes. Les principaux acteurs sur ce segment sont les suivants : Crédit Agricole, Crédit Mutuel, Société Générale, Banque Populaire, CIC.

La Caisse d'Epargne propose pour sa part des prêts immobiliers en devises, mais pas de services de gestion pour la banque au quotidien.

BNP Paribas propose également des prêts immobiliers en devises ainsi que des réductions tarifaires sur les frais de virements internationaux (dans certaines agences). Il peut donc également être intéressant d'aller contacter ces établissements.

Pratique : pour le rapatriement de salaire, optez pour le prélèvement automatique

La plupart des banques vous proposeront le prélèvement automatique qui consiste à transférer tout au long de l'année vos fonds de la Suisse vers la France. Quand cette formule est utilisée, elle est souvent gratuite ou moins chère que par un autre moyen.

B• Choix 2 : une banque française uniquement pour la gestion au quotidien et le rapatriement

Vous trouverez ci-dessous les principales étapes de la gestion au quotidien dans ce cas :

Étape	Commentaires
Versement du salaire par votre employeur	La banque française vous remet un document qui permettra à votre employeur de verser votre salaire directement sur votre compte en francs suisses en France.
Rapatriement de votre salaire de la Suisse vers la France	Sur le plan pratique, ce virement est sans frais pour votre employeur car il se fait en réalité selon un mécanisme interne à l'établissement bancaire français, et cela revient pour votre employeur à effectuer ce virement dans un établissement en Suisse. Ce service est payant sous forme d'abonnement, quel que soit le nombre de virement effectués.
Conversion de votre salaire (francs suisses → euros)	La conversion peut se faire par l'intermédiaire d'un service de garantie de change (voir précedemment) ou au comptant.
Achats dans les commerces, retraits en liquide...	– Les achats et retraits en France se font à moindre frais avec vos moyens de paiement français. – Les achats et retraits en Suisse se font à moindre frais avec une carte de paiement sur votre compte en francs suisses qui fonctionne sans frais en Suisse.
Gestion des factures	– Les factures de source française sont réglées grâce aux moyens mis à disposition par votre banque en France (TIP, chéquier...). – Les factures de source suisse devront être réglées « manuellement » (paiement du BVR à la Poste la plupart du temps, voir p. 356 « Le bulletin de versement, une méthode pratique pour payer ses factures » pour plus d'informations).

Qui propose ce type de services ? Le Crédit Mutuel et le CIC sont les seuls établissements bancaires français à proposer ce type de service à ce jour.

C• Avantages et inconvénients de ces deux formules

Il n'existe pas de solution meilleure que l'autre, chacune répondant à des besoins différents. Le tableau ci-dessous résume les principaux avantages / inconvénients :

	Avantages	Inconvénients
Un établissement bancaire en Fance et en Suisse	– Souplesse dans la mise en place : vous pouvez choisir n'importe quelle banque suisse pour y ouvrir votre compte, et donc pas de risque de refus de la part de votre employeur.	– Gestion de deux comptes (avec parfois, par exemple, les problèmes d'approvisionnement de l'un au détriment de l'autre). – D'un point de vue de la banque suisse, votre salaire ne fait que « passer » : de fait, certains établissements ne vous donneront pas de moyens de paiement tout de suite (délais variables pouvant aller jusqu'à 3 mois).
Un établissement bancaire en France	– Vous économisez les frais d'une banque suisse. – Gestion des comptes dans un seul établissement.	– Gestion des factures émises en Suisse pas toujours pratique (car absence de compte courant dans une banque suisse). – Refus potentiel de l'employeur (voir ci-dessous).

Pratique : avant de choisir vos banques françaises et suisses, demandez à votre employeur son avis !

Votre employeur peut avoir passé des accords cadres avec un partenaire bancaire en Suisse, et dans ce cas vous serez « invité » à ouvrir un compte dans cette banque, sans avoir vraiment le choix.

Avant tout choix d'une banque française, nous vous recommandons donc de demander à votre employeur comment cela se passe pour le versement du salaire et si vous êtes libre de choisir la banque que vous souhaitez.

Si c'est le cas, vous serez donc libre de choisir l'un des deux services mentionés ci-dessus. Si votre employeur « impose » son partenaire bancaire, la solution de compte unique en France pourrait poser problème.

Le coût des services bancaires pour les frontaliers

Les formules packagées se payent en général mensuellement. Leur coût varie en fonction de la banque et des services qu'elles prennent en charge. Ces coûts varient de moins de 10 € à un peu plus d'une vingtaine d'euros mensuels, mais pas pour des services forcément équivalents.

Les banques françaises ont pour obligation légale d'être transparentes vis-à-vis de leurs clients sur la question des frais. Nous vous conseillons donc de demander aux différents établissements bancaire, une simulation des coûts totaux qui représenterait le virement de votre salaire mensuel de la Suisse vers la France.

Les points auxquels il faut être attentif sont les suivants :

– contenu des services de la formule packagée ;

– frais liés au transfert des fonds de votre compte en Suisse vers votre compte en France (frais de mise en place, frais par prélèvement…) ;

– frais de change ;

– frais liés à l'accès aux services web de la banque (ils ne sont pas gratuits dans toutes les banques) ;

– frais en cas de retrait ou paiement en Suisse avec votre carte de paiement international

Selon les banques, les frais peuvent être très différents.

Où trouver des informations complémentaires ?

– Pour les banques mutualistes (Crédit Agricole et Crédit Mutuel), et la Banque populaire des Alpes, vous trouverez sur leur site web des informations relatives aux offres, avec des pages dédiées aux travailleurs frontaliers. Pour toutes les autres banques (BNP Paribas, CIC, Société Générale), vous devrez soit leur téléphoner, soit pousser la porte d'une agence bancaire.

• Banque Populaire des Alpes : « www.alpes.banquepopulaire.fr »

• Crédit Agricole :

Des Savoie : « www.ca-des-savoie.fr »
Centre-Est : « www.ca-centrest.fr »
Franche-Comté : « www.ca-franchecomte.fr »
Alsace-Vosges : « www.ca-alsace-vosges.fr »

• Crédit Mutuel :

Savoie-Mont Blanc : « www.creditmutuel.fr/cmsmb/fr »
Sud-Est : « www.creditmutuel.fr/cmse/fr »
Centre Est Europe : « www.creditmutuel.fr/cmcee/fr »

• BNP Paribas : www.bnpparibas.net, rubrique « Trouver une agence »

• CIC : www.cic.fr, rubrique « Nos agences »

• Société générale : www.societegenerale.fr, rubrique « Trouver une agence »

– Vous trouverez sur le site « www.expatwire.ch » un comparatif des offres bancaires dédiées aux frontaliers, avec pour certains établissements la possibilité de demander une offre à la banque ou de faire une demande de crédit immobilier en devises en ligne.

Des prêts immobiliers en devises qui peuvent être très intéressants

Si vous travaillez en Suisse et que vous souhaitez faire l'acquisition d'une résidence en France, il peut être intéressant de souscrire un prêt en francs suisses, appelé aussi prêt en devises.

L'intérêt principal de ce type de prêt est qu'il est monté en francs suisse : vos remboursements d'échéances seront ainsi dans la même devise que vos revenus, se qui vous protège des variations du taux de change qui pourraient subvenir dans le temps entre euro et franc suisse. Cette différence majeure avec un prêt traditionnel en euro est importante, compte tenu de la durée des prêts immobiliers (rarement moins de 15 ans, parfois 30 ans).

A• Les prêts proposés par les établissements bancaires établis en France

Les établissements bancaires français proposent différentes possibilités de prêt, et nous vous proposons ci-dessous d'en survoler les principales caractéristiques, ce qui vous permettra de discuter avec votre banquier et de comprendre son offre :

B• Les différents types de taux

Ils peuvent être fixes ou variables (capés ou non).

• Les **taux fixes** vous permettent d'avoir, pendant toute la durée du prêt, une mensualité constante et définie à l'avance.

• Pour les prêts immobiliers en francs suisses, les **taux variables** (ou taux révisables) sont composés de deux éléments :

– le LIBOR CHF (1, 3, 6 ou 12 mois)[6], qui tous les ans, à la date anniversaire de votre prêt, sera réévalué. C'est l'adossement ;

– La marge : elle est déterminée de façon définitive pour toute la durée du prêt, et c'est sur elle que doit se faire la négociation. Très souvent, ce sont vos revenus et votre situation personnelle (dont le

6. Le LIBOR CHF (acronyme de *London Inter-Bank Offered Rate*) est un taux d'intérêt interbancaire offert à Londres en francs suisses.

montant de votre apport personnel) qui seront déterminants dans la négociation.

Pratique : un exemple simplifié pour comprendre les taux variables

Prenons le cas d'un taux variable indéxé sur le LIBOR 3 mois, dont la valeur au moment du prêt est de 2,55. Après négociation avec la banque, la marge est fixée à 0,8.

– Dans ce cas, le taux variable qui vous sera appliqué pour l'année 1 sera de : 2,55 + 0,8 = 3,35 %.

– L'année suivante, à la date anniversaire de votre prêt, le LIBOR 3 mois est passé de 2,55 à 2,65. Le taux variable qui vous sera appliqué pour l'année 2 sera de : 2,65 + 0,8 = 3,45 %.

Pour éviter des fluctuation trop importante, les banques proposent des taux variables dits « capés », et qui limitent les variations. Les taux capés sont compris entre 0,5 et 3 % : par exemple, un taux capé +3 signifie que la variation maximale de votre taux variable sera de 3 %, à la hausse, comme à la baisse.

Pratique : taux variable, taux capé, taux fixe : que choisir ?

Les critères de choix sont multiples et dépendent principalement de votre capacité de remboursement, de votre aversion au risque et de vos moyens financiers : un taux fixe coûte en général plus cher qu'un taux capé +3.

Plus le taux est risqué (et donc susceptible de bouger dans le temps), moins l'emprunt vous coûtera cher au démarrage. Comme il semble extrêmement difficile de faire des prévisions de tendance, surtout sur des périodes de plusieurs décennies, nous vous recommandons donc de regarder avant tout votre capacité de remboursement. Si vous êtes un peu « juste » sur vos mensualités, ne vous mettez pas en situation difficile avec un taux variable ou capé car si les taux devenaient défavorable l'année suivante, vous pourriez ne plus rembourser votre emprunt (c'est par exemple, ce qui s'est passé pour de nombreuses familles avec la crise des subprimes aux États-Unis en automne 2007).

C• Le mode de remboursement

Selon les établissements financiers, vous aurez le choix entre plusieurs types de remboursements (échéances constantes, quasi constantes ou dégressives, ou encore remboursement in fine).

Pratique : le remboursement *in fine*, un mode de remboursement qui a ses avantages

Avec la plupart des prêts, vous remboursez chaque mois ou trimestre : une partie du capital + les intérêts + les assurances.

Avec un prêt in fine, *vous ne payez que les intérêts et l'assurance, le capital étant remboursé intégralement en fin de prêt.*

Dans le cadre des prêts en devises pour la Suisse, ce type de prêt est souvent associé au nantissement d'un 3e pilier B[7].

D• La durée du prêt

Elles varient selon les établissement et les types de prêts. Elles sont dans la plupart du temps de 25 ans, mais certains établissements proposent de durées allant jusqu'à 30 ans.

E• Les périodicités de remboursement

Elles sont mensuelles, trimestrielles ou annuelles, selon les types de prêts et les établissements.

F• L'apport personnel

Il n'y a pas de véritable règle en la matière. Contrairement aux établissements suisses qui ne prêtent pas sans un minimum d'apport, les établissements français pourront vous proposer un prêt si vos revenus sont suffisants, même sans apport personnel. Cependant, dans cette situation, votre pouvoir de négociation sera amoindri.

7. Un nantissement est une sorte de garantie : le montant que vous versez (soit chaque mois, soit au démarrage, soit les deux) sur le 3e pilier est placé et les performances de ce placement ont pour objectif de permettre le remboursement du capital à l'échéance.

G• Comparer les offres des banques entre-elles

Pour comparer entre-elles les différentes offres que les établissements bancaires vous feront, ne vous attardez pas sur le taux, ni sur les frais de dossier, mais regardez plutôt le **coût total du crédit**, que l'établissement doit vous communiquer dans l'offre de prêt.

Pratique : lors de la négociation, pensez à demain !

Si vous avez le projet d'acheter un bien immobilier, c'est que tout va bien pour vous en ce moment. Cependant, si vous deviez l'année suivante vendre votre appartement ou en racheter un plus grand, vous pourriez avoir de mauvaises surprises. En effet, demandez à l'établissement bancaire les conditions de remboursement anticipé, l'idéal étant de pouvoir rembourser à tout moment et sans pénalités. Cette clause est la plupart du temps négociable AVANT la signature du contrat, et elle peut vous faire économiser beaucoup d'argent : très souvent, on vous réclamera 3 % du capital restant (avec un plafond)...

Où trouver des informations complémentaires ?

Pour souscrire un prêt immobilier dans un établissement en France, ou si vous désirez plus d'informations, vous pouvez :

– vous adresser aux établissements bancaires mentionnés précedemment ;

– vous adresser à un courtier spécialisé en prêts en devise, que vous trouverez soit en zone frontalière en France, soit en Suisse ;

– consulter la rubrique « Crédits immobiliers en devises » du site « www.expatwire.ch », qui vous proposera des informations comparatives entre les différentes offres, ainsi que la possibilité de faire des demandes en ligne.

H• Les prêts proposés par les établissements établis en Suisse

Quelques établissements bancaires établis en Suisse proposent de financer un bien immobilier hors de Suisse. Dans ce cas, le fonctionnement du prêt est celui que nous vous avons décrit page 317 « Les prêts immobiliers pour l'achat d'un bien en Suisse ».

Où trouver des informations complémentaires ?

Pour plus d'informations sur les possibilités de financement d'un bien en France avec une banque établie en Suisse, vous pouvez contacter l'UCB (« www.ucb-homefinance.ch ») et le Crédit Agricole Financements (« www.ca-financements.ch »). Passer par un courtier peut également être une solution intéressante.

Les points essentiels à retenir

- Résidents et frontaliers ont des besoins bancaires « au quotidien » très différents : les résidents auront en général leur banque principale en Suisse, alors que les frontaliers choisiront en général une banque principale dans leur pays de résidence (France, Allemagne...).
- L'offre des banques suisses pour les besoins de tous les jours est assez homogène. Presque toutes proposent des services packagés incluant un certain nombre de services.
- La plupart des banques facturent la tenue de compte. Si vous prenez un mode de gestion « électronique » (avec par exemple un nombre restreint de passage physique dans les points de vente) la tarification sera moins élevée, voire nulle dans certains établissements.
- Les établissements proposent des services de gestion de compte sur Internet plus ou moins performants et pratiques. Pour la gestion de vos factures, nous vous conseillons d'utiliser au maximum ces possibilités.
- Les résidents étrangers peuvent, s'ils le souhaitent et s'ils en ont les moyens, souscrire un prêt immobilier (appelé prêt hypothécaire) pour l'achat de leur résidence en Suisse.
- En Suisse, on préfère en général payer cash plutôt que d'utiliser ses cartes de débit ou de crédit. Cependant, la majorité des commerces sont équipés de terminaux de paiement.
- Les besoins bancaires « au quotidien » pour les frontaliers sont spécifiques : vous devrez pouvoir rapatrier votre salaire dans une banque française à moindre frais, réduire le risque de change, et pouvoir gérer des

dépenses en euro et en francs suisses.

- Suivant leurs besoins, les frontaliers pourront, en plus de leur banque française, conserver un compte dans une banque suisse (sur lequel le salaire sera versé), ou bien n'avoir qu'une seule banque : il n'existe pas de solution idéale, chacune ayant ses avantages et ses inconvénients.
- Certains établissements bancaires en France proposent des prêts immobiliers en devises (taux varaibles et capés, taux fixes pour certains) : l'avantage principal dans ce cas est que vos mensualités seront donc dans la même monnaie que vos revenus.

Chapitre 14

La vie de tous les jours

1. Les normes électriques suisses

La tension électrique est de 220 V / 50 Hz (pour les appareils de faible puissance électrique).

Pour les ressortissants français, les prises standard à deux branches de norme française sont utilisables en Suisse. En revanche, les prises trois branches (type J, reliées à une prise de terre, comme par exemple les prises de fers à repasser, etc.) nécessitent un adaptateur pour l'utilisation d'appareils importés. Ces adaptateurs sont en vente en Suisse dans la plupart des enseignes de distribution spécialisée.

Où trouver des informations complémentaires ?

Pour plus de détails sur les normes électriques suisses, consultez le site de Steve Kropla (http ://kropla.com), rubrique « World Electric Guide ».

2. Les commerces

Des grandes surfaces alimentaires dominées par Coop et Migros

A• Où les trouver ?

Le marché de la grande distribution alimentaire est dominé par les géants Coop et Migros. D'autres enseignes, comme Denner ou Aldi occupent une place moins importante, et proposent des alternatives, soit en terme de prix, de qualité, ou de variété de l'offre.
Les vrais hypermarchés en Suisse sont peu courants, ce sont plutôt pour les plus importants de grands supermarchés. Coop et Migros proposent des points de vente de différentes tailles, du petit magasin dans les petites communes jusqu'aux supermarchés des centres commerciaux. Les autres enseignes sont pour leur part plutôt présentes dans les centres urbains ou les agglomérations.

B• Les prix

Globalement, les prix des produits frais (fruits, légumes, viande, poisson) restent très élevés, même si la concurrence de Denner et des hard discounters Aldi et Lidl ont un effet modérateur sur les prix.
Coop et Migros possèdent chacun leur propre modèle de fidélisation, symbolisé par les cartes de fidélité (respectivement « Supercard » et « carte Cumulus »). Leur fonctionnement est assez similaire : à chaque achat, vous cumulez des points, qui sont transformés en réductions ou bons d'achat sur vos prochains achats.

C• Le choix

Ces enseignes à dominante alimentaire proposent néanmoins d'autres produits, comme le font les acteurs de la grande distribution dans les pays européens. Vous y trouverez cependant quelques petites particularités :

– la Migros ne délivre pas d'alcool dans ses points de vente, mais détient l'enseigne Denner qui en propose ;

– vous ne trouverez pas non plus à la Migros de produits de marques (uniquement la marque du distributeur ou des marques dérivées) ;

– les cigarettes et le tabac sont en vente libre dans la plupart des points de vente de ces enseignes (hormis la Migros) ;

– vous aurez parfois du mal à trouver certains produits et aliments particulier car le marché culinaire local possède ses spécificités (pour les lecteurs français, difficile en particulier de trouver la fameuse crème fraîche épaisse normande).

D• Les horaires d'ouverture

Il n'existe pas de règle « universelle » concernant les horaires des commerces en Suisse, et ceux-ci sont fixés par les cantons. Cependant, beaucoup de commerces sont ouverts en semaine entre 8-9 heures et 18 heures-18 heures 30, le samedi entre 8 heures et 16-17 heures, et dans certaines villes des nocturnes sont organisées (en général tous les jeudi ou vendredi jusqu'à 20 heures ou 21 heures).

À la pause repas, la plupart des magasins sont ouverts dans les grandes villes.

L'ouverture dominicale des commerces « traditionnels » reste exceptionnelle.

Pratique

En cas de besoin, vous trouverez, souvent aux abords d'agglomérations d'importance ou de villes de bonne taille, des magasins ouverts à des horaires étendus et pratiquement tous les jours. Vous y trouverez des produits alimentaires, des boissons alcoolisées, et certains produits non alimentaires de première nécessité.

Ces magasins se trouvent souvent aux abords ou à l'intérieur des gares.

Certaines stations-services proposent aussi de telles denrées (vous y trouverez notamment du pain jusqu'en début de soirée), avec des horaires allant parfois jusqu'à 22 heures, et tous les jours de la semaine.

Les centres commerciaux et grands magasins

Les centres commerciaux, souvent associés à des enseignes Coop ou Migros, rassemblent des commerces de différente nature : restaurants, banques, services de Postes, coiffeurs, magasins de sport, d'électronique, de loisir… Dans ces centres, les banques sont en général ouvertes le samedi.

Ces centre proposent des horaires élargis (environ 19 heures la semaine, 18 heures le samedi).

Les grands magasins (principalement Globus, Bon Génie, Manor et Jelmoli) se positionnent sur des produits de marque, sur l'alimentaire et le non alimentaire. On les retrouve en général dans les grandes agglomération ou les villes de taille moyenne.

La plupart délivrent des cartes « maison » qui vous permettront de payer vos achats (au comptant ou à crédit). Cependant, certains refuseront de vous en délivrer une si vous n'avez pas de permis B, voire C.

Des enseignes spécialisées présentes dans de nombreux secteurs

Vous trouverez en Suisse un grand choix d'enseignes de distribution spécialisées nationales et internationales comme Inter discount, Eschenmoser et MediaMarkt (électronique grand public), Darty et Fust (électronique grand public et équipement pour la maison), Fnac (culture et électronique grand public), Fly et IKEA (équipement et décoration pour la maison) Toys'Rus (jouets), Jumbo et Obi (détaillants spécialisés) etc.

L'offre est globalement la même que dans la plupart des pays de l'Union européenne, mais les prix peuvent varier considérablement (voir *supra*, « L'influence du coût de la vie sur votre décision », p. 91).

3. Les contraintes liées à l'importation des biens et marchandises en Suisse

Compte tenu de la proximité du pays avec la France, l'Autriche, l'Allemagne et l'Italie, il peut être tentant de faire ses achats dans l'un de ces pays et de les rapporter en Suisse. Attention cependant à respecter certaines règles douanières.

Un certain nombre de biens peuvent être importés sans formalités particulières et sans taxes. Cela dépend de son type et de sa quantité.

Cette exonération de taxe (appelée franchise de redevance) s'applique pour :

– les effets personnels usagés ;

– les denrées alimentaires et boissons non alcoolisées pour le jour du voyage ;

– les boissons alcoolisées si les quantités ne dépassent pas :

- 2 litres par personne âgée de plus de 17 ans pour les alcools faibles (moins de 15 %),
- 1 litre par personne âgée de plus de 17 ans pour les alcools forts (plus de 15 %) ;

– le tabac si les quantités ne dépassent pas :

- 200 paquets pour les cigarettes,
- 50 paquets pour les cigares ;

– les autres marchandises jusqu'à une valeur maximale totale de 300 francs suisses par personne. Au-delà, vous devrez vous acquittez de la redevance et donc payer la TVA (7,6 % ou 2,4 % selon le type de bien).

Par ailleurs, il existe de nombreuses restrictions pour l'importation de produits laitiers et de viande.

Pratique

Si vous êtes résident en Suisse, selon les achats que vous aurez effectués, vous aurez intérêt à déclarer le ou les biens en douane du côté européen de sorte à récupérer la TVA à votre entrée en Suisse. Demandez bien au vendeur du bien du pays d'Europe dont vous souhaitez déduire la TVA de vous délivrer un document de détaxe qui facilitera la démarche aux douanes. Vous devrez alors justifier de votre résidence à l'étranger (en général le permis B ou L suffit).

Le remboursement de TVA se fait soit directement en déduction du prix du bien par le vendeur (plutôt rare), soit après visa par les douanes sur le document de détaxe remis. Dans les deux cas vous devrez présenter ce document aux services des douanes des deux côtés de la frontière.

Où trouver des informations complémentaires ?

Pour davantage de renseignements concernant les restrictions et la déclaration de TVA, consultez les différentes brochures éditées par les douanes suisses et européennes, et disponibles sur les sites respectifs « www.douane.admin.ch » (pour la Suisse) et « www.douane.gouv.fr » (pour la France).
Pour l'importation de marchandises en France, nous vous recommandons notamment la lecture d'un mini-guide pratique « Voyagez en toute liberté » téléchargeable sur la site des douanes françaises.

4. Les transports

Trois aéroports internationaux desservent le pays

Le pays compte 3 aéroports internationaux d'importance à proximité de Genève, Zurich et Bâle-Mulhouse.
Vous trouverez dans le tableau ci-dessous une liste de quelques compagnies desservant quelques vols directs entre ces aéroports et certaines villes européennes :

	Genève	**Zurich**	**Bâle**
Barcelone	Easyjet Iberia Swiss	Helvetic.com Iberia Swiss	Easyjet Iberia
Berlin	Easyjet	Swiss	Easyjet
Bruxelles	Virgin Express Swiss SN Brussels Airlines	Swiss SN Brussels Airlines	Swiss SN Brussels Airlines

→

(suite)

	Genève	Zurich	Bâle
Dusselodorf	Lufthansa Swiss	Lufthansa Swiss	Lufthansa Swiss
Frankfort	Swiss	Lufthansa Swiss	Lufthansa Swiss
Hambourg	–	Swiss	Easyjet
Hanovre	–	Lufthansa Swiss	–
Lisbonne	Easyjet TAP Air Portugal Swiss	TAP Air Portugal Swiss	–
Londres	Easyjet British Airways Swiss	Swiss British Airways Helvetic.com	Easyjet British Airways Swiss
Lyon	–	Air France	–
Madrid	Easyjet Iberia	Swiss Iberia	–
Milan	Alitalia	Alitalia Swiss	–
Munich	Swiss Lufthansa	Swiss	Swiss
Nice	Easyjet Flybaboo.com Air France	Swiss	Easyjet
Paris	Swiss Easyjet Flybaboo.com Air France	Swiss Air France	Easyjet Air France
Porto	Swiss TAP Air Portugal	PGA (Portugalia Airlines)	–
Rome	Alitalia Easyjet	Swiss	Easyjet
Vienne	Swiss Austrian	Swiss Austrian	Austrian Swiss

Où trouver des informations complémentaires ?

Nom	Site web
Air France	www.airfrance.fr
Alitalia	www.alitalia.it
Austrian	www.austrian.com
British Airways	www.britishairways.com
Easyjet	www.easyjet.ch
Flybaboo.com	www.flybaboo.ch
Helvetic.com	www.helvetic.com
Iberia	www.iberia.es
Lufthansa	www.lufthansa.com
PGA (Portugalia Airlines)	www.flypga.com
SN Brussels Airlines	www.flysn.com
Swiss	www.swiss.ch
TAP Air Portugal	www.flytap.com
Virgin Express	www.virgin-express.com

Un trafic ferroviaire parmi le plus dense du monde

Le pays est également très bien desservi en trains, tant sur le plan des lignes intérieures qu'extérieures. Le réseau ferré suisse est même considéré comme l'un des plus denses du monde.
De nombreux TGV relient notamment les principales villes suisses et françaises.

Où trouver des informations complémentaires ?

Consultez le site des CFF (chemins de fer fédéraux) « www.cff.ch » et de la SNCF (« www.voyages-sncf.com ») pour les liaisons avec la France.

Des infrastructures de transports en commun développées

Que ce soit en bus ou en train, la densité des transports en commun est importante. Il n'est pas rare que les trains circulent à des fréquences élevées toute la journée (jusqu'à une fréquence d'une demi-heure pour les trajets les plus fréquentés).

Dans la plupart des agglomérations, vous n'aurez aucun problème pour voyager dans les transports en commun, que ce soit en bus ou en tramway. Pour les voyages réguliers comme les trajets professionnels, des abonnements mensuels et annuels existent.

Où trouver des informations complémentaires ?

Pour les liaisons ferroviaires entre les différentes villes suisses, consultez le site des CFF « www.cff.ch », et pour les transports en commun urbains (tramways, bus et métro), consultez les sites des grandes agglomérations.

5. Swisscom, un opérateur incontournable pour obtenir une ligne fixe

Un réseau fixe toujours contrôlé par Swisscom

Swisscom reste l'incontournable fournisseur de services de téléphonie fixe : vous devrez donc passer par lui pour pouvoir téléphoner sur le réseau fixe. Le « dernier kilomètre » a été cédé par Swisscom dans le courant de l'année 2007, mais les autres opérateurs ne peuvent toujours pas proposer d'offre dégroupée à leurs clients, faute d'accord avec l'opérateur historique. Des procédures juridiques sont en cours, et lorsqu'elles aboutiront, les utilisateurs devraient logiquement en bénéficier, comme ce fut le cas dans la plupart des pays d'Europe ces dernières années.

En attendant, vous devrez forcément passer par cet opérateur et souscrire un abonnement pour obtenir une ligne.

Pour téléphoner sur le fixe, vous pouvez utiliser plusieurs opérateurs

Swisscom facture l'abonnement (appelée taxe mensuelle) 25,25 francs suisses. Ensuite, vous pouvez soit passer vos appels par Swisscom, soit utiliser un autre opérateur téléphonique qui peut proposer des coûts plus intéressants : plusieurs compagnies proposent des tarifs, plus ou moins intéressants selon le pays où vous appelez, et plus ou moins intéressants selon l'heure et le jour d'appel (week-end ou semaine). Pour passer par ces opérateurs « secondaires », vous n'avez pas besoin d'abonnement supplémentaire.

Pratique : les alternatives pour téléphoner : le câble et la combinaison « mobile + ADSL »

Le cable. *En passant par la câble pour téléphoner, vous pouvez éviter de passer par Swisscom. Cablecom propose notamment un abonnement (20 francs suisses) pour téléphoner. Les appels vers les numéros fixes en Suisse sont gratuits à certaines heures de la journée, ce qui en fait une offre qui peut être intéressante pour certains.*

La combinaison « mobile + ADSL ». *Ceux d'entre-vous qui ne veulent pas de ligne fixe (mais qui veulent l'ADSL) peuvent commander chez Swisscom une ligne fixe désactivée (pour les appels) à conditions d'avoir un abonnement en téléphonie mobile.*

Pratique

Si vous n'êtes pas titulaire d'un permis B ou C (voir supra, *Chapitre 5, « Les différents permis de travail », p. 127 pour plus d'informations) issu de l'Union européenne (UE/AELE), vous devrez vous acquitter d'une caution de 500 francs suisses pour obtenir une ligne fixe chez Swisscom. Elle vous sera restituée après un an si vous n'avez pas eu d'incidents de paiement de factures (2 rappels dans l'année au maximum). Si vous dépassez ce seuil, votre caution sera conservée jusqu'à la fin...*

Pour réduire vos dépenses téléphoniques, nous vous conseillons de passer par les services d'un opérateur « secondaire », souvent financièrement intéressant selon votre type de consommation téléphonique.

Techniquement, dès lors que vous possédez votre abonnement Swisscom, il vous suffit de signer un contrat avec un de ces opérateurs secondaires pour que les appels passent par ce dernier (la validation du contrat se fait même parfois par téléphone). Si vous n'en êtes pas satisfait et que vous souhaitez en changer, refaites la même opération avec un autre opérateur, vous n'aurez dans tous les cas pas besoin de dénoncer de contrat ou d'observer de délai de résiliation. C'est souple, simple et pratique.

Où trouver des informations complémentaires ?

Vous pouvez demander une ligne fixe dans un point de vente Swisscom, par téléphone au 0800 715 015 ou directement en ligne (« www.swisscom.ch » rubrique « Téléphonie » puis « nouveau raccordement ») si vous possédez toutes les informations concernant l'appartement ou la maison que vous voulez occuper (et en particulier le nom de l'ancien locataire).

Sur « www.comparis.ch », vous pouvez consulter l'opérateur qui propose le tarif le moins cher en fonction du pays que vous voulez appeler, ce qui vous permettra d'identifier l'opérateur « secondaire » le plus intéressant, et ainsi de réduire vos dépenses téléphoniques.

6. Une offre en téléphonie mobile variée mais coûteuse

Un marché très concentré et concurrentiel

Le marché suisse de la téléphonie mobile vit comme dans de nombreux pays une situation d'oligopole (plus de 60 % du marché est détenu par l'opérateur historique Swisscom Mobile)[1].

1. Sunrise et Orange ayant chacun environ 18 %, les autres opérateurs se partageant 0,4 % du marché.

Les marques historiques sur ce marché sont Swisscom mobile (Swisscom), Orange et Sunrise (TDC Switzerland AG).
Toutes proposent une bonne couverture géographique.
Depuis quelques années, d'autres offres sont venues compléter le paysage suisse de la téléphonie mobile (des offres de « distributeurs »). Nous citerons par exemple, Tele2, Cablecom, Yallo, Mobilezone, Coop et Migros. Ces acteurs, qui occupent des positions secondaires sur ce marché, proposent des offres d'abonnement ou prépayées.
Ces offres sont en réalité des habillages « maison » de services qui proviennent toutes des trois principaux acteurs du marché. Ces nouveaux arrivants achètent des minutes de communication qu'elles revendent ensuite à leurs clients. Elles proposent en conséquence une couverture du territoire qui est aussi bonne.
On recense en Suisse un peu moins d'une cinquantaine d'offres (sans tenir compte des différentes options).

Des offres par abonnement ou prépayées

Comme dans beaucoup de pays, les opérateurs de téléphonie mobile proposent deux grands types d'offres :

– Les **abonnements,** qui vous lient à votre opérateur, pour une durée comprise entre 12 et 24 mois. Ces formules varient considérablement selon les opérateurs. Certains vous proposeront des formules d'abonnement comprenant des minutes de conversation incluses, d'autres des appels illimités non facturé vers tel ou tel réseau fixe ou mobile ou vers 3 numéros… Les opérateurs redoublent d'effort pour proposer des offres innovantes et parfois intéressantes pour les utilisateurs, mais qui rendent la comparaison toujours plus difficile.

Très souvent, les opérateurs vous proposeront en produit d'appel un téléphone mobile dont le prix d'acquisition dépendra notamment de la durée d'abonnement : pour le même appareil, vous le payerez ainsi moins cher en souscrivant un abonnement de 24 mois qu'avec un abonnement de 12 mois.

– Les **offres prépayés,** qui vous laissent « libres » (car sans abonnement), sont proposées par tous les opérateurs. Coop Mobile et M-Budget Mobile, les offres des géants de la grande distribution en Suisse, commercialisent des offres basées uniquement sur ce modèle, tout comme Aldi, le hard-discounter de l'alimentaire. Certaines de ces offres sont distribuées dans les points de vente des opérateurs mobile, à la Poste, dans les supermarchés, sur Internet…

Pratique : tous les opérateurs ne proposent pas d'offres forfaitaires !

Depuis fin 2005, certains opérateurs ont commencé à introduire des offres forfaitaire incluant des heures de communication incluses ou des appels illimités. Si ce type d'offre vous intéresse, sachez que seuls certains opérateurs les proposent (Orange ou Sunrise par exemple).

Les coûts : abonnement et prix des appels

Chaque année, l'Office fédéral de la communication (OFCOM) établit le même constat : les offres de téléphonie mobile suisses sont parmis les plus chères d'Europe[2].

Dans une étude qui compare une quarantaine d'offres dans toute l'Europe, les deux plus chères sont suisses, et parmis les 12 offres les plus coûteuses, cinq sont suisses.

Même si depuis 1998 les coûts ont baissé en moyenne de 40 %, le budget « téléphonie mobile » sera probablement important par rapport à votre pays d'origine : les dépenses moyennes en Suisse sont de 62 francs suisses par mois (74 en Suisse romande, 57 en Suisse alémanique)[3].

Il est de plus en plus difficile de comparer les offres des différents prestataires, car le contenu des offres n'est pas toujours équivalent.

Les prix des abonnements varient de 12 francs suisses mensuel à plus de 300 francs suisses, mais il vous faudra, selon la formule sélectionnée, rajouter des frais relatifs aux dépassements de communication : il faudra alors dans ce cas considérer les différentes tarifications à la minute.

Les offres prépayées (sans abonnement) proposent des tarifs qui peuvent être très compétitifs.

2. Source : étude « Le secteur des télécommunication en Suisse et dans l'UE, 11 juillet 2007, OFCOM.
3. Source : étude auprès des usagers des services mobiles de télécommunication, Août 2007, société MIS-Trend.

L'étude annuelle de l'office fédéral de la communication (OFCOM) analyse les **offres les moins chères** de chaque opérateur par rapport à trois profils de consommateurs : petits, moyens et gros usagers de services de téléphonie mobile, et prend en compte les offres basées sur des abonnements et les offres prépayées[4]. Vous trouverez les principaux résultats de cette étude dans le tableau suivant :

Profil d'usager	Offre	Type	Opérateur
Petits usagers	Yallo	Prépayée	Yallo
	M-Budget Mobile	Prépayée	Migros
	CoopMobile	Prépayée	Coop
	Mobile ready	Prépayée	Cablecom
	Tele2 Mobile Prepaid	Prépayée	Tele2
	Orangeclick.ch	Prépayée	Orange
Usagers moyens	Yallo	Prépayée	Yallo
	M-Budget Mobile	Prépayée	Migros
	Tele2 Mobile Start	Abonnement	Tele2
	CoopMobile	Prépayée	Coop
	Relax Pronto	Prépayée	Sunrise
	Mobile ready	Prépayée	Cablecom
Gros usagers	Yallo	Prépayé	Yallo
	Relax Super	Abonnement	Sunrise
	Mobilezonenet – Freedom	Abonnement	Mobilezone
	M-Budget Mobile	Prépayée	Migros

Source : coût des services de téléphonie mobile : comparatif et évolution, OFCOM, novembre 2007

Remarques :

– l'étude de l'OFCOM précise que l'offre Yallo est systématiquement positionnée en tête de classement, mais qu'il est difficile de la comparer avec les autres, compte tenu de sa méthode de tarification (plus de

4. Petit usager : 360 appels nationaux / 396 SMS / 8 MMS par an.
Usager moyen : 780 appels nationaux / 600 SMS / 8 MMS.
Gros usager : 1 680 appels nationaux / 660 SMS / 12 MMS.

cinq fois inférieure à la concurrence, mais avec des conditions d'utilisation particulières) ;
– l'étude montre que les offres les plus adaptées aux petits et moyens usagers sont les offres prépayées ;
– ces résultats sont issus d'une étude menée en 2006, et n'incluent pas l'offre prépayée d'Aldi, lancée en novembre 2007, et qui est une des plus compétitives du marché.

Quelques critères pour choisir votre offre

Avant toute souscription, la meilleure des démarches à adopter est donc d'estimer votre consommation et de contacter les différents prestataires. Le tableau ci-dessus peut donc vous aider dans votre choix.

Nous vous proposons ci-dessous quelques critères qui nous paraissent importants :

– **Le type d'offre** : abonnement / prépayé. Ce choix possède un impact sur le renouvellement de votre téléphone mobile : si vous avez un abonnement, il sera financé en partie par votre réabonnement, alors que si vous avez une offre prépayée, son rachat sera à votre charge intégrale.

– Présence ou non d'un forfait incluant des **minutes de conversations gratuites** : voir sur quels réseaux elles sont valables (en Suisse ou hors de Suisse, sur réseau fixe ou mobile).

– Offre incluant des **appels illimités** : voir sur quels réseaux (fixe ou mobile) ces appels sont valables, et s'il y a des restrictions sur le nombre de numéros.

– Prix de l'abonnement et des appels facturés en plus.

– **Durée de l'engagement** pour les abonnements : 12 ou 24 mois

– Consultation gratuite de la **messagerie vocale** : la plupart des opérateurs facturent la consultation de la messagerie, du moins le décomptent de votre forfait de minutes gratuites. Certaines offres vous permettent de le faire gratuitement.

Dans la plupart des cas, on peut estimer que si votre consommation est inférieure à 100 francs suisses par mois, il peut être intéressant de se tourner vers les offres prépayées.

Pratique : certains opérateurs incluent dans leur forfait de communication gratuite des appels vers l'étranger

Selon votre situation, il pourrait être intéressant de vous tourner vers un opérateur qui propose des coûts réduits pour les appels hors de Suisse. Certaines offres incluent par ailleurs des minutes de conversation gratuites, qui peuvent être utilisées pour appeler à l'étranger...

Pratique : Résilier son abonnement

Si vous souhaitez changer d'opérateur, vous pouvez garder le même numéro, mais vous devrez pour cela prévenir votre opérateur actuel assez tôt. Prenez contact avec lui pour plus d'informations sur ce sujet.

Si vous souscrivez un abonnement pour une durée de 12 ou 24 mois, vous êtes engagé pour cette période et toute résiliation anticipée vous sera facturée. Pour résilier à ces dates anniversaires, votre opérateur devra recevoir votre annulation écrite au plus tard 30 jours avant la fin. Au-delà de cette date, le contrat est tacitement renouvelé pour un an, et peut également être ensuite résilié avec un préavis de 30 jours.

C'est la procédure standard pour la plupart des opérateurs, mais nous vous invitons à consulter vos conditions générales, notamment pour éviter les éventuels changements qui auraient pu survenir depuis.

Dans le cas d'une résiliation d'abonnement pour cause de départ de la Suisse, la procédure est particulière :

– dans tous les cas, il vous faudra une attestation de départ de la commune (attestation que vous fournit l'administration de votre commune lorsque vous annoncez votre départ de celle-ci) que vous devrez remettre à votre opérateur ;

– si le contrat a été récemment signé (moins de 3 mois ou 6 mois selon l'opérateur), il vous sera réclamé soit une pénalité pouvant aller jusqu'à plus de 500 francs suisses, soit on vous demandera de payer tous les abonnements jusqu'au terme du contrat. Dans tous les cas, votre opérateur vous apportera toutes les informations nécessaires selon votre situation, alors n'hésitez pas à le contacter sur le sujet.

Où trouver des informations complémentaires ?

Vous trouverez de nombreuses informations sur les sites web des opérateurs :
– Aldi (www.salut-mobile.ch)
– Cablecom (www.cablecom.ch, rubrique « Mobile »)

- CoopMobile (www.coop.ch/coopmobile)
- M-Budget Mobile (www.m-budget-mobile.ch)
- Mobilezone (www.mobilezonenet.ch)
- Orange (www.orange.ch),
- Sunrise (www.sunrise.ch),
- Swisscom mobile (www.swisscom-mobile.ch),
- Tele2 (www.tele2.ch, rubrique « Mobile »)
- Yallo (www.yallo.ch).

Les sites « www.allo.ch », « www.comparis.ch » et « www.expatwire.ch » proposent pour leur part des comparateurs et des informations intéressantes sur l'actualité de la téléphonie mobile.

7. Un accès aisé mais coûteux à l'Internet haut-débit

La Suisse est un des pays d'Europe qui possède le nombre de connexions à Internet par ménage le plus élevé. Les possibilités d'accès sont nombreuses, mais malheureusement pas toujours très bon marché en comparaison d'autres pays de l'Union européenne.

Le câble

Dans les agglomérations et la plupart des villes de moyenne importance, le téléréseau (câble) donne accès non seulement aux programmes TV mais également à Internet. Dans toute la Suisse, environ quarante câblo-opérateurs proposent ce type de service, mais 60 % des clients passent par l'opérateur Cablecom. Seuls 8,8 % de la population accède à l'Internet haut-débit par le câble, alors que l'ADSL en compte plus de 18 %[5]

5. Source : statistique des télécommunication, mai 2007, OFCOM.

Les différences de coût entre les opérateurs sont réduites, et sont en général légèrement plus intéressantes que les offres d'Internet haut-débit ADSL (voir ci-dessous).
Parmi les offres les moins chères en 2006, on mentionnera les offres Hispeed 3500 de Cablecom, et QL 5000 / 500 de QuickLine[6].

Où trouver des informations complémentaires ?

Pour tout renseignement concernant les modalités et les tarifs, vous pouvez contacter les opérateurs suivants :
– Cablecom (www.cablecom.ch)
– Improware (www.improware.ch)
– Citycable (www.citycable.ch).

L'ADSL

Une vingtaine d'opérateurs télécom commercialisent des offres ADSL, Bluewin étant celui qui possède le plus grand nombre de clients (68 % des clients).
Comparativement à la plupart des pays d'Europe, les prix sont onéreux, mais le débit garanti procure à la liaison une bonne qualité d'utilisation. Les tarifs proposés par les différents concurrents sont très proches, le critère à observer étant la qualité de la ligne et les débits proposés, ascendants et descendants.
Il existe deux types d'offres ADSL : les unes pour les utilisateurs réguliers, qui permettent de surfer de façon illimitée, et les autres, pour les utilisateurs occasionnels, avec une limite de durée. Nous ne mentionnerons dans la suite que les offres illimitées.
Les offres les plus attractives sont, dans l'ordre, proposées par Orange (Livebox ADSL 3500), Tele2 (Tele2 Internet ADSL 3500), Sunrise (sunrise ADSL 3500), Bluewin (Bluewin DSL 3500)[7]

6. Source : « coût des services à large bande : comparatif et évolution », novembre 2007, OFCOM.
7. Source : « coût des services à large bande : comparatif et évolution », novembre 2007, OFCOM.

À valeur d'exemple, une connexion ADSL vous coûtera un peu moins de 50 francs[8] par mois. À ceci, vous devrez ajouter l'abonnement mensuel pour le téléphone fixe de Swisscom (25,25 francs suisses), car comme nous l'avons vu, le dégroupage total n'existe pas en Suisse[9].

Orange, qui a récemment sorti sa Livebox en Suisse[10], propose une offre combinée qui pourrait intéresser certains d'entre-vous : les clients Orange en téléphonie mobile bénéficient d'un tarif spécial pour l'Internet haut-débit (réduction d'environ 30 % par rapport au prix habituel de l'abonnement).

Où trouver des informations complémentaires ?

Vous trouverez toutes les informations nécessaires sur le site web des prestataires sur ce marché :

- Bluewin : « www.bluewin.ch »,
- Econophone : « www.econophone.ch »
- Green.ch : « www.green.ch »
- Orange : « www.orange.ch »
- SolNet : « www.solnet.ch »
- Sunrise : « www.sunrise.ch »
- Tele2 : « www.tele2.ch »
- VTX : « www.vtx.ch »

8. La Poste propose la gestion du courrier et d'autres services

En plus des services postaux traditionnels, les points de vente de la Poste suisse proposent du matériel informatique, des appareils photos numériques, des téléphones mobiles, des accessoires…

8. Information délivrée à fin décembre 2008.

9. Source : information à janvier 2008.

10. À ce jour, seule les services Internet sont disponibles, mais les services TV en téléphonie devaient suivre d'ici quelques temps.

Vous y trouverez également des services bancaires par l'intermédiaire de sa filiale PostFinance (voir le chapitre 13 « La banque et les services bancaires », p. 309).
La plupart des bureaux de poste sont ouverts du lundi au vendredi, de 7h 30 à 12h et de 14h à 18h, et le samedi de 7h 30 à 11h, avec quelques variantes d'horaires élargis pour les points de vente se situant dans les centres commerciaux. Dans les grandes agglomérations, ils sont par ailleurs très souvent ouverts pendant la pause déjeuner.

Pratique

Sur le site « www.yellowcities.ch » vous pourrez commander gratuitement un guide du déménagement qui vous apportera un support utile (check liste, etc.) le jour où vous souhaiterez déménager à l'intérieur de la Suisse.

Où trouver des informations complémentaires ?

Pour plus d'informations concernant tous ces services, consultez le site « www.poste.ch ».

9. La TV et le câble

Le câble : un raccordement possible pour la moitié des foyers en Suisse

Comme nous l'avons vu pour les accès Internet, dans la plupart des grandes agglomérations, le télé-réseau (le câble) est disponible. Environ la moitié des foyers en Suisse peuvent y accéder.
L'offre « standard » du câble permet d'accéder à une quarantaine de chaînes, de plusieurs pays, et de plusieurs langues.
Cablecom propose une offre de bouquets plus complète, incluant, suivant les options, entre 80 et 120 chaînes. Vous devrez pour cela utiliser un

décodeur (qui vous permettra entre autre d'enregistrer certains programmes), et devrez aussi signer un contrat avec l'opérateur.

Les tarifs varient d'un peu moins de 25 francs suisses pour l'offre standard, à plus de 50 francs suisses l'offre plus complète.

La télévision numérique : uniquement par Swisscom

Remarque : Le dégroupage total n'est pas encore disponible en Suisse mais le sera dans quelque temps. Compte tenu de la rapidité avec laquelle les offres sont crées, il est possible que les informations fournies aient évolué.

Si vous êtes raccordé au réseau fixe téléphonique, vous pouvez bénéficier de l'offre de télévision numérique Bluewin TV proposée par Swisscom.

Comme pour l'offre complète du câble, vous devrez installer un décodeur, qui vous permettra également d'enregistrer des émissions, et devrez signer un contrat d'engagement sur un an.

Le prix de départ est d'environ 65 francs suisses, mais ce tarif comprend l'abonnement au réseau fixe Swisscom.

Pratique : La redevance TV

Vous devrez la payer dès lors que vous avez une télévision ou une radio (y compris celle de votre véhicule). Si vous avez la télévision sur Internet, vous êtes également tenu de la déclarer.

Elle est perçue par la société d'utilité publique Billag, en général tous les trimestres.

Le tableau ci-dessous vous donne quelques indications concernant les tarifs en 2008 (tarifs fixés par le Conseil fédéral) :

Type de redevance	Coût annuel en francs suisses
Radio seulement	169
TV seulement	293
Radio + TV	462

En principe, vous devez le déclarer à votre arrivée en Suisse, et par la suite déclarer tout changement d'adresse.

Où trouver des informations complémentaires ?

– Consultez le site « www.cablecom.ch » qui vous fournira toutes les informations nécessaires sur le câble.
– Pour la télévision numérique, consultez le site de Bluewin (www.bluewin.ch), rubrique « TV » puis « Bluewin TV ».
– Pour la redevance TV, consultez le site « www.billag.ch ». Vous pourrez notamment y faire en ligne votre déclaration.

10. Le bulletin de versement, une méthode pratique pour payer ses factures

Pour vous acquitter de vos factures courantes, tous les fournisseurs de services (téléphone, service industriel…) vous enverront à domicile un BVR (acronyme de bulletin de versement).
Pour payer :

– soit vous vous rendez au bureau de Poste le plus proche, à qui vous remettrez la somme due ainsi que le BVR rempli, la Poste se chargeant alors de remettre l'argent à votre débiteur ;

– soit vous remplissez un ordre de paiement par courrier que vous remettez ensuite à votre banque (soit par courrier, soit directement à la banque) ;

– soit vous procédez au règlement par Internet, tous les services internet des banques le permettent. C'est une des solutions les plus simples, elle est peu contraignante et rapide ;

– soit vous utilisez les services de PayNet (voir page 315 « Les solutions de gestion de compte sur Internet » pour plus d'informations).

Pour les paiements réguliers, de la même somme (paiement de l'assurance maladie par exemple), vous avez deux possibilités :

– soit vous choisissez le paiement par ordre permanent (il s'agit d'un BVR avec une fréquence définie et un montant fixe) ;

– soit vous choisissez le paiement par LSV, qui est une sorte d'autorisation préalable que vous accordez à votre débiteur et qui lui permet de prélever sur votre compte la somme. Le LSV est utilisé le plus souvent pour des paiements à montant non fixe (des débits mensuels de cartes de crédit par exemple).

Où trouver des informations complémentaires ?

Les banques sont les mieux placées pour vous informer sur ces modes de paiement. Voir supra, « Les banques et les services bancaires », p. 309, pour plus d'informations.

11. Les numéros d'urgence et les pharmacies de garde

Service	Numéro
Urgences médicales (équivalent du SAMU)	144
Police	117
Feu, centrale d'alarme	118
Renseignements téléphoniques	1800, 1801, 1802, 1811... Il existe de nombreux numéros pour les renseignements, voir ci-dessous pour la liste complète.
État des routes	163
Patrouille TCS (dépannage sur route)	140

Le site « www.sos-apotheke.ch » fédère pour l'ensemble de la Suisse les pharmacies de garde. Il propose un moteur de recherche par canton et commune.

Où trouver des informations complémentaires ?

Sur le site de l'Office fédéral de la télécommunication (www.bakom.admin.ch), vous trouverez la liste intégrale des opérateurs proposant des renseignements téléphoniques : Rubrique « Services », puis « Questions fréquentes », puis « Télécommunication ».

12. Les administrations : qui fait quoi et pour qui ?

Communes, cantons, et Confédération jouent chacun un rôle important dans la vie politique, économique et sociale des citoyens.
Selon l'expérience assez partagée des expatriés, le service public apporte un bon niveau de service aux habitants.
Que ce soit dans les services des impôts, de la commune ou d'autres, vous serez la plupart du temps très bien reçus et relativement bien conseillés.
Il n'y a pas de standard en matière d'horaire. Cependant, vous aurez toutes les chances de ne pas trouver porte close du lundi au vendredi de 8h 30 à 17h environ.

Pratique

Lors de vos différentes démarches administratives, pensez à prendre un peu de liquide avec vous, la plupart des documents ou services administratifs sont payants (quelques francs en général).

Le plus dur pour un étranger reste néanmoins à identifier le rôle de chaque administration selon le problème qui se pose.

Pour clarifier un peu les choses, nous vous proposons un tableau synthétique et non exhaustif pour vous faire une première idée du rôle de chacun en fonction de demandes simples :

	Confédération	Canton	Commune
Impôts	Fournit des renseignements généraux (sites Web, téléphone…)	– Se charge de collecter, vérifier, et gérer les déclarations et le recouvrement des sommes – Prélève l'impôt dans certains cas	Prélève l'impôt dans certains cas

→

(suite)

	Confédération	Canton	Commune
Police	Fournit des renseignements généraux et des informations sur l'aide aux victimes	Donne des renseignements, gère les déclarations pour les personnes disparues	– Réceptionne les plaintes – Intervient pour faire régner l'ordre public – Réceptionne les dénonciations
Permis séjour / travail	Fournit des renseignements généraux	– Réceptionne les dépôts de demande de permis et les gère – Gère les demandes pour le regroupement familial	Procède au renouvellement du permis
Logement	Fournit des renseignements généraux		– Fournit des attestations de domicile – Réceptionne les déclarations d'arrivées et de départs des habitants
Chômage		– Les ORP enregistrent les inscriptions des demandeurs d'emploi. – Elles aident et suivent les demandeurs d'emplois dans leurs démarches	Enregistre les inscriptions des demandeurs d'emploi (si pas fait à l'ORP)

Où trouver des informations complémentaires ?

Pour plus d'informations, n'hésitez pas à consulter le répertoire des sites Internet officiels du secteur public suisse « www.gov.ch ». Vous y trouverez l'ensemble des sites des cantons et de la Confédération, ainsi que les liens vers de nombreux sites des communes.

13. Les solutions pour faire garder ses enfants

Des solutions et structures d'accueil peu nombreuses

L'organisation de la garde des enfants est très difficile, tant par le nombre de nourrices (appelées ici « mamans de jours ») et de structures d'accueil très limité que par les horaires parfois contraignants de ces derniers. Pour faciliter la tâche à leurs habitants, les communes, à travers le service social, mettent à disposition un certain nombre d'informations, dont une liste de mamans de jour et de garderies pour les enfants.

Où trouver des informations complémentaires ?

Prenez contact avec le service social de votre commune d'habitation. La plupart des communes possèdent leur propre site web, en général de la forme « www.nomdelacommune.ch ».

Le site « www.profamilia.ch » propose une liste de structures d'accueil pour les enfants, une liste de contacts, ainsi qu'une liste de liens utiles, le tout organisé par canton : rubrique « Services » puis « Services d'accueil de l'enfance ».

L'interview d'une professionnelle de la petite enfance dans le canton de Vaud

Carmen Amoroso est la responsable et co-fondatrice de Zébulon (atelier.zebulon@gmail.com), une halte-jeux à La Tour-de-Peilz, près de Vevey dans le canton de Vaud. Depuis plus de 8 ans, l'équipe de Zébulon anime des demi-journées d'éveil aux loisirs créatifs et à la créativité (cuisine, jardinage, peinture, musique…) pour les enfants.

Quelles sont les différences entre les différentes structures d'accueil en Suisse ?

Il faut distinguer les garderies d'une part, et les haltes-jeux et haltes-garderies d'autre-part.

Dans les garderies, les enfants sont accueillis pour des périodes « longues » (journée ou demi-journée), et sont en général inscrits pour l'année.

Dans les haltes-garderies et haltes-jeux, le concept est différent car il correspond à un besoin différent : ces structures sont prévues pour accueillir les enfants pendant des courtes durées, ce qui peut être pratique pour les parents qui ont, par exemple un rendez-vous important auquel l'enfant ne peut pas assister. En théorie, n'importe quel enfant pourrait y venir n'importe quand, ce qui n'est pas le cas des garderies.

Faut-il une formation particulière pour ouvrir une telle structure ?

Oui bien sûr, le métier est très contrôlé. Selon le type de structure que vous souhaitez ouvrir ou dans laquelle vous souhaitez travailler, les services cantonaux seront plus ou moins exigeants, mais tout sera de toute façon contrôlé. Par exemple, dans les garderies, les professionnelles s'occupent d'enfants qui ont parfois quelques mois, et elles doivent pour cela avoir reçu une formation adaptée. Dans le canton de Vaud, nous sommes contrôlés à la création et au moins une fois par an, à l'improviste.

Quelles sont les motivations qui poussent les parents à vous confier leur enfant ?

Zébulon propose un concept un peu différent : c'est un lieu prévu avant tout pour favoriser et développer la créativité de l'enfant. Le fait que l'enfant soit « gardé » est souvent secondaire pour les parents. Je pense que ce qu'ils recherchent pour leur enfant, c'est avant tout la sociabilisation à travers les loisirs créatifs que nous proposons.

Quels conseils donneriez-vous aux parents étrangers qui souhaitent inscrire leur enfant dans une structure d'accueil ?

S'y prendre le plus tôt possible ! En général, dans les structures d'accueil de la petite enfance, la rentrée se fait en Août, et les inscriptions ont lieu entre décembre et Pâques. En ce qui nous concerne, bien qu'étant une halte-jeux, nous procédons à des inscriptions, et il nous est arrivé plusieurs fois d'être complet fin décembre. Pour les garderies, c'est encore pire, les listes d'attente sont assez longues.

Si les parents peuvent se le permettre, il peut être intéressant pour les enfants d'alterner garderie et séances dans une halte-jeux comme la nôtre : cela casse un peu la « monotonie » et permet de « combler » les éventuels périodes où la garderie ne prendrait pas en charge l'enfant.

Les points essentiels à retenir

- La tension électriques est de 220 V / 50 Hz. Pour certains ressortissants, les prises à 2 branches seront compatibles avec certains de leurs appareils (les Français par exemple). Les prises 3 branches (reliées à une prise de terre) nécessiteront un adaptateur si vous souhaitez utiliser des appareils importés.
- L'univers de la grande distribution est dominé par les deux géants historiques Coop et Migros, mais sont concurrencés par des enseignes proposant des tarifs plus bas (comme les hard discounters) Les prix des produits frais restent très élevés, et le choix pas toujours important selon les enseignes (comme Migros qui ne propose que ses marques propres).
- Les transferts de marchandises achetées hors de Suisse (France, Allemagne...) sont courants mais contrôlés. Attention toutefois, des restrictions douanières existent sur certains types de produits, il est donc préfé-

rable de bien se renseigner à l'avance.

- Le pays est bien desservi, tant par les transports aériens que ferroviaires. La densité des transports en commun est importante et facilite les trajets professionnels.
- Swisscom reste toujours l'incontournable fournisseur de services de téléphonie fixe et vous devrez obligatoirement passer par lui pour pouvoir utiliser les services du téléphone. Cependant, cette situation devrait évoluer dans les années qui viennent, le dernier kilomètre ayant été cédé (mais les opérateus concurrents n'y ont toujours pas accès). Les coûts de télécommunication restent très élevés, mais il est possible, sans abonnement, d'utiliser les services d'un prestataire « secondaire » pour bénéficier de meilleurs tarifs.
- Les principaux acteurs de téléphonie mobile sont Swisscom mobile, Orange et Sunrise. Depuis quelques années, des distributeurs complètent l'offre mobile en proposant des formules parfois intéressantes. On rencontre deux types de services : les abonnements (avec ou sans heures de communication incluses) et des offres prépayées. Selon une étude annuelle de l'Office fédéral de la communication, les offres de téléphonie mobile suisses sont parmis les plus chères d'Europe
- Il est possible d'accéder à l'Internet haut débit soit par le câble, soit par les différents prestataires fournisseurs d'ADSL.
- Le câble (appelé téléréseau) est disponible dans la plupart des grandes agglomérations et dans presque la moitié des foyers, et donne accès aux chaînes nationales et à de nombreuses chaînes internationales.
- Le paiement des factures est très pratique. Il s'effectue par le biais d'un BVR qui vous permet de régler soit en vous rendant à la Poste, à la banque, ou plus simplement directement sur Internet.
- Les banques suisses ne mettent pas à disposition de chéquiers.
- Si vous avez des démarches administratives à effectuer, pensez à prendre un peu de liquide, car elles sont payantes.
- Faire garder ses enfants est très difficile et contraignant, les structures d'accueil et nourrices (les « mamans de jour ») étant peu nombreuses.

Chapitre 15

Les avantages sociaux expliqués

1. Des résidents qui bénéficient des mêmes droits au chômage que les locaux

Une inscription au chômage soumise à conditions

En tant qu'étranger résident actif, vous bénéficiez exactement des mêmes droits au chômage que les travailleurs locaux.

Pour percevoir le chômage, vous devrez, selon votre canton, vous présenter à l'administration de votre commune ou à l'ORP (Office régional de placement) pour vous inscrire en tant que demandeur d'emploi. Sans cette démarche préalable, vous ne pourrez prétendre à aucun droit.

Pour bénéficier de l'assurance chômage, vous devez remplir les conditions suivantes :

– avoir subi une perte de salaire et une interruption de travail d'au moins 2 jours, et le prouver ;

– être résident en Suisse ;

– être dans les limites d'âge légales : vous ne devrez notamment pas toucher de retraite AVS ou être en âge de la toucher ;

– avoir cotisé à l'assurance chômage pendant votre activité professionnelle au moins 12 mois au cours des 2 dernières années[1]. De fait, les travailleurs indépendants, tout comme les associés de SA ou SàRL, ne bénéficient pas de l'assurance chômage.

En tant qu'étranger ressortissant de l'Union européenne ou de l'AELE, vous pouvez faire valoir les périodes travaillées dans votre pays d'origine. Vous devrez pour cela vous procurer le formulaire E301 et le faire remplir par votre ancien employeur. Ce droit ne peut être appliqué que si vous avez travaillé au moins une journée en Suisse et est assorti de plusieurs conditions assez restrictives.

Après votre inscription, vous participerez à une 1/2 journée d'information organisée par l'ORP, ainsi que divers entretiens réguliers au cours desquels vous devrez vous présenter, présenter votre projet, et prouver votre recherche active d'emploi (en indiquant notamment à quelles entreprises vous avez écrit, etc.).

Pratique : n'attendez pas le dernier moment pour vous inscrire et rechercher un emploi !

Nous vous recommandons de vous inscrire à l'ORP dans les tous premiers jours qui suivent votre période de préavis. Pendant cette période, vous serez supposé chercher du travail, et devrez le prouver à l'ORP. Si vous ne pouvez prouver ces recherches, l'ORP pourra vous appliquer des jours de suspension pendant lesquels vous ne toucherez pas d'indemnité chômage.

Le rôle des ORP

La tâche principale des ORP est de vous aider à retrouver du travail en vous apportant tout le soutien nécessaire (conseil, formations...).

L'ORP est le relais entre les chômeurs et les caisses de chômage, chargées de vous verser l'allocation. C'est au demandeur d'emploi de sélectionner la caisse de chômage qu'il souhaite. Une liste de ces institutions, publiques

1. Il existe des cas particuliers pour lesquels les durées de cotisation sont différentes : c'est le cas notamment des femmes qui ont élevé des enfants, mais nous ne rentreront pas dans les détails.

ou privées, vous sera remise lorsque vous vous annoncerez à la commune ou à l'ORP.

Enfin, lors de la réunion d'information, on vous sensibilisera à la « philisophie » du chômage en Suisse : comme son nom l'indique, l'assurance chômage est une assurance, et il est de votre devoir d'en réduire au maximum la portée. C'est notamment la raison pour laquelle votre conseiller à l'ORP suivra de très près votre période de chômage…

Une durée de prise en charge qui dépend de plusieurs facteurs

Si vous avez travaillé et cotisé au moins 12 mois au cours des deux dernières années, vous aurez droit à 400 indemnités journalières.

Ce chiffre peut monter à 520 indemnités si vous avez plus de 55 ans et travaillé pendant au moins 18 mois[2].

Dans certains cas, l'ORP pourra vous appliquer des jours de suspension pendant lesquels vous ne toucherez pas d'indemnité. Ce sera notamment le cas si vous ne cherchez pas activement un nouvel emploi, si vous vous retrouvez au chômage par votre propre décision, si vous refusez un emploi jugé « convenable », ou si vous avez omis des informations sur votre déclaration ou menti.

Pratique : comment est calculée l'indemnité chômage ?

Le montant de l'indemnité chômage dépend du montant du salaire soumis à cotisation pour le système de prévoyance AVS, en moyenne sur les 6 derniers mois (ou les douzes derniers si cela est plus intéressant pour vous). Votre caisse de chômage calculera alors ce qu'on appelle le « gain assuré ».

Les indemnités sont calculées par jour et par jour ouvrable sur la base du gain assuré (du lundi au vendredi). Compte tenu de ce mode de calcul, le montant de l'indemnité que vous toucherez tous les mois variera selon le nombre de jours dans le mois.

L'indemnité prend en compte 70 % du gain assuré..

Elle s'élève à 80 % dans l'un des cas suivants :

– votre gain assuré est inférieur à 3 797 francs suisses ;

2. D'autres cas existent, notamment pour les personnes qui ont bénéficié de l'assurance invalidité, mais nous ne détaillerons pas ces cas.

– vous êtes invalide ;
– vous avez des enfants à charge.
Attention, les cotisations sociales habituellement prélevées sur votre salaire (AVS, AI...) seront déduites de l'indemnité chômage, tout comme l'impôt à la source.

Où trouver des informations complémentaires ?

Pour connaître l'ORP dont vous dépendez, consultez le site « www.espace-emploi.ch », rubrique « Au chômage – que faire ? » puis « Adresses ».
Tous les formulaires nécessaires à vos démarches sont disponibles sur ce site.

Le droit au chômage lorsqu'on quitte la Suisse

Si vous quittez la Suisse et que vous souhaitez chercher du travail dans votre pays d'origine ou dans un autre pays de l'Union européenne (France, Allemagne...) plusieurs cas sont possibles :

A• Vous êtes déjà au chômage en Suisse et touchez des indemnités

Vous pouvez bénéficier de l'assurance chômage suisse pendant quelque temps (3 mois au maximum) en étant dans le pays de l'Union européenne sous certaines conditions :

– si votre départ est définitif, vous devrez le notifier et le justifier à l'ORP ;

– vous devez avoir été inscrit au chômage en Suisse et disponible pour l'ORP pendant au moins 4 semaines (à partir de votre premier jour de chômage) en cas de proposition de poste ;

– vous devrez demander à l'ORP de vous fournir le formulaire E303, que vous remettrez ensuite à l'institution de contrôle du chômage de votre pays d'accueil (ASSEDIC pour la France) ;

– vous aurez l'obligation de vous inscrire dans les sept jours, à compter de la date de départ fournie à l'ORP, auprès du service de l'emploi de votre pays d'accueil ;

– vous devrez fournir la preuve à l'ORP que vous recherchez bien un emploi.

Où trouver des informations complémentaires ?

Pour plus de détails concernant ce cas particulier, vous pouvez consulter les brochures « Prestations en cas de recherche de travail à l'étranger » et « Etre au chômage » édités par l'ORP et disponibles sur le site « www.espace-emploi.ch », rubrique » « downloads / Brochures. »

B• Vous n'êtes pas au chômage en Suisse et souhaitez revenir dans votre pays d'origine où vous n'avez pas de travail

Il n'y a pas de réponse universelle à cette situation, chaque pays appliquant des dispositions plus ou moins strictes. Nous vous conseillons donc de vous rapprocher de l'organe responsable du contrôle du chômage dans votre pays.

Nous présenterons dans la suite les démarches pour ceux d'entre-vous qui souhaiteront revenir en France dans les conditions mentionnées ci-dessus.

En principe, vous ne pourrez pas toucher de prestations chômage en France si vous êtes dans cette situation. Par ailleurs, si vous avez démissionné, cela signifie que vous aurez une période de carence, que ce soit en Suisse ou en France.

Cependant, il existe quelques possibilités pour bénéficier du chômage dans certains cas particuliers. En effet, les textes de lois français indiquent que vous n'avez pas droit au chômage, sauf si vous pouvez travailler au moins une journée en France (dans le cadre d'un CDD par exemple). Dans ce cas, un calcul est effectué par les Assedic à partir de vos périodes de travail en Suisse et les journées travaillées en France dans le cadre du CDD.

La première démarche à effectuer consiste dans tous les cas à s'inscrire aux Assedic. Une pré-inscription peut se faire par téléphone au 39 49 (numéro d'appel en France), au terme de laquelle un rendez-vous sera fixé.

Pratique

Les chèques emploi services sont considérés comme des contrats à durée déterminée. En revenant de l'étranger et en étant rémunéré par ces chèques, vous pourrez bénéficier des allocations chômage sous certaines conditions de durée, de montant et de situation, si bien sûr vous avez travaillé suffisamment longtemps en Suisse pour bénéficier des droits au chômage.

Dans ce cas, le calcul de l'allocation chômage par les Assedic est le suivant :

– le taux d'allocation sera calculé en fonction de votre salaire journalier moyen brut (12 mois civils bruts précédant votre dernier jour travaillé et payé) ;

– le salaire brut pris en compte pour le calcul de vos allocations de chômage ne peut excéder quatre fois le plafond fixé par la Sécurité sociale (4 × 2 773 = 11 092 euros mensuels en 2008) ;

– votre salaire journalier brut sera par contre calculé sur celui de votre emploi en France si celui-ci dure au moins 4 semaines consécutives ; il sera fixé par le responsable régional de l'ANPE, sur la base de votre dernière activité en Suisse : nous vous recommandons donc, si votre métier n'est pas très connu, de constituer un dossier pour bien expliquer en quoi il consiste, et d'indiquer notamment si vous étiez cadre, non cadre, assimilé etc... Il n'existe en la matière pas de véritable règle de calcul ;

– la durée d'indemnisation sera fonction de votre durée de travail, y compris une partie des jours effectués en Suisse. Elle est de 7, 12 ou 23 mois selon la durée d'activité salariée ;

– le montant de l'allocation varie en France selon le salaire mensuel brut. Il va de 75 % du salaire journalier brut (pour les salaires les plus bas), à 57,4 % du salaire journalier brut (pour les salaires supérieurs à 1 881,18 euros).

Où trouver des informations complémentaires ?

Pour connaître les détails de calcul de votre allocation chômage avec des exemples concrets, vous pouvez consultez le site des Assedic « www.assedic.fr », rubrique « UNIjuridis », puis « Notices d'information – Demandeurs d'emploi – Que verse l'Assédic, à qui – L'allocation d'Aide au Retour à l'Emploi (ARE) – Moins de 50 ans. »

Des résidents de courte durée (permis L) qui peuvent aussi prétendre au chômage dans certains cas

Le permis L permet à leurs bénéficiaires de s'installer en Suisse pour une période de courte durée (en général un an au maximum). Dans certains cas, une personne peut, par prolongement, posséder un permis L plus de 12 mois. Au terme de cette période de travail, vous avez droit aux prestations chômage, sous certaines conditions. On distingue deux cas :

A• Autorisation de séjour de courte durée non renouvelée

Si vous avez travaillé moins de 12 mois dans les deux dernières années – ce qui correspond en principe à la situation d'un travailleur au bénéfice d'un permis L non renouvelé – vous ne pourrez prétendre aux indemnités de chômage en Suisse.

Pratique

Dans ce cas, l'administration cantonale peut vous délivrer une autorisation de séjour de courte durée valable trois mois dont l'objectif est de vous permettre de rechercher un emploi.

Si vous avez une réelle perspective d'engagement, ou que vous prouvez que vous recherchez activement un emploi, l'autorisation peut être prolongée jusqu'à un an. Vous bénéficiez alors de toute l'assistance accordée en général aux citoyens suisses et travailleurs locaux (suivi de l'ORP...).

B• Autorisation de séjour de courte durée renouvelée au-delà d'un an

Si votre autorisation de séjour de courte durée a été renouvelée et que vous avez travaillé plus de douze mois dans les derniers 24 mois, vous bénéficiez du chômage. L'administration vous délivrera alors une autorisation de séjour (permis B) en tant que non-actif valable cinq ans. Vous devrez cependant prouver que vous disposez de moyens financiers suffisants (y compris les allocations chômage) pour ne pas faire appel à l'aide sociale. Vous devrez également prouver votre affiliation à une assurance maladie suisse (voir *supra*, Chapitre 10, « Choisir son assurance maladie », p. 207 pour plus de détails sur l'assurance maladie). Attention cependant, cette situation ne semble pas admise dans tous les cantons. Attention, dans certains cantons, cette procédure connaît quelques difficultés pour être appliquée.

2. Des frontaliers qui bénéficient des deux systèmes selon les cas

En tant que frontalier, si vous vous retrouvez au chômage, votre source d'indemnisation va dépendre de votre pourcentage d'inactivité :

– si vous êtes au chômage à 100 %, c'est de France que vous percevrez le chômage ;

– si vous êtes au chômage à moins de 100 %, c'est la Suisse qui vous indemnisera.

En cas de chômage total, l'indemnité est française

Si vous vous retrouvez dans cette situation, vous devrez faire vous-même le lien entre les organes de chômage suisses et français.

A• Formalités à effectuer en Suisse

Vous devrez remplir le formulaire « attestation de l'employeur » au Service de l'emploi (ou Office cantonal) de votre canton. Une fois remplie, vous devrez vous rendre à la caisse de chômage de votre canton, et lui fournir les pièces suivantes :

– les 6 ou 12 dernières fiches de salaire, ou votre certificat de salaire ;
– votre contrat de travail ;
– votre carte AVS ;
– une pièce d'identité ;
– le document attestant votre licenciement (lettre le plus souvent).

La caisse de chômage vous remettra alors le formulaire E 301 qui vous sera réclamé par les Assedic en France.

B• Formalités à effectuer en France

Vous devrez ensuite vous inscrire à l'Assedic. Pour cela, vous devrez présenter les documents suivants :
– le formulaire E 301 ;
– les 13 derniers bulletins de salaire ;
– une pièce d'identité (originale et photocopie) ;
– le document attestant du solde de tout compte par votre ancien employeur ;
– votre contrat de travail ;
– le document attestant votre licenciement (lettre le plus souvent) ;
– un justificatif de domicile ;
– un relevé d'identité bancaire ou postal ;
– un dossier de demande d'allocation de chômage remis par les Assedic.
Après analyse de votre dossier, on vous indiquera le montant de l'indemnité chômage auquel vous avez droit.

Pratique

L'indemnité chômage dépend de l'ensemble des revenus perçus au cours des 12 derniers mois.

Ce montant est multiplié par 57,4 % (taux de chômage utilisé en général pour les salaires supérieurs à 1 881,18 euros bruts par mois), puis par le taux de change[3]*.*

En cas de chômage partiel, l'indemnité est suisse

C'est votre employeur qui se charge d'effectuer les démarches et qui vous verse les indemnités (à 80 % de votre salaire pour les heures de

3. Information à janvier 2008.

chômage partiel). Vous n'avez donc pas de démarche particulière à effectuer dans la plupart des cas.

3. Un congé maternité suisse payé, et uniformisé pour tous les cantons

Conditions d'attribution, durée et montant d'indemnité

Depuis juillet 2005, un congé maternité fédéral (appelé « assurance maternité ») payé est mis en place, et permet aux travailleuses de percevoir une indemnité après leur grossesse.
Que vous soyez frontalière ou résidente, vous bénéficierez des mêmes indemnités, sauf dans le cas où vous êtes frontalière au chômage : dans ce cas, vous bénéficiez des congés maternités en France.
Les femmes salariées, qui exercent une activité indépendante ou en incapacité de travail peuvent en bénéficier.
Le tableau ci-dessous donne quelques informations complémentaires :

Conditions pour bénéficier du congé maternité	Durée de l'indemnité	Montant de l'indemnité
Être assurée auprès d'une assurance maladie suisse (LAMal) au moins pendant les 9 mois qui ont précédé la naissance de votre enfant, ET Avoir travaillé au moins 5 mois pendant cette période	98 jours, dont au moins 8 semaines après l'accouchement[4]	80 % du salaire, avec un maximum de 172 francs suisses par jour[5]. Les différentes cotisations sociales sont prélevées en sus.

4. Si vous reprenez votre activité avant le terme, vous ne bénéficiez plus de l'allocation.
5. Pour information, ce montant maximal correspond à un revenu mensuel de 6 450 francs suisses (6 450 × 80 % / 30 jours = 172).

Le canton de Genève propose pour sa part des montants d'indemnité plus intéressants que ce que propose la loi fédérale. Consultez le site du département de l'économie et de la santé « http://etat.geneve.ch/dse », rubrique « Assurance maternité ».

Pratique : vous pouvez tenir compte de vos périodes passées dans un pays de l'Union européenne pour la prise en compte de votre congé maternité

Que vous soyez résidente ou frontalière, si vous arrivez par exemple en Suisse en étant enceinte, et que la période d'assurance à la LAMal et celle de travail en Suisse ne sont pas suffisantes pour bénéficier du congé maternité, vous pouvez tenir compte de celles passées dans votre pays d'origine pour autant qu'il fasse partie de l'Union européenne ou de l'AELE.

Où trouver des informations complémentaires ?

Pour plus d'informations concernant le congé maternité, consultez la brochure « Maternité – Protection des travailleuses » sur le site du SECO « www.seco.admin.ch » rubrique « Publications et formulaires ».

Des démarches qui se font auprès de l'employeur ou de la caisse de compensation

La plupart du temps, c'est la mère qui devra effectuer les démarches pour l'obtention de l'allocation, auprès de son employeur si elle est salariée, ou en s'adressant auprès de la caisse de compensation si elle n'est pas salariée.
Vous pouvez faire valoir votre droit aux allocations de maternité jusqu'à cinq ans après la naissance de votre enfant.

Où trouver des informations complémentaires ?

Vous trouverez la liste des caisses de compensation sur le site « www.avs-ai.ch », onglet « AVS », rubrique « Autres info ».

Le paiement de l'allocation maternité

Si vous êtes salariée, c'est par le biais de votre employeur que vous toucherez l'allocation maternité, ce dernier gérant la relation avec la caisse de compensation.

Si vous n'êtes pas salariée, vous recevrez l'allocation directement de la caisse de compensation. Si son montant est inférieur à 200 francs par mois, elle est versée en une seule fois à la fin du congé maternité. Dans tous les autres cas, elle est versée en fin de mois.

Pratique : Exemple de calcul de l'allocation maternité

	Revenu avant la naissance	Calcul du salaire quotidien	Calcul de l'allocation maternité « théorique »	Montant total de l'allocation maternité versée
Revenu mensuel inférieur à 6 450 francs suisses	3 900	133	133 × 80 % = 106,40	106,40 × 98 = 10 427,20
Revenu mensuel supérieur à 6 450 francs suisses	9 000	300	300 × 80 % = 240	172[6] × 98 = 16 856
Tous les chiffres sont en francs suisses				

6. Le salaire quotidien (240 francs suisses) est supérieur à l'allocation maximale de 172 francs suisses, c'est donc cette dernière qui est retenue pour le calcul final.

4. Des allocations familiales en cours d'harmonisation entre les cantons

Vers une harmonisation des allocations en 2009

Le 26 novembre 2006, le peuple suisse a plébiscité une nouvelle loi permettant d'harmoniser les allocations familiales entre les cantons. Elle sera effective en 2009, et permettra le versement d'une allocation mensuelle d'au moins 200 francs pour les enfants jusqu'à 16 ans, et d'au moins 250 francs jusqu'à 25 ans pour les enfants encore en étude ou formation. La loi prévoit également que le montant de ces allocations sera indexé au même rythme que les rentes AVS (retraites). Les cantons qui voudront être plus généreux pourront proposer une allocation plus importante.

Enfin, même les employés à temps partiel et les personnes sans activité de condition modeste pourront bénéficier d'une allocation complète. Les indépendants pour leur part n'en bénéficieront pas, sauf décision contraire des cantons.

En attendant 2009, c'est l'ancien système qui fonctionne, et qui est propre à chaque canton, et dont nous vous présentons les grandes lignes ci-dessous.

Deux allocations : une allocation unique pour la naissance et une allocation mensuelle

En Suisse, vous toucherez une allocation à la naissance ou à l'adoption de chacun de vos enfants, ainsi qu'une allocation mensuelle pour vos enfants. Leurs montants et modalités varient d'un canton à l'autre.

Une attribution qui dépend de plusieurs facteurs

En tant que ressortissant d'un pays membre de l'Union européenne, vous bénéficiez des mêmes droits que les locaux pour les allocations familiales, sauf dans certains cantons pour les allocations de naissance. Le tableau ci-dessous résume les principaux cas selon votre statut de résident ou frontalier, et le lieu d'habitation de votre famille :

Vous êtes ressortissant de l'Union européenne et vous :	Vous bénéficiez des...
Travaillez et résidez en Suisse avec votre famille	Allocations familiales suisses
Travaillez et résidez en Suisse, et votre famille réside en France	Allocations familiales françaises (la Suisse paye la différence si les allocations suisses sont plus élevées)
Travaillez en Suisse et résidez en France avec votre famille (frontalier)	Allocations familiales françaises (la Suisse paye la différence si les allocations suisses sont plus élevées)

Pratique : Comment sont calculées les allocations familiales ?

Elles ne sont pas fonction des revenus du foyer. Dans la plupart des cantons, le montant est fixe pour chaque enfant, c'est-à-dire que si vous avez quatre enfants vous toucherez quatre fois l'allocation que vous auriez pour un seul enfant (contrairement à des pays comme la France où par exemple le montant est progressif en fonction du nombre d'enfants). Certains cantons proposent une allocation plus importante à partir du troisième enfant.

Dans la plupart des cantons, la limite d'âge se situe à 16 ans pour les enfants qui ne font pas d'études, et à 20 - 25 ans pour les apprentis ou les étudiants.

Où trouver des informations complémentaires ?

Pour plus d'informations concernant les allocations familiales suisses, nous vous invitons à consulter le site de l'Office fédéral des assurances sociales – OFAS – www.bsv.admin.ch et leur publication « Genres et montants des allocations familiales ».

Pour estimer en ligne le montant des allocations familiales que vous pourriez toucher en fonction de votre situation, vous pouvez consulter le site « www.allocationfamiliale.ch ».

5. La prévoyance en Suisse

Une affiliation au système de retraite qui dépend du statut

Si vous êtes ***expatrié ou résident*** (vous résidez en Suisse pour une durée déterminée ou indéterminée), vous dépendez du système de retraite suisse.
Si vous êtes ***frontalier*** (vous travaillez en Suisse et résidez en France), alors vous dépendez du régime de retraite suisse.
Si vous êtes ***détaché*** (vous êtes en mission en Suisse pour une durée limitée, de deux ans maximum, pour le compte de votre entreprise dont le siège social est dans un autre pays), alors vous dépendez du système de retraite de ce pays. Par exemple, si vous êtes détaché par une entreprise française, vous continuerez d'être rattaché au système de retraite français. Nous ne développerons dans la suite que le système de retraite suisse.

Où trouver des informations complémentaires ?

Les ressortissants français pourront consulter le site des liaisons européennes et internationales de sécurité sociale (CLEISS) sur le site www.cleiss.fr. Vous y trouverez de nombreuses informations décrivant les différents cas de figure pour les français vivant à l'étranger.

Présentation générale du système de retraite suisse

En Suisse, le système de prévoyance couvre non seulement la retraite, mais également les aspects de l'invalidité et du décès. Le système de prévoyance suisse est constitué de 3 piliers, le 1er étant un système par répartition, les 2e et 3e pilier étant des systèmes de prévoyance par capitalisation :
Ces 3 piliers ne sont pas tous obligatoires :

– 1er pilier : AVS (Assurance Vieillesse, Survivants) / AI (Assurance Invalidité) : obligatoire pour tous ceux qui habitent ou travaillent en Suisse ;

– 2e pilier : prévoyance professionnelle, obligatoire pour tous les salariés qui travaillent en Suisse, facultatif pour les indépendants ;

– 3e pilier : prévoyance individuelle, facultative.

Où trouver des informations complémentaires ?

L'OFAS, l'Office fédéral des assurances sociales, a rédigé un tableau synoptique du système de Sécurité sociale suisse détaillant notamment le système de prévoyance. Il est disponible sur le site « www.ofas.admin.ch », rubrique « Thèmes », puis « Aperçu », puis « Conseils / FAQ » puis « Assurances sociales : séjour en Suisse et départ ».

L'AVS (1er pilier) : pour compenser en partie la perte de revenu suite à une cessation d'activité

A• Qu'est-ce que c'est ?

Cette assurance a pour objectif principal de compenser en partie la baisse ou la perte de revenu relative à une cessation d'activité (retraite, invalidité, décès) de sorte à garantir un niveau de vie minimum. Elle est basée sur un système de répartition.

B• Qui cotise et combien ?

Elle est obligatoire pour toutes les personnes qui travaillent ou habitent en Suisse, à partir du 1er janvier qui suit les 17 ans, jusqu'à l'âge de la retraite.

Pour les travailleurs salariés, les cotisations à l'AVS sont payées pour moitié par l'employeur et pour moitié par l'employé (prélèvement direct sur le salaire).

Elles sont prélevées à partir du salaire déterminant, qui représente tous vos revenus issus d'une activité lucrative : salaires, bonus, indemnités repas etc… Tous les éléments qui rentrent dans la composition de ce revenu peuvent être demandés à votre employeur ou votre caisse de compensation.

C• À quoi la cotisation à l'AVS / AI donne-t-elle droit ?

Elle donne droit à une rente :

– vieillesse (retraite) sous certaines conditions ;

– invalidité sous certaines conditions ;

– survivant (pension versée au conjoint – respectivement aux enfants mineurs – en cas de décès du conjoint – respectivement des parents).

Le montant de la rente vieillesse dépend du montant total du revenu ainsi que du nombre d'années de cotisation.

Une rente est dite complète si elle intègre les cotisations du 1er janvier suivant les 20 ans jusqu'à l'âge légal de la retraite.

Une rente vieillesse AVS complète est d'environ 1 100 francs suisses mensuels au minimum, et d'environ 2 200 francs suisses mensuels au maximum (données en 2007).

Pratique

Dès votre arrivée dans l'entreprise et si c'est votre premier poste en Suisse, vous recevrez une carte (ou certificat d'assurance personnel) qui porte votre numéro personnel AVS. Vous devrez conserver cette carte tout au long de votre carrière en Suisse et jusqu'à la retraite.

Depuis le 1er janvier 2008, un nouveau numéro AVS à 11 chiffres a remplacé l'ancien numéro AVS à 13 chiffres, utilisé depuis plusieurs dizaines d'années, et dont la codification permettait de déduire un certain nombre de données personnelles sur son détenteur.

La carte AVS va également changer pendant cette même période, sera au format carte de crédit, et incluera vos noms, prénom, date de naissance et numéro AVS.

Si vous êtes salarié, toutes ces informations vous seront délivrées par votre employeur, et si vous êtes indépendant, c'est votre caisse de compensation qui vous la transmettra.

D• Le cas particulier des indépendants

Si vous êtes indépendant, votre cotisation AVS sera calculée par la caisse de compensation, sur la base de vos revenus estimés.

Si vos revenus sont supérieurs à 53 100 francs suisses, votre cotisation représentera 9,5 % de ces revenus. Si vos revenus sont inférieurs, le taux de cotisation sera fonction des revenus, et variera entre 5,116 et 9,013 %[7]. Vous devrez régler vos cotisations AVS en principe tous les trimestres. Sur la base de votre taxation fiscale définitive, la caisse de compensation procédera alors à une régularisation pour l'année passée : il est donc très important, pour éviter les mauvaises surprises, que vous déclariez à la caisse de compensation les variations de revenus au cours de l'année, pour que les cotisations se fassent progressivement.

E• L'attestation d'assurance AVS

En tant que salarié, vous recevrez de la part de votre employeur une attestation d'assurance. Celle-ci vous garantira que votre employeur vous a bien annoncé à la caisse de compensation qui gère l'AVS des employés de la société. Si vous changez d'employeur et de caisse de compensation, vous recevrez une nouvelle attestation.
Les travailleurs indépendants, les rentiers et personnes sans activité lucrative ne recevront quant à elle pas cette attesation.

F• Je quitte la Suisse : que faire avec l'AVS ?

Si vous quittez la Suisse avant l'âge de la retraite, votre situation vis-à-vis de l'AVS dépendra de l'existence ou non d'une convention de sécurité sociale et de prévoyance entre votre pays d'origine et la Suisse.

– **Si une telle convention existe**, les périodes de cotisation, effectuées en Suisse seront prises en compte et cumulées avec celles effectuées dans votre pays d'origine (et éventuellement d'autres pays si des accords ont été signés)[8]. Concernant la rente, cela dépendra du nombre d'années travaillées en Suisse et de l'accord conclu entre la Suisse et votre pays d'origine : vous toucherez soit une rente de la part de votre pays, soit de la part de la Suisse.
Des accords ont été signés entre la Suisse et la plupart des pays de l'Union européenne, le Canada, la Croatie, les États-Unis, la Turquie, Israël… Compte tenu de la spécificité de chaque cas et de la teneur dess accords signés entre la Suisse et chaque pays, nous vous conseillons de prendre

7. État au 1er janvier 2007.
8. Selon votre nationalité, il peut exister des dispositions particulières.

contact avec les caisses de retraites compétentes si vous souhaitez davantage d'informations sur ce sujet.

À votre départ de Suisse, nous vous conseillons d'informer la caisse de compensation qui gère votre cas et de lui communiquer votre nouvelle adresse à l'étranger.

Le moment de la retraite venu, vous devrez vous signaler aux différents organismes pour lesquels vous avez cotisé, et en particulier en Suisse.

– **S'il n'existe pas de convention de sécurité sociale et de prévoyance**, vous ne pourrez bénéficier d'aucune rente, et les périodes travaillées ne seront pas prises en compte : vous pouvez alors demander le remboursement de vos cotisations AVS payées pendant votre activité professionnelle en Suisse. Cette possibilité est assorties de conditions assez restrictives, et doit être faite auprès de votre caisse de compensation ou de la Caisse suisse de compensation.

Pratique : vous êtes couvert en cas d'invalidité

Nous l'avons vu, l'AVS/AI couvre également les risques d'invalidité, avec le versement d'une rente.

S'il existe une convention de sécurité sociale et de prévoyance entre votre pays et la Suisse, vous pourrez en bénéficier à partir d'un degré d'invalidité supérieur à 50 %. Votre famille touchera également une rente si vous décédez. Si la période de travail en Suisse a été courte, il pourra vous être proposé un capital d'indemnisation en lieu et place de la rente. Les démarches se font auprès de l'institution de sécurité sociale de votre pays d'origine si vous y résidez, ou auprès de l'Office AI pour les assurés résidant à l'étranger.

Où trouver des informations complémentaires ?

– Pour plus de détails concernant l'AVS ou l'AI, vous pouvez consulter le site officiel de l'AVS/AI www.avs.admin.ch ou vous adresser directement aux caisses de compensation dont vous trouverez les coordonnées sur le même site, rubrique « Caisses de compensation ». Vous trouverez également sur ce site de nombreuses informations légales et pratiques sur l'AVS pour les indépendants.

Enfin, pour plus d'informations sur le nouveau numéro AVS, consultez également le site de l'OFAS « www.ofas.admin.ch », rubrique « Thèmes » puis « AVS ».

– Vous trouverez les coordonnées de la Caisse suisse de compensation et de l'Office AI pour les assurés résidant à l'étranger sur le site www.zas.admin.ch

– Les ressortissants français peuvent prendre contact avec la CNAV (*www.cnav.fr*) pour avoir plus d'informations sur la prise en compte des périodes travaillées en Suisse pour le calcul de la retraite.

La prévoyance professionnelle (2e pilier) : pour compléter la couverture de l'AVS

A• Qu'est-ce que c'est ?

La prévoyance professionnelle permet de se prémunir contre les baisses de revenus liés aux risques de décès, d'invalidité, ainsi que de vieillesse (retraite). Elle vient en complément de l'AVS, pour que l'ensemble couvre environ 60 % du dernier salaire. Elle est basée sur un système de capitalisation.

Seule une partie du salaire est soumise à la prévoyance professionnelle, c'est ce qu'on appelle le salaire coordonné.

Le salaire coordonné est la partie du salaire (annuel soumis à l'AVS) comprise entre 23 205 francs suisses (déduction de coordination) et 79 560 (salaire maximum assuré dans le cadre de la LPP)[9].

La déduction (ou montant) de coordination est fixée par le Conseil fédéral.

Le salaire minimal annuel assuré est de 19 890 francs suisses (si vous gagnez moins, vous ne bénéficierez pas des prestations du 2e pilier)[10].

La limite supérieure de salaire est fixée à 79 560 francs suisses : cela signifie que pour la part de salaire supérieure à ce montant (la partie surobligatoire), les règles de la prévoyance professionnelle ne s'appliquent pas.

Pour cette partie surobligatoire, c'est votre caisse qui définit les conditions, et les règles peuvent varier considérablement d'une caisse à l'autre.

9. Voir au annexe la définition.
10. Informations pour l'année 2008.

B• Qui cotise et combien ?

L'employé et l'employeur payent la plupart du temps chacun une part égale pour la prévoyance professionnelle, et la part du salarié est directement prélevée de son salaire[11].

C'est un taux de cotisation qui s'applique sur votre salaire brut qui permet de calculer le montant de l'assurance « Prévoyance professionnelle » à verser chaque mois. Il est fixé par la caisse de pension (l'institution de prévoyance en charge de la gestion de la prévoyance professionnelle des salariés d'une entreprise) et est propre à chaque entreprise.

Ce taux peut être un élément qui rentre en compte dans le choix d'une entreprise lors de vos recherches d'emploi, dans la mesure où plus une entreprise qui contribue de façon importante avec un taux élevé (sur la partie surobligatoire) peut être plus intéressante à long terme qu'une entreprise qui n'applique que le minimum légal.

Ce taux ne peut être inférieur au taux fixé par la loi. S'il est supérieur, cela signifie que votre employeur (et très souvent vous-même) cotiserez davantage pour la retraite. Cette cotisation supplémentaire constituera ce qu'on appelle la part surobligatoire de votre prévoyance professionnelle, la part obligatoire étant constituée par la prévoyance professionnelle minimale (fixée par la loi).

En tant que salarié, pour cotiser au 2e pilier il faut remplir les conditions suivantes :

– avoir 17 ans[12] ;

– être assuré à l'AVS/AI ;

– avoir un salaire annuel supérieur au salaire annuel minimal (19 890 francs suisses[13]).

Les employés qui travaillent moins de 3 mois en Suisse ne sont pas soumis à la prévoyance professionnelle obligatoire.

Les indépendants ne cotisent pas « automatiquement » au 2e pilier mais peuvent, s'ils le souhaitent, cotiser de leur propre initiative. Si cette

11. En réalité, la loi est plus complexe, et l'employeur doit payer au moins la moitié des cotisations de l'ensemble de son personnel : il peut donc y avoir des différences suivants l'âge des employés.

12. De 17 à 25 ans, les cotisations de ne concernent que l'invalidité et le décès, au-delà elles concernent en plus la retraite (vieillesse).

13. Données 2008.

option vous intéresse, nous vous conseillons de prendre conseil auprès d'un professionnel.

Pratique : votre caisse de pension est-elle gérée selon le principe de la primauté de cotisations ou celui de la primauté de prestations ?

N'hésitez pas à demander à votre employeur (ou votre caisse de pension) des informations sur le principe de gestion de votre 2e pilier :

Primauté de cotisations

La caisse de pension fixe dans ce cas le taux de cotisation (en pourcentage du salaire assuré, voir page 380 pour plus de détails).

Ainsi, le montant du capital (ou de la rente) que vous toucherez une fois à la retraite n'est pas connu à l'avance, et dépendra des évolutions des cotisations (et donc aussi des évolutions de votre salaire), et du rendement de votre capital au fil des années.

C'est le cas le plus répandu dans les entreprises (il concerne environ deux caisses de pension sur trois).

Primauté des prestations

À l'inverse, une caisse de pension qui est gérée selon le principe de primauté de prestations fixera à l'avance le montant de la rente qu'elle vous versera. Ce montant est en général exprimé en pourcentage du dernier salaire assuré à l'âge de la retraite. Ici, la caisse de pension devra donc adapter les cotisations versées en fonction de cet objectif.

Par exemple, après 40 années de cotisation, votre caisse de pension peut fixer une rente de 60 % de votre dernier salaire assuré. Elle devra donc obtenir, en moyenne et sur la durée, un taux de rente annuel de 1,5 % (60 / 40).

Certaines caisses de pension mélangent des principes de gestion qui combinent ces deux possibilités.

C• À quoi la cotisation à la prévoyance professionnelle donne-t-elle droit ?

Elle donne droit à une rente :

– vieillesse (retraite) sous certaines conditions ;

– invalidité sous certaines conditions ;

– survivant (pension versée au conjoint (respectivement aux enfants mineurs) en cas de décès du conjoint (respectivement des parents).

D• Des rachats d'années manquantes au 2e pilier qui peuvent être intéressants

S'il vous manque des années dans vos cotisation au 2e pilier (ce qui est forcément le cas si par exemple vous êtes étranger et arrivé en Suisse après 25 ans), vous pourrez les « racheter ».

Depuis 2006, ce sont les caisses de pension qui fixent ces conditions de rachat, vous devrez donc vous renseigner auprès de celle qui gère la prévoyance professionnelle des employés de votre société.

Ces rachats seront en principe à votre charge, car rien n'oblige l'employeur à y participer. Cependant, il arrive que certaines caisses prêtent de l'argent aux employés, ce qui peut être très intéressant.

Vous pourrez aussi être amené à racheter des années manquantes si vous changez d'employeur et que votre nouveau salaire est plus important que le précédent, ou si la nouvelle caisse de pension propose des prestations (en terme de taux) plus intéressantes que la précédente.

Si vous effectuez des rachats, il est important de savoir que les sommes d'argents investies ne peuvent pas être débloquées avant 3 ans (si vous restez en Suisse) : si votre intention est d'acheter un bien immobilier en vous « aidant » des sommes investies dans votre 2e pilier, vous devrez tenir compte de ce paramètre.

Si vous quittez la Suisse, vous devez également savoir que très souvent, seule la partie surobligatoire sera disponible (voir plus loin pour plus d'informations).

Sur le plan fiscal, les rachats sont déduits du revenu imposable : suivant le montant que vous comptez racheter, il peut être intéressant de les étaler sur plusieurs années. Nous vous conseillons dans tous les cas de prendre contact avec un professionnel de la prévoyance (conseiller bancaire, fiduciaire, avocat fiscaliste...).

Enfin, si vous avez décidé de quitter la Suisse et souhaitez racheter votre dernière année pour bénéficier d'une fiscalité avantageuse, ce n'est peut-être pas une très bonne idée : certaines administrations cantonales considéront qu'il s'agit d'évasion fiscale, et vous risquez alors des mesures fiscales...

Pratique : comprendre son certificat de prévoyance

Vous recevrez de la part de votre caisse de pension un certificat, en principe une fois par an. Nous vous proposons ici quelques informations qui vous permettront de comprendre les principales informations de ce document :

*– **salaire annuel** (soumis à l'AVS/AI), **montant** (ou déduction) **de coordination**, et **salaire assuré** (ou salaire coordonné, qui est la différence entre le salaire annuel et le montant de coordination) : pour plus d'informations sur ces éléments, merci de vous référer aux explications de ce chapitre ;*

*– informations sur les **taux de cotisation**. Dans certains certificats, le taux employeur (qui dépend de l'âge de l'employé assuré) et le taux de l'assuré seront tous deux affichés ;*

*– le **taux d'intérêt du capital-épargne** : la caisse peut décider de communiquer le taux d'intérêt qu'elle applique au capital-épargne que vous aurez accumulé ;*

*– **rachat maximal** : cette somme correspond aux éventuels « trous » dans votre cotisation au 2e pilier. C'est la somme que vous auriez épargné si vous n'aviez été rattaché qu'à cette caisse de prévoyance depuis l'âge de 25 ans, déduction faite du capital que vous possédez déjà.*

Ce calcul est basé sur votre salaire assuré à la date d'édition du document (voir précédemment dans ce chapitre pour plus d'informations sur le rachat) ;

*– **prestation de sortie** (ou capital-épargne ou avoir-vieillesse ou libre passage) à la date où le certificat a été établi : c'est la somme d'argent que vous avez accumulée dans le cadre de la prévoyance professionnelle.*

Si vous avez moins de 50 ans, vous pourrez retirer l'intégralite de cette somme pour financer l'achat d'un logement.

Si votre caisse vous propose des conditions meilleures que les conditions minimales prévues par la Loi sur la prévoyance professionnelle (LPP), vous pourrez y trouver également le capital-épargne que vous auriez accumulé dans ces conditions minimales : c'est ce montant qui sera bloqué (ou non selon votre situation) si vous quittez la Suisse.

E• Je quitte la Suisse : que faire avec le 2e pilier ?

Si vous décidez de quitter la Suisse avant l'âge de la retraite, vous avez plusieurs possibilités :

– **À votre départ, vous décidez de récupérer votre capital-épargne accumulé pendant les années travaillées en Suisse : vous ne pourrez plus toucher de rente issue de la prévoyance professionnelle**[14]**, et**

14. Ce qui ne vous empêchera pas de toucher une rente au titre de l'AVS si vous y avez droit, les 2 piliers étant indépendants dans leur gestion.

le capital que vous toucherez dépendra de votre pays d'installation.

• ***Cas 1*** : vous décidez de vous installer en tant que salarié dans un pays de l'Union européenne et de l'AELE ayant conclu un accord avec la Suisse (ce qui est le cas de l'ensemble des 15 pays « historiques » de l'Union européenne) :

Vous pourrez prélever uniquement la partie sur-obligatoire de votre prévoyance professionnelle (voir *infra*, page 381, « Qui cotise et combien ? »).

L'autre partie, la partie obligatoire (ou minimum LPP), restera bloquée en Suisse jusqu'à votre retraite sur un compte bancaire dit « de libre passage », ou pourra être affectée à une police de libre passage auprès d'un assureur. Cette somme pourra être retirée au plus tôt 5 ans avant l'âge légal de la retraite en Suisse.

• ***Cas 2*** : vous vous installez dans un pays qui ne propose pas de système de prévoyance (ou n'êtes pas soumis à l'assurance obligatoire (retraité ou rentier non salarié par exemple)) :

Vous pourrez prélever l'intégralité de votre prévoyance professionnelle seulement si vous pouvez prouver que vous n'êtes (ou ne serez) pas soumis à une assurance obligatoire contre les risques dits de vieillesse, décès, invalidité dans le pays où vous vous rendez.

– À votre départ, vous décidez de conserver votre prévoyance professionnelle en Suisse : vous aurez alors dans ce cas la possibilité de toucher par exemple une rente vieillesse à la retraite, ou une rente si vous devenez invalide.

Toutes les démarches se font auprès de la dernière caisse de pension qui s'est occupée de vos avoirs.

Vous devrez placer votre capital-épargne sur un compte bancaire de libre passage ou auprès d'une assurance sur une police de libre passage. Si le règlement le permet et si vous le souhaitez, vous pourrez conserver ce capital auprès de votre dernière caisse de pension. Vous devrez être très attentif aux conditions, performances et risques des produits qu'on vous proposera, ainsi qu'aux conditions de versements de rentes à l'étranger.

F• Les démarches pour obtenir le versement de son capital-épargne

C'est auprès de la dernière caisse de pension à laquelle vous étiez afilié que vous devrez vous tourner si vous souhaitez obtenir le versement de votre capital.

Vous devrez alors remplir un formulaire adéquat, et fournir les documents attestants de votre départ définitif (« attestation de départ à l'étranger » fournie par le service des étrangers de votre commune, voir check-list, et justificatif de domicile dans votre nouveau pays), ainsi qu'un document écrit de votre conjoint(e) vous donnant son accord (si vous êtes marié).

Lors du retrait, un impôt à la source sera automatiquement prélevé par l'administration fiscale suisse, et selon les conventions signées entre la Suisse et la plupart des pays de l'Union européenne, cet impôt vous sera remboursé ou non.

Le pourcentage d'impôt prélevé dépend du montant de votre capital-épargne et du canton où se situe le siège de l'institution de prévoyance qui gère vos avoirs.

Pour la France, l'accord stipule que les revenus issus de la prévoyance ne peuvent être taxés, et l'impôt à la source est donc récupérable[15].

L'institution de prévoyance vous remettra un document que vous devrez remplir et faire signer au fisc français lorsque vous déclarerez votre capital-épargne à votre retour. En retournant ce document signé à l'administration fiscale suisse, celle-ci procédera au remboursement de l'impôt à la source prélevé.

Pratique : réduisez le montant de l'impôt à la source prélevé si vous décidez de récupérer votre capital-épargne

L'impôt à la source prélevé lors du retrait de votre deuxième pilier dépend du canton où siège la dernière institution de prévoyance qui a géré vos avoirs vieillesse. Par exemple, pour un capital de 80 000 francs suisses, l'impôt à la source prélevé pour une institution à Berne sera d'environ 7 %, et de moins de 5 % à Genève.

15. À l'heure où nous écrivons, cet accord risque d'être remis en cause et est en phase de discussion à l'Assemblée nationale en France.

Vous pouvez réduire simplement votre impôt en versant votre capital-épargne sur un compte de libre passage d'une institution de prévoyance ayant son siège dans un canton fiscalement intéressant. En la matière, le canton de Schwytz est le plus intéressant.

À notre connaissance, seules deux ou trois caisses y ont leur siège : la fondation de libre passage pro (www.fzspro.ch) et la fondation Liberty (www.liberty-stiftung.ch) en font partie.

Des frais de dossier de quelques centaines de francs vous seront demandés, ce qui n'est pas grand-chose en comparaison des sommes économisées. Vous trouverez sur leur site des calculateurs qui vous permettront de calculer l'économie réalisée.

Cette « manipulation » n'a d'intérêt que dans le cas où les accords entre le pays où vous allez résider et la Suisse ne prévoient pas un remboursement de cet impôt (comme c'est actuellement encore le cas en France, mais peut-être plus pour très longtemps...).

Où trouver des informations complémentaires ?

Pour plus de détails concernant la prévoyance professionnelle, vous pouvez consulter le site de l'Office fédéral des assurances sociales, OFAS, « www.ofas.admin.ch ».

La Centrale du 2e pilier à Berne est une institution qui peut vous être utile si vous ne savez pas (ou plus) dans quelle institution de prévoyance en Suisse se trouvent vos avoirs. Vous trouverez toutes les informations nécessaires sur le site « www.sfbvg.ch ».

La prévoyance individuelle ou 3e pilier : pour avoir un revenu complémentaire à la retraite

A• Qu'est-ce que c'est ?

Pour améliorer votre niveau de vie au moment de la retraite et avoir un revenu complémentaire, vous pouvez également constituer votre propre prévoyance à l'aide d'un 3e pilier.

On distingue :

– le 3e pilier A (ou pilier 3a ou 3e pilier lié), qui vient en complément du 2e pilier (ou qui s'y substitue pour les indépendants), et qui se présente sous la forme d'un compte de prévoyance ou d'une police de prévoyance.

Vous trouverez également des produits adossés à des fonds de placements, plus risqués mais dont la performance peut être intéressante à long terme. D'un point de vue pratique, c'est à la banque ou auprès de votre compagnie d'assurance que vous devrez vous adresser dans ce cas[16] ;

– le 3e pilier B (ou pilier 3b ou 3e pilier libre), qui possède une philosophie différente : son rôle est également d'améliorer le niveau de vie à la retraite, mais également de se protéger contre une baisse de niveau de vie en cas de maladie, accident… Il permet également de choisir librement les bénéficiaires du capital ou de la rente en cas de décès, ce qui n'est pas le cas du 3e pilier A.

Ces produits se présentent sous la forme d'assurance-vie, de compte d'épargne, de fonds (actions, obligations…), d'assurance-vie mixte (épargne et protection en cas de décès ou invalidité), d'assurances de frais de traitement (maladie…). Renseignez-vous auprès de votre établissement bancaire ou de votre compagnie d'assurance.

B• Qui cotise et combien ?

L'employé[17] ou l'indépendant cotise seul. Toutes les sommes d'argent versées pour un 3e pilier A sont déductibles du revenu imposable, jusqu'à un plafond légal de 6 365 francs suisses annuels pour les salariés. Les indépendants qui ne sont pas affiliés à une institution de prévoyance professionnelle peuvent verser jusqu'à 20 % de leurs gains, mais avec un maximum de 31 824 francs suisses par an[18].

Les versements sur un 3e pilier A sont libres, ce qui signifie que vous pouvez les arrêter à tout moment.

L'argent placé sur un 3e pilier A est bloqué jusqu'à 5 ans avant l'âge de la retraite, sauf cas de particulier déblocage (décès, passage au statut d'indépendant, départ définitif de Suisse notamment).

Sur le plan fiscal, seuls quelques produits de type 3e pilier B bénéficient d'avantages fiscaux réduits (c'est le cas des assurances-vie). Le rythme

16. Pour les ressortissants français, un 3e pilier A correspondrait, dans l'esprit et le fonctionnement, à un PERP.

17. Certaines entreprises prévoient, pour certains de leurs collaborateurs (les cadres supérieurs par exemple) une cotisation partagée employé/employeur directement prélevée du salaire, comme pour la prévoyance professionnelle.

18. Données 2008.

et contraintes de versement dépendent du contrat, de même que la durée où l'argent est bloqué.

C• À quoi la cotisation à la prévoyance individuelle donne-t-elle droit ?

Au moment de la retraite, le 3e pilier A donne droit parfois à une rente complémentaire, mais le plus souvent c'est sous forme de capital qu'il est perçu.
Comme nous l'avons vu, un 3e pilier B peut prendre pour sa part différentes formes, et dure très rarement jusqu'à l'âge de la retraite.

Les points essentiels à retenir

- En tant que résident actif, vous bénéficiez des mêmes droits au chômage que les travailleurs locaux. Pour bénéficier du chômage, vous devez :
  - avoir subi une perte de salaire et une interruption de travail d'au moins 2 jours ;
  - être résident en Suisse ;
  - être dans les limites d'âge légales ;
  - avoir cotisé à l'assurance-chômage pendant votre activité professionnelle au moins 12 mois au cours des 2 dernières années.
- Le montant de l'indemnité chômage dépend du montant de votre dernier salaire touché. Elle représente 70 % de ce dernier salaire (80 % dans certains cas, et notamment si vous avez des enfants à charge).
- Les résidents qui souhaitent quitter la Suisse pour revenir dans leur pays d'origine peuvent percevoir des indemnités chômage sous certaines conditions et pendant une durée maximum de 3 mois.
- Les résidents titulaires de permis L de courte durée peuvent bénéficier du chômage dès lors qu'ils ont travaillé plus de 12 mois dans les 2 dernières années (ce qui est possible si par exemple le permis L a été renouvelé).
- Les frontaliers perçoivent le chômage de France sauf si le taux d'inactivité est inférieur à 100 %, et dans ce cas c'est

la Suisse qui indemnise. En cas de chômage total, vous devrez vous charger d'effectuer les démarches auprès des services de l'emploi suisse et auprès des Assedic en France. En cas de chômage partiel, c'est votre employeur qui se chargera des démarches.

- Un congé maternité, mis en place au niveau fédéral, permet aux travailleuses de percevoir une indemnité après leur grossesse, sous certaines conditions. Résidentes et frontalières en bénéficient, sauf si vous êtes frontalière au chômage : dans ce cas vous bénéficierez des indemnités de votre pays de résidence.
- En Suisse, vous toucherez une allocation à la naissance ou l'adoption de chaque enfant, ainsi qu'une allocation mensuelle. Montants et modalités d'attribution varient d'un canton à l'autre et seront harmonisés en 2009.
- Résidents et frontaliers dépendent du système de retraite suisse. Les travailleurs détachés dépendent du système de retraite de leur pays de provenance.
- Le système de prévoyance suisse s'appuye sur 3 piliers :
  - 1er pilier : AVS (Assurance Vieillesse, Survivants) / AI (Assurance Invalidité) est un système par répartition : il est obligatoire pour tous ceux qui habitent ou travaillent en Suisse ;
  - 2e pilier : appelé « prévoyance professionnelle », est basée sur un système de capitalisation : il est obligatoire pour tous les salariés qui travaillent en Suisse, facultatif pour les indépendants ;
  - 3e pilier : appelé « prévoyance individuelle », est basée sur un sytème de capitalisation : il est facultatif.
- Si vous quittez la Suisse avant l'âge de la retraite, les périodes de cotisation AVS seront prises en compte, et vous bénéficierez des prestations (rentes...) si une convention a été signée entre votre pays d'origine et la Suisse (ce qui est le cas pour pratiquement tous les pays de l'Union européenne et de l'AELE). Dans le cas contraire, vous ne pourrez bénéficier d'aucune rente et les périodes travaillées ne seront pas prise en compte, et en contre-partie vous pourrez demander le remboursement de vos cotisations AVS, sous certaines conditions.

- Un départ avant l'âge de la retraite vous permettra de toucher une partie seulement de votre 2e pilier (la partie surobligatoire), sauf si vous vous installez dans un pays ne proposant pas de système de prévoyance : dans ce cas, vous pourrez en retirer l'intégralité, sous certaines conditions.

  Vous pouvez également décider de conserver vos avoirs de prévoyance professionnelle en Suisse pour en bénéficier lors de la retraite, soit sous forme de capital, soit sous forme de rente.
- Vous avez la possibilité de racheter des années de cotisation manquantes pour le 2e pilier, ce qui peut être intéressant à plusieurs titres : pour votre retraite mais aussi sur le plan fiscal.
- Le 3e pilier permet d'améliorer son niveau de vie au moment de la retraite.

  On distingue :
  - le 3e pilier A qui vient en complément du 2e pilier et qui se présente sous la forme d'un compte ou d'une police de prévoyance, et qui peut être déduit du revenu imposable, ce qui réduira le montant de vos impôts. Les versements sont libres (mais plafonnés) et l'argent est bloqué jusqu'à 5 ans avant la retraite (sauf cas de déblocage anticipé) ;
  - le 3e pilier B dont le rôle est également d'améliorer le niveau de vie à la retraite, mais également de se protéger contre une baisse de niveau de vie en cas de maladie, accident... Il permet également de choisir librement les bénéficiaires du capital ou de la rente en cas de décès, ce qui n'est pas le cas du 3e pilier A.

  Ces produits se présentent sous la forme d'assurance-vie, de compte d'épargne, de fonds (actions, obligations...), d'assurance-vie mixte.

Chapitre 16

Les différentes assurances à contracter

1. La responsabilité civile privée : une assurance recommandée

Cette assurance n'est pas obligatoire, mais nous vous recommandons vivement d'en souscrire une.

Les frontaliers doivent souscrire cette assurance en France, et les résidents en Suisse.

Elle couvre tous les dégâts que vous pourriez occasionner involontairement, soit à une personne, soit à la propriété d'une personne, qu'elle soit morale ou physique.

Dans la grande majorité des cas, on ne vous louera pas d'appartement sans que vous apportiez la preuve de la souscription à cette assurance, car si par exemple vous provoquez des dégâts dans l'appartement dont vous êtes locataire, c'est elle qui couvrira les dégâts.

Enfin, si vous êtes propriétaire d'un chien, cette assurance est obligatoire, pour couvrir les éventuelles morsures que votre animal pourrait causer à des tierces personnes.

2. L'assurance accident du travail et maladie professionnelle

Si vous êtes salarié, frontalier ou résident, cette assurance est obligatoirement souscrite par votre employeur. Vous n'avez donc aucune démarche à effectuer dans ce sens.

Elle vous couvre contre les accidents qui pourraient survenir sur votre lieu de travail, de même que contre les maladies issues de votre activité professionnelle.

Elle prend en charge tous les soins médicaux et hospitaliers, ainsi que les frais de pharmacie.

Elle assure également contre la perte de salaire, à travers le paiement d'indemnités journalières.

En cas de décès, elle assure une rente aux membres de la famille (conjoint, enfants).

En cas d'accident, vous devrez le déclarer à votre employeur qui, la plupart du temps vous indiquera la démarche à suivre.

En tant que salarié, vous cotiserez également la plupart du temps à une assurance « accidents non professionnels » directement prélevée sur votre salaire.

Cette assurance vous couvre du premier jour de travail au 30e jours après la fin de votre activité[1] : soyez donc vigileant en cas de changement de situation (chômage par exemple), et pensez à souscrire une assurance adéquate.

En tant qu'indépendant, vous devrez souscrire cette assurance en même temps que la souscription de l'assurance maladie obligatoire LAMal (voir le chapitre 10 « Choisir son assurance maladie » pour plus d'informations).

Pratique : pensez à votre famille !

Que vous soyez résident ou frontalier, en tant que salarié vous serez toujours couvert contre les accidents. En revanche, ce ne sera peut-être pas le cas des membres de votre famille :

1. Dans le cas où vous bénéficiez d'au moins un demi salaire.

Résidents : *pour les membres de votre familles qui ne seraient pas salariés, il est donc indispensables de souscrire une assurance pour vous couvrir contre les accidents. Vous pourrez alors le faire dans le cadre de l'assurance maladie obligatoire (voir ci-dessus).*

Frontaliers : *certaines compagnies d'assurance maladie privées proposent une couverture accident pour les membres de votre famille assurés au titre de l'assurance maladie (et qui représente entre 5 et 25 % de la cotisation). Ne négligez pas cette question ! Dans les autres cas, vous devrez souscrire une assurance à part entière.*

3. Les assurances qui couvrent les biens

S'assurer contre le vol, les bris de glace, les incendies et éléments naturels, les dégâts des eaux : l'assurance ménage

L'assurance ménage comprend les assurances contre les dégâts des eaux, les risques d'incendies, les vols avec effraction et les bris de glace. En général, il s'agit d'une assurance « valeur à neuf ». Attention cependant à bien vérifier dans le contrat les limites de la couverture des frais.

Cette assurance n'est pas obligatoire, mais vivement recommandée.

Pratique

Dans l'assurance ménage, certaines garanties sont dites au 1er risque. Il s'agit en réalité d'un forfait qui prévoit le remboursement de la somme inscrite au contrat, quelles que soient les conditions du sinistre ou valeurs des objets concernés. Ce type d'assurance est donc plus intéressant, il est donc recommandé de le souscrire si cela est possible.

Tout n'est pas couvert par l'assurance ménage : selon le contrat souscrit, certains objets, mentionnés dans les conditions générales de votre contrat, seront partiellement ou pas remboursés : par exemple, le remboursement des bijoux est souvent plafonné, et l'argent liquide ou encore les vins de garde ne sont pas toujours remboursés. N'hésitez pas à demander des précisions à votre assureur sur ces points.

S'assurer contre les risques d'incendies et les éléments naturels dans certains cantons

Dans les cantons de Vaud, Nidwald et Glaris, ce n'est pas auprès d'un assureur classique par le biais d'une assurance ménage que vous devrez vous assurer contre les éléments naturels mais auprès de l'ECA (Établissement cantonal d'assurance contre les incendies et les éléments naturels) du canton. Les autres couvertures (vol, bris de glace...) pourront se faire auprès de votre compagnie d'assurance.

Où trouver des informations complémentaires ?

Pour connaître les coordonnées des établissements cantonaux d'assurance contre les incendies et les éléments naturels, consultez le site de l'Association des Établissements cantonaux d'assurance Incendie « www.vkf.ch ».

Que ce soit pour l'assurance ménage ou pour l'ECA, vous devrez fournir une liste valorisée des biens personnels, le montant de la prime d'assurance sera calculé en fonction. Si, au cours des années qui suivent votre installation vous faites l'acquisition de biens, vous devrez en informer l'assurance qui procédera alors à un autre calcul.

4. Les protections juridiques : des assurances utiles en cas de procédure

Cette assurance n'est pas obligatoire et les prestations et couvertures qu'elles proposent diffèrent d'une compagnie d'assurance à l'autre.

On distingue deux grandes famille d'assurances protection juridique : l'assurance pour les particuliers, et l'assurance pour les véhicules (appelée assurance circulation).

L'assurance protection juridique pour les particuliers

Elle prend en charge les frais de justice (avocats, frais judiciaires, cautions et autres indemnisations) dans le cadre d'un litige, dans la mesure où celui-ci est prévu par l'assurance. Les domaines juridiques couverts sont : le droit des assurances et des contrats, la défense administrative, la défense pénale.
Selon le type de litige, elle permet un conseil juridique mais pas la couverture des frais.

L'assurance circulation

Elle a pour objectif principal de prendre en charge les coûts des démarches juridiques en relation avec l'usage d'un véhicule. Par exemple, si des charges sont retenues contre vous suite à un accident et qu'il y a plainte, l'assistance juridique sera prise en charge si vous avez souscrit une telle assurance.

5. Des assurances pour les véhicules spécifiques

Le tableau de synthèse des assurances pour les véhicules

Le système d'assurance voiture en Suisse diffère du système français. Les différentes assurances et couvertures sont résumées dans le tableau ci-dessous :

Type	Qui / quoi est assuré	Couverture de l'assurance	Obligatoire / non obligatoire
Responsabilité civile (véhicule)	Le véhicule	Les dégâts matériels et /ou corporels causés à des tiers (personne, véhicule d'une tierce personne ou autre)	obligatoire
Casco partielle	Le véhicule	Les dégâts occasionnés par un tiers au véhicule assuré, par des éléments extérieurs (dégâts naturels etc.), ou le vol du véhicule.	facultative
Casco collision	Le véhicule	Les dégâts occasionnés par un accident responsable du conducteur	Facultative dans la plupart des cas, sauf pour les véhicules achetés en leasing pour lesquels elle est obligatoire.
Assurance passagers	Le conducteur et les passagers	Invalidité, décès	facultative

Pratique

Le montant des primes dépend de plusieurs paramètres eux-mêmes différents selon les compagnies d'assurances. Pour l'anecdote, toutes les compagnies possèdent des grilles de tarifs qui tiennent compte de la nationalité du conducteur.

Le système de bonus-malus n'est pas complètement uniformisé entre les compagnies. Ainsi, par exemple, les compagnies distingueront bonus RC et bonus Casco mais pas forcément selon les mêmes calculs (vos bonus pourraient être impactés différement si par exemple vous occasionnez des dégâts à un autre véhicule alors que le vôtre n'a rien).

Les conditions des différentes assurances ne sont pas les mêmes pour toutes les compagnies, il est donc très difficile de comparer les prix des différentes prestations.

La responsabilité civile (véhicule) : une assurance obligatoire qui couvre les dégâts causés à des tiers

C'est la seule assurance obligatoire pour les véhicules. Elle couvre uniquement les dégâts matériels et corporels causés à des tiers par le véhicule assuré, jusqu'à 100 millions de francs suisses dans la plupart des compagnies d'assurance. À ne pas confondre avec l'assurance responsabilité civile qui couvre les personnes.

Dans certains cas (si vous commettez une infraction graves au Code de la route, que vous conduisez sans permis...), la compagnie d'assurance peut se retourner contre vous ou vous réclamer la prise en charge des frais[2].

Les conditions et couverture sont quasiment similaires pour toutes les compagnies, nous vous recommandons donc d'être très vigilent sur les montants des primes.

L'assurance casco partielle : couverture des dégâts ou vols causés par des tiers

Cette assurance n'est pas obligatoire et couvre une palette de risques que vous pouvez décider de couvrir ou pas, selon le contrat de la compagnie et selon votre situation. Les principales catégories de risques sont les suivantes :

– ***actes de vandalisme, malveillance :*** dommages occasionnés de façon intentionnelle par un tiers (pneus crevés, antennes arrachées, rayures de clés sur la carrosserie chez certaines compagnies uniquement etc.) ;

– ***collision avec les animaux :*** dommages occasionnés par un choc avec un animal (animal sauvage par exemple) ;

– ***dommages aux vitres*** : dommages occasionnés aux vitres du véhicule (jet de pierre, etc.) ;

2. Il est possible, cependant, dans certaines compagnies d'assurance, de souscrire une garantie dite de « renonciation pour fautes graves », ce qui vous permettra tout de même de bénéficier de la couverture de l'assurance (sauf tout de même pour des accidents relatifs à la prise d'alcool, de drogue ou de médicaments).

– ***dommages occasionnés par les martres :*** dommages occasionnés par le rongeur aux tuyaux et câbles du véhicule ;

– ***effets de voyage :*** vol ou détérioration de bagages ou d'effets à l'intérieur du véhicule suite à un des événements ci-dessus prévus dans le contrat. Les conditions de remboursement sont très réglementées pour cette catégorie ;

– ***force de la nature :*** dommages occasionnés par des phénomènes naturels exceptionnels du type glissements de terrains, avalanche, inondations, grêle, tempêtes, etc. ;

– ***incendie :*** dommages occasionnés au véhicule par un incendie, la foudre, les explosions ou un court-circuit ;

– ***vol du véhicule et dégâts éventuels liés à ce vol :*** concerne également tous les dégâts occasionnés lors de la tentative d'effraction si le vol n'a pas eu lieu.

Pratique

À partir d'un certain montant du véhicule, propre à chaque compagnie, il existe des clauses de remboursement avec une franchise élevée si le véhicule est volé dans certains pays inscrits au contrat. Renseignez-vous bien sur cette clause avant toute souscription.

L'assurance casco collision : couverture des dégâts responsables

Cette assurance n'est pas obligatoire et prend en charge les dégâts occasionnés sur votre propre véhicule et qui engagent votre responsabilité (ou celle du conducteur de votre véhicule au moment des faits). Il n'est pas possible d'avoir une assurance casco-collision sans posséder une casco partielle.

L'assurance casco complète : une combinaison des assurances casco partielle et collision

L'assurance casco complète est simplement composée de l'assurance casco partielle et casco collision.
Elle est obligatoire pour les véhicules achetés en leasing, et fortement recommandé dans tous les cas si votre véhicule est neuf.

Une option nécessaire pour les véhicules neufs : la valeur vénale majorée

Avec cette option, en cas d'accident fatal à votre véhicule, l'assurance vous remboursera une valeur du véhicule supérieure à sa valeur réelle sur le marché au moment de l'accident. La plupart du temps, cette valeur est un pourcentage dégressif en fonction des années du prix catalogue du véhicule.
La valeur de la majoration dépend de la compagnie d'assurance, mais à titre d'exemple si votre véhicule est détruit lors de sa première année de circulation, vous toucherez dans certaines compagnies entre 90 et 95 % du prix catalogue, et entre 60 et 70 % du prix s'il est détruit la 5e année de mise en circulation.
Pour les véhicules achetés en leasing, cette option est en principe obligatoire.

La protection des occupants : une couverture supplémentaire sécurisante

Elle couvre les frais liés aux soins et à l'incapacité de travail partiel en cas d'hospitalisation de l'assuré et des occupants du véhicule, les frais de guérison, et elle prévoit le versement d'un capital en cas de décès ou d'invalidité.

L'assistance accident et dépannage : une assurance bon marché qui peut être utile

Si vous achetez une voiture neuve, vous bénéficierez probablement d'une assistance accident / dépannage pendant les premières années, ce qui vous permettra de vous faire dépanner et de prendre en charge certains des frais inhérents en cas de panne.

Si vous n'êtes pas dans ce cas, nous vous conseillons de souscrire le service « secours routier » proposé par le Touring Club Suisse (TCS). Il vous en coûtera moins de 100 francs suisses annuels, et vous serez couverts en cas de problème.

Où trouver des informations complémentaires ?

Pour plus d'informations sur ce type de service, consultez le site du TCS www.tcs.ch rubrique « Assistance ».

Pratique

Dans certains cantons, la police peut intervenir à la demande d'automobilistes impliqués dans des accidents pour aider à l'établissement du constat à l'amiable. C'est un service payant et de plus en plus rare.

Dans la plupart des cantons, la police n'intervient que s'il y a des blessés ou si les automobilistes ne peuvent s'entendre pour remplir le constat. Dans ce cas, elle leur fait signer une renonciation à établir un constat.

Dès lors, les frais d'intervention, entre 150 et 300 francs suisses selon le nombre de personnes impliquées et le canton, seront facturés au magistrat en charge du litige. Il procédera alors a posteriori à la répartition en fonction des fautes des conducteurs.

6. L'assurance RC pour les cyclistes : une obligation pour circuler en vélo

Pour utiliser votre vélo, vous avez obligation de souscrire une assurance RC pour cycliste. Elle se présente sous la forme d'une vignette à coller sur votre vélo, valable du 1er juin au 31 mai de l'année suivante.

Son coût dépend de chaque canton, dans les cantons romands elle coûte en général moins de 10 francs suisses annuels. Vous la trouverez dans les bureaux de Poste, et dans certains commerces spécialisés dans le cyclisme.

7. Les conseils d'un professionnel de l'assurance en Suisse

Bernard Monnard (bernard.monnard@generali.ch) est conseiller en assurance depuis plus de 20 ans et travaille pour le compte de Generali Assurances à Lausanne.

Il propose de nous donner quelques conseils pour que les étrangers puissent se repérer dans les méandres du système d'assurances en Suisse.

Conseil n° 1 : Attention à bien comparer ce qui l'est

L'offre de produits d'assurance est telle, et les prestations parfois si différentes qu'il est très difficile de comparer les produits entre eux. Dans l'assurance « véhicules à moteur », en particulier, les échelles de bonus / malus diffèrent d'une compagnie à l'autre. Pour comparer, vous devrez tout d'abord évaluer vos besoins. Faites attention à la sous-assurance ou prévoyez une garantie au 1er risque (forfait), souvent plus intéressante.

Conseil n° 2 : Renseignez-vous et rencontrez un conseiller en assurance

En tant qu'étranger nouvellement installé en Suisse ou sur le point de l'être, il ne vous sera pas forcément facile de bien saisir toutes les subtilités du système d'assurance local, chaque pays ayant un fonctionnement propre. Renseignez-vous au mieux sur les différents types d'assurances, de sorte à bien distinguer celles qui sont obligatoires de celles qui ne le sont pas. Cette étape préalable étant faite, rencontrez ensuite un assureur qui saura vous conseiller et avec qui vous pourrez dialoguer.

Conseil n° 3 : Certaines options vous seront très utiles...

Dans le cadre de l'assurance voiture, suite à un accident dont vous êtes responsable, la « protection de bonus » vous préservera d'augmentations des primes responsabilité civile et casco intégrale.

La renonciation du recours, pour « faute grave », empêchera la compagnie de se retourner contre vous lors d'un accident provoqué suite à une manœuvre interdite ou un non-respect du Code de la route. Cette surprime est peu coûteuse (en général quelques dizaines de francs suisses par an).

Si votre véhicule est neuf ou récent, conclure une assurance casco complète à la « valeur vénale majorée » vous permettra d'être indemnisé largement au-delà du prix de l'argus si celui-ci est détruit dans un accident et d'en racheter un dans de meilleures conditions financières.

Conseil n° 4 : ... alors que d'autres pas franchement

Une autre option prévoit, si vous vous engagez à ne pas consommer une seule goutte d'alcool au volant, de baisser votre prime d'assurance. Il s'agit de la clause « 0 pour mille ». Cette clause est très contraignante et risquée, car la compagnie d'assurance peut se retourner contre vous en cas de sinistre si vous avez bu de l'alcool, même une quantité infime. Dans ce cas aussi, une quote-part importante sera à votre charge.

Conseil n° 5 : Vérifiez bien les clauses de remboursement en cas de vol du véhicule à l'étranger

Si vous habitez un pays de l'Union européenne limitrophe, il est probable que vous soyez amené à voyager souvent dans ce pays, le cas échéant, vérifiez bien les clauses de remboursement du véhicule en cas de vol à l'étranger, car il peut être appliqué une franchise élevée ou un remboursement partiel de la valeur du véhicule ; ceci est également valable pour une voiture possédant un coût élevé.

Les points essentiels à retenir

- Une assurance responsabilité civile est fortement recommandée pour les résidents (avec une compagnie d'assurance suisse), et pour les frontaliers (avec une compagnie d'assurance française). Elle couvre tous les dégâts que vous pourriez occasionner involontairement soit à une personne, soit à la propriété d'un tiers. En Suisse, elle est obligatoire si vous possédez un chien.
- Les assurances accident du travail et maladie professionnelle sont souscrites par l'employeur. Il n'y a donc aucune démarche à effectuer de votre part si vous êtes salarié. En revanche, vous devrez penser aux membres de votre famille qui ne sont en général pas couvert. Les travailleurs indépendants devront souscrire eux-même une telle assurance.
- Pour vous couvrir contre les dégâts et vols occasionnés à vos biens, vous devrez souscrire une assurance ménage (complétée par une assurance auprès de l'ECA dans les cantons de Vaud, Nidwald et Glaris). En général, il s'agit en standard d'une assurance « valeur à neuf » (le bien est remboursé selon sa valeur d'achat, pas selon sa valeur vénale).
- Il existe des assurances pour la protection juridique si vous souhaitez que l'assurance prenne en charge d'éventuels frais de justice. Les compagnies distinguent la protection juridique personnelle de la protection juridique liée au véhicule.

- Le système d'assurance pour les véhicules comprend les assurances suivantes :
- la responsabilité civile véhicule qui couvre les dégâts matériels et / ou corporels causés à des tiers. C'est la seule assurance pour les véhicules qui est obligatoire ;
- la casco partielle qui couvre les dégâts occasionnés par un tiers au véhicule assuré, ainsi que ceux causés par des éléments extérieurs (force de la nature...). Elle couvre également le vol du véhicule ;
- la casco collision qui couvre les dégâts occasionnés au vehicule assuré par un accident responsable du conducteur. Elle est obligatoire pour les véhicules achetés en leasing ;
- l'assurance passagers qui couvre les conducteurs et passagers en cas d'invalidité ou décès.
- Pour utiliser votre vélo, vous devrez souscrire une assurance RC pour cycliste. Elle se présente sous la forme d'une vignette à coller sur le cadre, et coûte moins de 10 francs suisses.

Chapitre 17

Scolarité et études en Suisse

En tant que résident, vous pouvez choisir pour vos enfants soit le système éducatif suisse, soit le système éducatif de votre pays, si des établissements proposent de telles formations. Ce choix dépend bien sûr de votre projet à long terme : si vous souhaitez par exemple vous installer de façon durable en Suisse, le choix d'un enseignement local peut être bénéfique, notamment pour des raisons d'intégration.

1. Un système éducatif suisse pas encore harmonisé entre les cantons

Les cantons sont souverains en matière d'éducation, c'est la raison pour laquelle on compte historiquement 26 ministères de l'Éducation, un pour chaque canton, avec 26 systèmes éducatifs différents : la scolarisation ne débute pas partout au même âge dans tous les cantons, les études n'ont pas la même durée partout, les systèmes de formations sont en général différents…

Dans la plupart des cantons, on commence la maternelle, appelée école enfantine, à 4 ans, et l'école est obligatoire jusqu'à l'âge de 15 ans.

L'apprentissage occupe une place importante dans l'univers éducatif. En 1999, il concernait près de 65 % des personnes ayant poursuivi leur scolarité au-delà de l'école obligatoire.
Une révision constitutionnelle a été acceptée par les députés et prévoit une harmonisation progressive du système éducatif.
Sur le plan pratique, cette harmonisation est plus ou moins avancée, et certaines disciplines (comme les mathématiques) seront plus rapidement « standardisées » que d'autres.

Où trouver des informations complémentaires ?

Sur le site de la Conférence suisse des directeurs cantonaux de l'instruction publique, vous trouverez, pour chaque canton, le détail de l'ensemble du système éducatif : « www.cdip.ch. », rubrique « Le système éducatif de la Suisse ».
Le site portail de l'éducation en Suisse « www.educa.ch » propose également des informations sur le système éducatif suisse, les écoles, etc.

2. Inscrire son enfant dans une école suisse

Nous vous conseillons dans ce cas de prendre contact avec votre commune d'habitation, ou avec la direction de l'école si vous savez déjà où l'inscrire.
Pour l'inscription, vous devrez notamment fournir votre permis de travail ou de séjour (ou assurance d'autorisation de séjour), ainsi qu'une attestation de l'assurance maladie pour votre enfant.

Pratique

Si votre enfant ne parle pas la langue du canton où vous résidez, vous trouverez dans certaines communes des classes d'intégration d'un an au maximum qui permettront à votre enfant de se mettre à niveau et de réintégrer la filière normale.
Par ailleurs, votre enfant sera scolarisé dans une école correspondant à votre lieu d'habitation.

Pour lui aussi, le choc culturel risque d'être réel, et pour réduire les effets de ce choc, nous vous conseillons de le scolariser dans une école d'une grande agglomération ou à proximité pour deux raisons :

– sur le plan éducatif, vous trouverez dans ces établissements un corps enseignant habitué à accueillir des enfants étrangers ;

– sur le plan culturel, les élèves de ces établissements sont eux-aussi plus habitués à cotoyer des élèves étrangers, ce qui peut favoriser son intégration.

3. Les écoles étrangères en Suisse

Comme dans beaucoup de pays, vous trouverez en Suisse des établissements proposant des formations d'autres pays, permettant notamment aux élèves « expatriés » d'avoir une continuité dans leur scolarité.

Nous parlerons dans la suite principalement des écoles délivrant une formation selon le système éducatif français.

Les écoles françaises en Suisse représentent les différentes filières de formations du système éducatif français reconnues par le ministère de l'Éducation nationale.

Elles sont présentes dans les principales villes suisses (Genève, Lausanne, Berne, Bâle et Zurich), mais toutes les filières ne sont pas représentées dans toutes les villes. Par exemple, l'école primaire française de Genève propose des formations allant de la maternelle au CM2.

Les frais de scolarité de ces écoles sont souvent très élevés.

En tant que Français, votre enfant a de bonnes chances d'obtenir une place dans l'un de ces établissements, mais nous vous conseillons de prendre contact le plus tôt possible avec le responsable de l'établissement.

Où trouver des informations complémentaires ?

Vous trouverez dans le tableau ci-dessous toutes les informations et contacts nécessaires pour l'enseignement de votre enfant :

Canton	Établissement	Enseignement	Site web
Genève	École primaire française de Genève	Maternelle (à partir de 5 ans) CP à CM2	www.ecole-francaise-geneve.ch/
Lausanne	Pensionnat Valmont	Maternelle (de 3 à 6 ans) CP à CM2 6e à Terminale Bac : L, ES, S	www.ecole-valmont.org/
Berne	École française de Berne	Maternelle (de 2 à 6 ans) CP à CM2 6e à 3e	www.ecole-francaise-de-berne.ch/
Bâle	École française de Bâle	CP à CM2	www.efdb.ch
Bâle	Jardin d'enfants de langue française de Bâle	Maternelle (3 à 6 ans)	www.emdb.ch
Zürich	Lycée français de Zürich	Maternelle (3 à 6 ans) CP à CM2 6e à Terminale Bac : L, ES, S	www.lfz.ch

4. Les institutions en Suisse qui proposent des formations françaises ou internationales

Certains établissements suisses proposent des formations françaises et/ou internationales à de jeunes expatriés de tous horizons, le plus souvent

sous la forme d'internats, à des tarifs souvent très élevés. Il y a pléthore d'offres, et il n'est pas facile de détecter les bons établissements.
Tous les niveaux sont représentés, de l'école enfantine jusqu'aux formations supérieures.

Où trouver des informations complémentaires ?

– Vous trouverez sur le site du Consulat de France « www.consulfrance-geneve.org » quelques-unes de ces écoles, rubrique « vivre en Suisse » puis « Écoles ».
– Sur le site de la Fédération suisse des écoles privées, vous pourrez effectuer une recherche par canton des écoles privées qui pourraient vous intéresser : « www.swiss-schools.ch. »

5. Poursuivre ses études supérieures en Suisse

Douze universités présentes dans tout le pays

On distingue en Suisse l'enseignement public (cantonal ou fédéral) de l'enseignement des filières privées, très souvent calqué sur l'enseignement américain, de qualité et de sérieux très variables selon les établissements. Les diplômes issus de ces filières privées ne sont pratiquement jamais reconnus par la Suisse, il est donc important de bien se renseigner avant toute inscription.
Par la suite, nous parlerons uniquement de l'enseignement public qui met à disposition des étudiants 12 universités (10 universités cantonales et 2 écoles polytechniques fédérales). Toutes les filières ne sont pas pour autant accessibles aux étudiants étrangers.

La langue dans laquelle sont dispensés ces cours dépend de leur localisation :

Université	Langue	Adresse	Site web
École polytechnique fédérale de Lausanne EPFL	Français	Service académique Bâtiment polyvalent Ecublens 1015 Lausanne	www.epfl.ch
Université de Lausanne	Français	Bureau des immatriculations BRA Dorigny 1015 Lausanne	www.unil.ch
Université de Genève	Français	Espace administratif des étudiants 24, rue Général Dufour 1211 Genève 4	www.unige.ch
Université de Neuchâtel	Français	Accueil et immatriculation (B35) 26, avenue du 1er Mars 2000 Neuchâtel	www.unine.ch
Université de Fribourg	Français / Allemand	Admission et inscription Miséricorde Avenue de l'Europe 20 Bureau 1222 1700 Fribourg	www.unifr.ch
École polytechnique fédérale de Zürich (Eidgenössische Technische Hochschule Zürich ETHZ)	Allemand	Zulassungstelle ETH – Zentrum 8092 Zürich	www.ethz.ch
Université de Berne (Universität Bern)	Allemand	Immatrikulationsdienste und Kanzlei Hochschulstrasse 4 3012 Bern	www.unibe.ch
Université de Saint-Gall (Universität St. Gallen)	Allemand	Zentrales Sekretariat Dufourstrasse 50 9000 St. Gallen	www.unisg.ch
Université de Bâle (Universität Basel)	Allemand	Studiensekretariat Kollegienhaus, Parterre, Raum 010 Peterplaz 1 4003 Basel	www.unibas.ch
Université de Lucerne (Universität Luzern)	Allemand	Pfistergasse 20 Postfach 7979 6000 Luzern 7	www.unilu.ch

→

(suite)

Université	Langue	Adresse	Site web
Université de Zürich (Universität Zürich)	Allemand	Kanzlei Rämistrasse 71 8006 Zürich	www.unizh.ch
Università della Svizzera italiania	Italien	Segretaria generale Via Lambertenghi 10 A 6904 Lugano	www.unisi.ch

L'année universitaire est divisée en deux semestres (de fin octobre à fin février et de mi-mars à mi-juillet).

Toutes les universités en Suisse ont adapté leurs filières de formation pour être en adéquation avec les accords de Bologne, et vous recevrez un Bachelor, obligatoire pour accéder aux études de Master. Si vous avez en poche un Master, il vous permettra ensuite d'accéder aux études pour l'obtention d'un doctorat si vous le souhaitez et si vos notes vous le permettent.

Où trouver des informations complémentaires ?

Le site du CRUS (Conférence des recteurs des universités suisses) www.crus.ch contient une véritable mine d'informations sur les études supérieures en Suisse, avec les différentes filières, les dates d'inscription, les coûts, les modalités, les liens vers les différents sites, etc.

Vous trouverez par ailleurs toute les informations nécessaires concernant la formation continue pour les professionnels sur le site portail « www.swissuni.ch. ».

Des conditions d'admission restrictives

La plupart des filières de formation des universités suisses sont accessibles aux étrangers, mais pas toutes (c'est le cas par exemple des filières médecine et vétérinaire, très protégées et qui ne sont par exemple accessibles que si vous résidez déjà en Suisse). De plus, des quotas d'étrangers sont appliqués dans certains établissements.

Certaines universités vous imposeront préalablement de passer des tests de langue si la langue utilisée pour les cours n'est pas votre langue maternelle. Si vous échouez à ces tests, il ne vous sera pas possible de vous inscrire.

Si vous ne remplissez pas tous les critères selon l'examen de votre dossier, vous devrez passer des examens d'admission.

Ceux-ci sont centralisés pour l'ensemble des universités suisses. Ils ont lieu deux fois par an à Fribourg (mi-juin et début octobre).

Des cours préparatoires à ces examens peuvent être suivis, ils sont dispensés à Fribourg entre octobre et juin et sont relativement coûteux (environ 5 000 francs suisses).

Par ailleurs, vous devrez prouver la validité de votre diplôme d'admission dans le circuit éducatif suisse pour prétendre accéder à la formation de ces universités (pour les français, il vous faudra par exemple prouver l'équivalence de votre baccalauréat).

En effet, les accords sur la libre circulation des personnes ne régissent pas les équivalences de diplômes entre la Suisse et les pays de l'Union européenne. Des accords spécifiques ont néanmoins été signés avec la France, l'Allemagne, l'Autriche et l'Italie pour faciliter les démarches des étudiants.

Dans tous les cas, les universités sont souveraines dans la décision et se basent sur des critères fixés par pays. Par exemple pour la France, vous devrez avoir une moyenne générale de 12/20 à certains diplômes pour que ceux-ci soient reconnus.

Où trouver des informations complémentaires ?

Pour connaître les équivalences de votre diplôme, consultez le réseau d'information ENIC/NARIC pour la reconnaissance des diplômes en Europe (www.enic-naric.net).

Pour les formalités d'inscription, nous vous invitons à contacter directement l'université qui vous intéresse.

Pour consulter les critères fixés par pays, rendez-vous sur le site « www.crus.ch. »

Si vous souhaitez plus d'informations sur les cours préparatoires pour les examens centralisés d'admission aux universités suisses, consultez le site « www.vkhs.ch. ».

Formalités administratives d'entrée en Suisse pour les étudiants

Vous devrez faire une demande auprès de l'Office cantonal de la population pour l'obtention d'un permis de séjour.

Si vous souhaitez travailler pendant vos études, vous devrez en faire la demande. Le permis, valable pour la durée des études, permet de travailler au maximum 15 heures par semaine.
Si vos études durent plus d'une année, il vous sera remis un permis B (séjour longue durée[1]) qu'il faudra faire renouveler d'année en année. Si la formation dure moins d'un an vous recevrez un permis L (séjour courte durée).
Si vous décrochez un contrat de travail à durée indéterminée au terme de vos études, vous serez cependant traité comme n'importe quel autre travailleur étranger et devrez faire une demande de permis de travail.
L'autorisation de séjour ne vous sera délivrée que si le programme d'étude comprend au moins 20 heures par semaine, avec un enseignement quotidien (ou presque) et dont la formation est sanctionnée par un diplôme.
Pour la demande de permis, vous devrez, en plus des documents habituellement demandés aux travailleurs[2] :

– apporter une attestation d'inscription à l'université ou l'école (en général la facture qui prouve le règlement des frais de scolarité de l'université) ;

– prouver que vous possédez une assurance maladie en règle ;

– apporter la preuve de moyens financiers suffisants[3] (bourse d'étude, si quelqu'un se porte garant pour vous, preuve des moyens financiers de votre garant ou de vous-même...) ;

– constituer un dossier comprenant votre plan d'étude personnel, le diplôme que vous visez, un CV ainsi qu'un engagement écrit de quitter la Suisse au terme des études si vous n'avez pas de travail ;

– apporter la preuve d'une adresse fixe en Suisse (logement étudiant, internat, bail à loyer, éventuellement une résidence hôtelière).

Au titre du regroupement familial, les membres de votre famille peuvent vous accompagner en Suisse pendant la durée de vos études et peuvent travailler (voir le chapitre 5 « Les différents permis de travail : analyses » pour plus d'informations).

1. Voir le Chapitre 5, « Les différents permis de travail », p. 127 pour plus de détails.
2. Voir le Chapitre 5, « Les différents permis de travail », p. 127 pour plus de détails.
3. Dans tous les cas, la plupart des administrations cantonales estiment qu'il faut au minimum 1 500 francs suisses par mois pour étudier et vivre en Suisse.

Pratique

Frais d'inscription

Les frais d'inscriptions ne sont pas régis par la loi et dépendent des formations et des instituts. Par ailleurs, la plupart des universités réclament des frais d'inscription plus élevés aux étrangers.

La fourchette de frais d'inscription annuels varie de environ 1 000 francs suisses (université de Genève et Neuchâtel) à 4 000 francs suisses (université de la Suisse italienne), avec une taxe supplémentaire de quelques centaines de francs pour les étrangers dans certains établissements (Fribourg, Neuchâtel, Saint-Gall, Zurich[4]). L'université de Suisse italienne impose une taxe supplémentaire de 4 000 francs suisses aux étrangers, ce qui en fait la formation la plus coûteuse : 8 000 francs suisses annuels pour les étrangers !

Coût de la vie

À ces coûts, il faut rajouter le coût de la vie, très élevé dans le pays (voir « L'influence du coût de la vie sur votre décision », supra, p. 91). Il faut donc avoir un minimum de ressources financières pour poursuivre ses études en Suisse.

Bourses d'étude

Il est possible dans certains cas de bénéficier d'une bourse d'étude en tant qu'étudiant étranger. Vous devrez pour cela prendre contact avec la Commission fédérale des Bourses pour étudiants étrangers en Suisse.

Où trouver des informations complémentaires ?

Toutes les modalités et conditions d'attributions sont détaillées sur le site du Secrétariat d'État à l'éducation et à la recherche (SER) « www.sbf.admin.ch » (« Thèmes » puis « Education générale » puis « Bourses »).

Les points essentiels à retenir

- En tant que résident, vous pouvez choisir de scolariser vos enfants dans le système éducatif suisse ou de votre pays par le biais des écoles de votre pays présentes en suisse (s'il y en a).

4. Information fournie à décembre 2007.

- Le système éducatif suisse n'est pas encore complètement harmonisé entre les cantons, si bien que la scolarisation ne débute pas partout au même âge, les études n'ont pas la même durée partout, et les systèmes de formations sont en général différents. Dans la plupart des cantons, on commence l'école maternelle (appelée école enfantine) à 4 ans, et l'école est obligatoire jusqu'à 15 ans.
- Comme dans beaucoup de pays, vous trouverez en Suisse des établissements proposant des formations d'autres pays, permettant notamment aux élèves « expatriés » d'avoir une continuité dans leur scolarité. En particulier, on compte 6 écoles françaises en Suisse (à Genève, Lausanne, Bâle, Berne, Zurich). Ces écoles ne cou-vrent pas toutes l'intégralité de toutes les formations et sont payantes.
- Pour ceux qui souhaitent faire leurs études supérieures en Suisse, il est conseillé de passer par les filières de l'enseignement public, qui comprennent 10 universités cantonales et 2 écoles polytechniques fédérales.
- L'admission est, selon l'université, soumise à des tests de langue, et vous devrez prouver la validité de votre diplôme dans le circuit éducatif suisse.
- Certaines filières sont difficiles d'accès aux étrangers. C'est notamment le cas des filières de médecine et vétérinaire.
- L'obtention d'un permis de séjour pour les étudiants étrangers est très réglementée et soumise à conditions (res-sources minimum pour vivre et programme de formation quotidien sanctionné par un diplôme). Il vous sera remis un permis B que vous devrez renouveler d'année en année. Ce permis vous permettra de travailler au maximum 15 heures par semaine pour financer vos études.
- Au titre du regroupement familial, votre famille peut vous suivre en Suisse pendant la durée de vos études, comme pour les travailleurs.

Chapitre 18

Quitter la suisse : check-list

Certains d'entre vous souhaiteront peut-être après quelques années revenir dans leur pays d'origine.
Cette liste fait l'inventaire non exhaustif des démarches à effectuer pour que votre retour se fasse dans les meilleures conditions.
Dans tous les cas et dans l'intérêt de tout le monde, il est souhaitable de prendre les devants, lorsque cela est possible, et de prévenir plusieurs semaines à l'avance les différentes administrations et prestataires de service.

Démarche	Commentaire
Annoncer son départ au service de la population de votre commune	Suite à cette déclaration, la commune vous remettra une attestation de départ à l'étranger dont vous devrez ensuite faire des copies pour les remettre au service des impôts, aux douanes, aux opérateurs téléphoniques…
Résilier son bail	Voir le chapitre 8 « Trouver un logement » p. 173.
Récupérer votre permis de conduire au service des automobiles (SAN) de votre canton	Prenez contact avec le SAN pour connaître les modalités et le coût de récupération de votre permis de conduire européen.

→

(suite)

Démarche	Commentaire
Informer le service des impôts	Cette démarche vous permettra d'éviter les mauvaises surprises et d'être en règle au moment du départ. Si vous êtes soumis au barème d'impôt à la source, il ne devrait pas y avoir de décalage entre ce que vous avez versé et ce que vous devez, sauf si vous avez fait valoir des déductions. Si vous êtes soumis au barème ordinaire, la plupart du temps, le prélèvement de l'impôt à la source est fait de telle sorte que vous bénéficiez d'un léger crédit d'impôt : vous avez donc tout intérêt à vous manifester.
Informer l'ambassade ou le consulat	L'annonce peut se faire dans beaucoup de cas par correspondance et après votre départ définitif.
Informer les compagnies d'assurance voiture et personne	En faisant de la sorte, vous pourrez éventuellement bénéficier d'un trop perçu (on paie en général en avance). Par ailleurs, n'oubliez surtout pas de demander un document attestant de vos différents bonus / malus pour pouvoir les faire valoir lors de votre retour dans votre pays.
Résilier ses abonnements télé phoniques fixes et mobiles, et Internet	Si dans l'un de ces cas vous vous êtes engagés sur une durée que vous ne pouvez respecter pour cause de départ à l'étranger, vous devrez fournir l'attestation de départ remise par la commune. Ce document vous permettra dans certains cas de passer outre les obligations du contrat. Voir « Une offre en téléphonie mobile variée mais coûteuse », p. 345 pour plus de détails.
Informer votre banque	Outre les éventuels crédits que nous vous conseillons fortement de régulariser avant votre départ, il est souhaite de prendre contact avec votre banque notamment pour un éventuel 3e pilier que vous auriez souscrit et dont vous pouvez récupérer les fonds lors de votre départ définitif.

→

(suite)

Démarche	Commentaire
Informer Billag et les services industriels	Voir page 354 « La TV et le câble » pour plus de détails.
Faire suivre son courrier par la Poste	Moyennant quelques dizaines de francs suisses, la Poste fera suivre votre courrier partout dans le monde.
Résilier ses assurances maladie	Concernant l'assurance obligatoire (LAMal), le départ à l'étranger est un motif de résiliation suffisant.
Annoncer son départ au médecin traitant	Votre médecin traitant procédera alors au transfert de votre dossier médical.
Annoncer votre départ aux différents services de douanes	Prenez contact le plus tôt possible avec les services de douane de sorte à vous assurer que vous aurez en main tous les documents et attestations nécessaires le moment venu.
Informer les différentes administrations gérant les éventuelles prestations sociales dont vous bénéficiez	Dans la plupart des cas, les prestations sociales pour les résidents ne sont pas versées au-delà des frontières suisses (sauf pour le chômage qui peut être versé 3 mois au maximum sous certaines conditions, voir p. 366 pour plus d'informations). En revanche, il vous sera possible de bénéficier de droits dans votre pays d'accueil, là encore sous certaines conditions et pour certaines prestations). Pour plus de détails, consultez le chapitre 15, « Les avantages sociaux expliqués ».
Informer la caisse de pension et de prévoyance et la caisse de compensation AVS	Pour plus de détails, consultez p. 377 « La prévoyance en Suisse ».

ANNEXES

1. Associations et institutions utiles

Nom association / institution	Groupement transfrontalier européen
Description	Créé en 1963, le Groupement transfrontalier européen est une association à but non lucratif qui a pour objectif l'information et la défense des travailleurs frontaliers.
À qui s'adresse les services ?	Tous les transfrontaliers, c'est à dire toutes personnes vivant ou travaillant de part et d'autre de la frontière franco-suisse. 30 000 adhérents en 2008.
Types de services proposés	Le Groupement transfrontalier européen est constitué de 4 services : – **le service accueil** fournit une 1re information au public par téléphone ou physiquement, à Annemasse, Evian, Saint-Genis-Pouilly, Les Rousses, Pontarlier, Morteau et Seloncourt ; – **le service juridique et fiscal** : 5 juristes et fiscalistes assurent une permanence téléphonique chaque matin, excepté le jeudi, et reçoivent les adhérents sur rdv selon les dossiers (accès soumis à condition d'ancienneté) ; – **le service social** : 3 assistants sociaux accompagnent et renseignent les transfrontaliers ; – **le service emploi** propose des offres d'emploi suisses, permet aux frontaliers de déposer leur CV

→

(suite)

Nom association / institution	Groupement transfrontalier européen
	sur le site Internet et fournit de nombreuses informations sur les conditions d'emploi et de salaire en Suisse. L'association propose également des supports d'information : – le Frontalier magazine (publié 5 fois par an), Front@ligne (newsletter mensuelle) et le site Internet : « www.frontalier.com » – de nombreux documents pratiques : le guide du transfrontalier, des fiches thématiques sur l'assurance maladie, la feuille de salaire,..., des fiches salariales...
Coût	L'adhésion s'élève à 51 € par an (pour 2008)
Adresse / contact	Adresse du siège : 50 rue de Genève – 74100 Annemasse Tel. : +33.(0)892.70.10.74 (0,337 € TTC/min) Site : www.frontalier.com

Nom association / institution	EURES Transfrontalier du Rhin Supérieur (EURES-T)
Description	L'EURES-T, qui fait partie du réseau européen EURES *(EURopean Employment Services)*, est une organisation transfrontalière qui traite les questions des personnes qui travaillent dans un pays et habitent dans un autre. Le réseau EURES Transfrontalier du Rhin Supérieur a pour rôle d'informer, conseiller et placer les personnes qui recherchent un emploi en Suisse (cantons de Bâle-ville et Bâle-campagne, Argovie, Soleure et Jura), en Allemagne et en France.
À qui s'adresse les services ?	Aux frontaliers ou futurs frontaliers à la recherche d'un emploi, et aux entreprises à la recherche d'employés.
Types de services proposés	– **Entretiens personnalisés** (après un premier contact par téléphone ou email) pour des problématiques de recherche d'emploi, d'assurances sociales, de droit du travail, de fiscalité... – Mise en place plusieurs fois par mois d'**ateliers de recherche d'emploi** en Suisse ou en Allemagne : CV, lettres de motivation, entretiens d'embauche... – Présence à plusieurs **manifestations** dans l'espace du Rhin Supérieur (salon d'emploi « Jeunes emploi-formation », Salon « Classe Export », Journées d'information transfrontalières...).

→

(suite)

Nom association / institution	EURES Transfrontalier du Rhin Supérieur (EURES-T)
	– Mise à disposition de guides pour les frontaliers (Suisse / Allemagne, Suisse / France, etc.) (disponible sur leur site Web, voir ci-dessous). Information sur l'économie et le marché de l'emploi de la région frontalière (Brochure « Profil régional du Rhin supérieur »).
Coût	Tous les services de l'EURES-T sont gratuits.
Adresse / contact	Vous trouverez l'ensemble des bureaux de coordination et adresses de contact sur le site « www.eures-t-rhin-superieur.com ».

Nom association / institution	INFOBEST PALMRAIN
Description	Service public trinational franco-germano-suisse d'information et de conseil pour toute question transfrontalière. Périmètre de compétence : Haut-Rhin (F), Sud du Pays de Bade (D), Suisse du Nord-Ouest.
À qui s'adresse les services ?	Tous publics : particuliers, entreprises, associations, administrations, élus.
Types de services proposés	Service généraliste. Accueil physique et téléphonique, site web (www.infobest.org/palmrain), mémentos d'information, etc. Ouvert au public du lundi au mercredi de 10 h à 16 h et le jeudi de 12 h à 18 h.
Coût	Gratuit.
Adresse / contact	4 personnes, 3 nationalités, 2 langues (Français et Allemand) = 1 équipe à votre disposition Tél. : +33 (0)389 70 13 85 +49 (0)7621 750 35 +41(0)61 322 74 22 Fax : +33 (0)389 69 28 23 +49 (0)7621 750 36 +41(0)61 322 74 47 Site web : www.infobest.org/palmrain e-mail : palmrain@infobest.org

Nom association / institution	Comité de Défense des Travailleurs Frontaliers du Haut-Rhin (CDTF)
Description	Association loi 1901, indépendante et neutre ayant pour but de défendre les intérêts des travailleurs frontaliers et de leurs familles. 18 000 adhérents en 2007.
À qui s'adresse les services ?	Le service s'adresse principalement aux travailleurs frontaliers du Haut Rhin.
Types de services proposés	– Mise en place de deux permanences hebdomadaires pour des entretiens personnalisés. – Coopérative d'achats pour profiter de réductions. – Mutuelle maladie pour les frontaliers. – Aide financière pour les adhérents en grande détresse. – Bulletin trimestriel d'information.
Coût	30 € pour 2008, 33 € pour 2009
Adresse / contact	BP 65 – 68300 SAINT-LOUIS Tél. 03 89 69 09 44 Site web : www.cdtf.org

Nom association / institution	Amicale des Frontaliers
Description	L'association, créée en 1963, est au service des travailleurs frontaliers, et a pour objectif de défendre les intérêts individuels, collectifs de ceux-ci et de leurs familles. Sa démarche est similaire à celle d'un syndicat professionnel.
À qui s'adresse les services ?	Aux travailleurs frontaliers et leurs familles.
Types de services proposés	– **Mise à disposition d'un réseau d'information** à travers les 11 bureaux et permanences concernant la condition des travailleurs frontaliers dans les domaines suivants : Formalités à accomplir pour les autorisations de travail en Suisse, conditions de travail, salaires, garanties sociales. Assistance à l'établissement de la déclaration fiscale d'impôt sur le revenu. Bureaux à : Delle, Maiche, Morteau, Pontarlier, Villers le Lac, Mouthe, Foncine-le-Haut, Les Rousses, Ferney-Voltaire, Gaillard, Thonon les Bains. Ces prestations sont assurées gratuitement aux adhérents par des membres bénévoles de l'association.

→

(suite)

Nom association / institution	Amicale des Frontaliers
	– Abonnement à « La Lettre de l'Amicale des Frontaliers » pour rester informé de l'actualité liée à la vie quotidienne des relations transfrontalières. Grâce à la carte d'adhérent, délivrée après versement de la cotisation annuelle, vous obtiendrez tous les renseignements (verbaux, téléphoniques, écrits) concernant les problèmes frontaliers en matière sociale, fiscale et d'emploi, ainsi que l'assistance juridique.
Coût	La cotisation est de 45 € par an (en 2008)
Adresse / contact	Adresse du siège social :15 Tartre Marin 25 500 MORTEAU Tél : +33 (0)3.81.67.01.38 Email : contact@amicale-frontaliers.org Site : www.amicale-frontaliers.org

2. Ouvrages recommandés

– « **Demain j'arrête de payer trop d'impôts** », de Paul Coudret, éditions Georg.
– « **Décrocher un emploi en Suisse : projet professionnel, CV et entretiens d'embauche** », Laurent Schütz et David Talerman, Gualino éditeur.
– « **La délocalisation en Suisse** », de Philippe Kenel.
– « **L'histoire suisse en un clin d'œil** », de Joëlle Kuntz, éditions Zoé et le Temps éditions.
– « **Le guide l'Expatrié : Expatriez-vous ! La mobilité en toute simplicité...** » de Renaud Alquier, éditions France Expatriés.
– « **Le Petit Dictionnaire suisse romand** », éditions ZOE.
– « **Économie suisse** », de Cyril Jost, Vincent Kucholl, Mix & Remix, éditions lep.
– « **Institutions politiques suisses** », de Vincent Golay, Mix & Remix, éditions lep.
– « **Toutes vos assurances** », Dossier Bon à Savoir, Zeynep Ersan Berdoz.
– « **Les trois piliers** », Dossier Bon à Savoir, Joy Demeulemeester.
– « **L'essentiel des stratégies d'internationalisation de l'entreprise** », Catherine Mercier-Suissa et Céline Bouveret-Rivat, Gualino éditeur.
– « **S'implanter en Suisse** », Alain Guilhouët, éditions Ubifrance.

3. Quelques sites de référence à consulter

Site	Contenu	Lien
Site portail de l'ouvrage	Site portail d'informations générales pour les étrangers qui veulent travailler en Suisse : démarches, permis, emploi...	www.travailler-en-suisse.ch
Le blog de David Talerman	L'actualité en Suisse commentée par l'auteur de l'ouvrage	travailler-en-suisse.blogspot.com
Site du groupement transfrontalier européen	Portail d'information pour toutes les questions que peuvent se poser les frontaliers	www.frontalier.com
Swissinfo	Site d'information très complet d'une grande qualité éditoriale.	www.swissinfo.ch
Site de l'Office Fédéral des migrations	Bases de connaissances concernant les échanges entre la Suisse et les pays de l'Union européenne : procédures d'inscription, conditions d'admission en Suisse, procédure de naturalisation statistiques, informations sur le droit du travail...	www.bfm.admin.ch
Site de France-expatriés	Portail d'informations générales très riche pour les français qui souhaitent s'expatrier à l'étranger : préparation du départ, conseils pratiques, informations sur le pays, préparation pour le retour...	www.france-expatries.com
Site de l'EURES-T	Informations pour les frontaliers et futurs frontaliers (démarches, emploi, permis, assurances sociales...)	www.eures-t-rhin-superieur.com

→

(suite)

Site	Contenu	Lien
Expatwire Suisse	Site pratique dédié aux étrangers (frontaliers et résidents) qui veulent travailler en Suisse : – estimation personnalisée de la future fiche de salaire ; – estimation personnalisée du montant d'impôts, du coût du logement, du coût de l'assurance-maladie, des coûts de transport ; – comparateurs d'offres (banque, assurances, téléphonie fixe et mobile, accès internet)	www.expatwire.ch

4. Les 26 cantons et demi-cantons

Canton	Chef lieu	Population	Langue(s) officielle(s) parlée(s)
Appenzell Rhodes-Extérieures (AR)	Herisau	52 200	allemand
Appenzell Rhodes-Intérieures (AI)	Appenzell	15 100	allemand
Argovie (AG)	Aarau	572 700	allemand
Bâle-Campagne (BL)	Liestal	265 800	allemand
Bâle-Ville (BS)	Bâle	190 300	allemand
Berne (BE)	Berne	966 700	allemand / français
Fribourg (FR)	Fribourg	259 700	allemand / français
Genève (GE)	Genève	439 700	français
Glaris (GL)	Glaris	38 000	allemand
Grisons (GR)	Coire	191 400	allemand / italien / romanche
Jura (JU)	Delémont	68 000	français
Lucerne (LU)	Lucerne	358 200	allemand

→

(suite)

Canton	Chef lieu	Population	Langue(s) officielle(s) parlée(s)
Neuchâtel (NE)	Neuchâtel	169 400	français
Nidwald (NW)	Stans	39 300	allemand
Obwald (OW)	Sarnen	33 400	allemand
Saint-Gall (SG)	Saint-Gall	463 000	allemand
Schaffhouse (SH)	Schaffhouse	74 300	allemand
Schwytz (SZ)	Schwyz	138 100	allemand
Soleure (SO)	Soleure	247 500	allemand
Tessin (TI)	Bellinzone	324 800	italien
Thurgovie (TG)	Frauenfeld	235 900	allemand
Uri (UR)	Altdorf	34 500	allemand
Valais (VS)	Sion	293 300	français / allemand
Vaud (VD)	Lausanne	671 400	français
Zoug (ZG)	Zoug	107 300	allemand
Zurich (ZH)	Zurich	1 306 600	allemand

Source : Office fédéral de la statistique, données 2006.

5. Carte de la Suisse

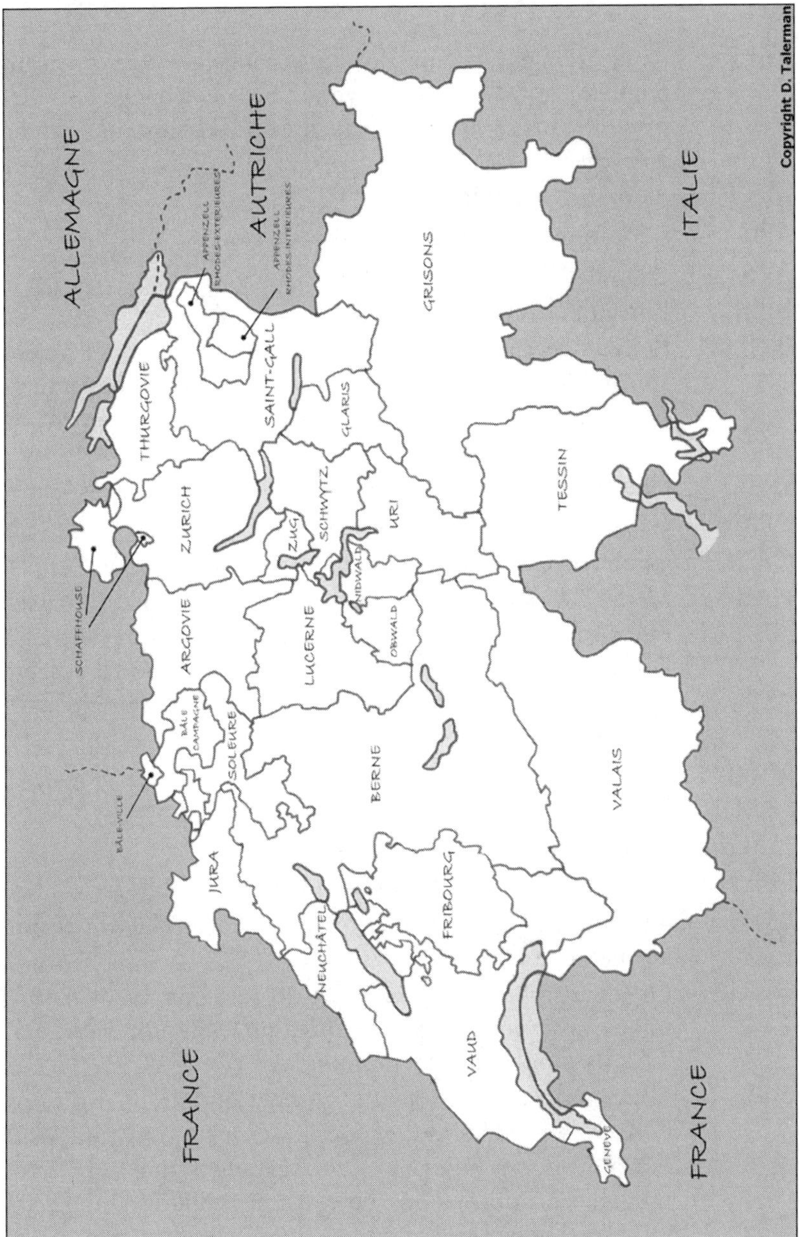

6. Glossaire

AELE : Association européenne de libre échange. Association ayant pour objectif d'établir une zone de libre-échange entre les pays membres : Suisse, Principauté du Lichtenstein, Islande, Norvège.

AI : Assurance invalidité.

APG : Allocations militaires pour perte de gain.

AVS : Assurance vieillesse et survivants.

BFM : Bureau fédéral des Migrations.

BVR : Bulletin de versement avec référence bancaire, couramment appelé bulletin de versement. C'est un système de facturation utilisé dans tout le pays et qui permet le paiement de compte à compte.

CMU : Couverture Maladie Universelle.

CPAM : Caisse Primaire d'Assurance Maladie.

CRUS : Conférence des recteurs des universités suisses.

HMO : *Health Maintenance Organisation :* modèle spécial d'assurance maladie (dans le cadre de la LAMal) qui permet à l'assuré de bénéficier d'une réduction de prime s'il accepte de ne consulter que des médecins affiliés à la caisse d'assurance maladie.

LAA : Loi sur l'assurance accidents.

LAMal : Loi Fédérale sur l'Assurance Maladie.

LIBOR : *London Inter-Bank offered Rate.*

LPP : Loi sur la Prévoyance Professionnelle.

LSV : Système de Recouvrement direct. Acronyme du terme allemand « Lastschriftverfahren ».

OCDE : Organisation de coopération et de développement économiques (www.ocde.org). Organisation composée des principaux pays industrialisés du monde.

OFS : Office fédéral de la statistique (www.bfs.admin.ch). C'est l'organisme fédéral qui gère et produit les statistiques sur l'ensemble des sujets qui concernent le pays. De très nombreuses informations, libres d'accès, sont disponibles sur le site de l'organisme.

ORP : Office régional de placement. La Suisse compte 140 de ces offices sur tout le territoire. Leur objectif principal est d'aider les personnes à la recherche d'un emploi, en suivant les candidats et en leur apportant du conseil dans de nombreux domaines.

SECO : Secrétariat d'État à l'Économie (www.seco.admin.ch). C'est le centre de compétence de la Confédération pour toutes les questions ayant trait à la politique économique[1]. En pratique, vous trouverez sur le site du SECO l'ensemble des publications concernant l'économie et la vie sociale en Suisse.

1. Source de la définition : site du SECO : « www.seco.admin.ch »

INDEX

— I —

— L —

— M —

— O —

— P —

— Q —

— R —

Composition et mise en page : Saisie.com

Achevé d'imprimer sur les presses de Corlet Imprimeur
N° imprimeur : 119067 – Dépôt légal : septembre 2008
Date réimpression : février 2009 – N° éditeur : 2837
Imprimé en France